Georg Stiegelmar
St. Laurent 1990
Barrique
trocken
Neusiedlersee
12,5% vol Österreich e 0,75 l
VERATINA
ERNTE 1990
CUVÉE
HORITSCHON
MITTELBURGENLAND
FRANZ & MARTINA
WENINGER
750 ml e TROCKEN Alc. 12,5% vol
Qualitätswein mit staatlicher Prüfnr. E 0081892
ÖSTERREICH
D1937921
ÖSTERREICHISCHER QUALITÄTSWEIN
MIT STAATL. PRÜFNR. E 0666392
TROCKEN
NEUSIEDLERSEE ÖSTERREICH
alc. 12% vol e 0,75 l
EHEM. ERZH. ALBRECHT HABSBURG-LOTHRINGEN'SCHES WEINGUT
A-7131 HALBTURN, TEL. 0 21 72 / 86 85, FAX 85 9 43
MOSER
ZWEIGELT
ÖSTERREICH
1990
NOUVELLE VAGUE
BEERENAUSLESE
14,5%VOL - SÜSS - e 0,375 l
ÖSTERREICH NEUSIEDLERSEE
KRACHER
A 7142 ILLMITZ
APETLONERSTRASSE 37
SEIT 1741
FAMILIENBESITZ
GUTSABFÜLLUNG
EIGENBAUWEINE
Peter Schandl
RUSTER
RIESLING 1991
TROCKEN KABINETT ALK. 11,8%VOL.
ÖSTERREICHISCHER QUALITÄTSWEIN
e 0,75 L MIT STAATL. PRÜFNR. E 0367892
7071 RUST - BURGENLAND - JOS. HAYDNGASSE 3 TEL. 02685/265
BEERENAUSLESE
1990
Weingut
FEILER-ARTINGER
1990
SOLITAIRE
Kabinett
trocken
Neusiedlersee-Hügelland
e 0,75 l Österreich 12,0% vol
ET
1990
ERNST
TRIEBAUMER
RUST
BLAUFRÄNKISCH
RIED MARIENTAL
NEUSIEDLERSEE HÜGELLAND
ÖSTERREICHISCHER QUALITÄTSWEIN
WEINGUT NITTNAUS
1990
COMONDOR
Cuvée aus
Cabernet Sauvignon und Blaufränkisch
Barrique ausgebaut
trocken 13,0% Vol
Erzeugerabfüllung
Weingut Anita u. Hans Nittnaus, Gols, Unt. Hauptstraße 49
Neusiedlersee Burgenland
ÖSTERREICHISCHER QUALITÄTSWEIN
mit staatlicher Prüfnummer E 0934892
1990
C.M.B.
Barrique trocken
Zagersdorf
DEUTSCHKREUTZER
CUVÉE VULCANO
QUALITÄTSWEIN · TROCKEN
1990
HANS IGLER DEUTSCHKREUTZ
ÖSTERREICH
BARRIQUE
ALK. 13% VOL. STAATL. PRÜF-NR. E 0431392
WEINGUT FAMILIE
PRIELER
A 7081 SCHÜTZEN A. GEB. HAUPTSTR. 181
PINOT BLANC
ERNTE 91 TROCKEN
KABINETT
LAGE SEEBERG
ALC. 12,5% VOL
e 0,75 l
ÖSTERREICHISCHER WEIN
NEUSIEDLER-SEE – HÜGELLAND
Österreich — Mittelburgenland
1991
Chardonnay
Kabinett
trocken Ried Steinriegel 12,5% Vol
Gutsabfüllung
Gesellmann
7301 Deutschkreutz 0,75 l

Rudolf Lantschbauer

Die Weine Burgenlands

Rudolf Lantschbauer

Die Weine Burgenlands

Mit Texten von Henry Sams

Peter Chalupka

Walter Eselböck

Karl Bauer

Fotos von Rudolf Lantschbauer

Danksagung

Die Autoren möchten sich bei allen, die am Zustandekommen dieses Buches mitgewirkt haben, recht herzlich bedanken.

Besonderer Dank gilt:
Dr. Josef Schuler, Weinakademie Burgenland
Dr. Harald Prickler, Landesarchiv Eisenstadt
Dr. Karl Kaus, Landesmuseum Eisenstadt
Dr. Walter Flak, Bundesanstalt für Weinbau Eisenstadt
Dr. Huber Hugo, Weiden am See
Krimhilde Meyer, Leiterin der Fremdenverkehrsabteilung der Freistadt Rust
Franz Thometitsch, Rudolf Krizan, Hans Preschitz, Toni Krainz, Gerhard Burkl, Harald Maurer, Edith Klemmer, Astrid Kamper, Gerhard Payer, Friederike Rath, und Edmund Kaufmann

Umschlaggestaltung: Ivan Gabrovec
Titelfotos: Rudolf Lantschbauer
Burgenland-Illustration: Barbara Halsegger
Lithografie: Reprotec,
Gottlieb Piculjan und Robert Goritschnig,
8111 Judendorf / Straßengel
Druck: Obersteirische Druckerei, 8700 Leoben
Buchbinderei: Frauenberger, 7201 Neudörfl/Leitha

Fotonachweis:
Die Luftbilder auf Seite 34, 42, 54, 74, 150 wurden vom BMVL GZ 13 088/128 -1. 6/93 freigegeben.

1. Auflage 1993

Österreich:
Vinothek Verlag Graz, ISBN 3 900582 10 6

BRD und Schweiz:
Hugendubel München ISBN 3 88034 722 0

Inhaltsverzeichnis

„Unbekannt sein ist nicht Schicksal, sondern Unterlassungssünde!“ Diese Worte prägte der große Weindoyen und Weinbuchautor Dr. Hans Ambrosi als Antwort auf Klagen von wenig bekannten Weinregionen der Welt. Nur im eigenen Weinbaugebiet die Qualitäten zu kennen, ist zuwenig - vor allem die vielen Weinliebhaber sollten wissen, was das Land zu bieten hat. Es ist deshalb von immenser Bedeutung, ein Weinland mit seinen Weinen, Winzern und der regionalen Küche erlebbar darzustellen. Das Weinbuch ist meiner Meinung nach als Informationsquelle eines der wichtigsten Instrumente.
Deshalb freut es mich, dieses großartige Buch in Händen zu halten. Eindrucksvoll werden die Fotos von Rudolf Lantschbauer zu lebendigen Bilddokumenten. Als Agrarreferent erfüllt es mich mit Optimismus – denn auch für die Weinbauern ist es ein Teil ihrer Identitätsfindung als stolze burgenländische Winzer.
Für den Weinfreund des Burgenlandes waren die letzten Jahre die faszinierendsten und erlebnisreichsten in der langen Geschichte und Tradition unseres Weines. Die in diesem Buch beschriebenen Winzer/innen bezeugen eindrucksvoll die qualitätsorientierte Weinrevolution des Burgenlandes in den letzten Jahren.
Eine vielfältige Weinwelt in einem Land – so stellt sich heute das Burgenland dar. Fruchtige, frische und doch gehaltvolle Weißweine wie Welschriesling und Weißburgunder zählen neben körperreichen Blaufränkischen zu den qualitativen Leitsorten. International unerreicht ist die Qualitätsdichte und das Potential der edelsüßen Weine – unser „flüssiges Gold“!
Diese Entwicklung war von einem enormen qualitativen Aufschwung der Gastronomie des Burgenlandes begleitet. Eine moderne, regionale weinorientierte Küche hat das Burgenland zum weingastronomischen Zentrum Österreichs gemacht. Die Weingasthöfe des Burgenlandes rechtfertigen diesen Anspruch tagtäglich.
Die Reise auf der Weinroute Burgenland hat augenscheinlich auch den Autor gefesselt. Er wurde im Zuge seiner Recherchen zum burgenländischen Winzer und sozusagen zum Kollegen der von ihm beschriebenen Weingüter.
Ich freue mich, daß ich meinen Anteil zu diesem Buch beitragen konnte und wünsche ihm viel Erfolg.

Landesrat Paul Rittsteuer

Zum Geleit

Als ich in den Jahren 1988 und 1989 an meinem Buch „Weinland Österreich" arbeitete, spürte ich bereits damals die Aufbruchstimmung, die unter den Winzern im Burgenland herrschte. Eine Reihe von ihnen, die damals mit einem Pioniergeist sondergleichen im burgenländischen Weinbau Akzente setzte, war Vorbild für so manche Umstrukturierung kleinerer und größerer Weingüter. Hautnah konnte ich den „Reifeprozeß" dieses österreichischen Weinbaugebietes miterleben.
In den siebziger Jahren war der Weinbau im Burgenland großteils auf reine Massenerträge ausgerichtet. Gefragt waren in dieser Zeit alkoholreiche, mit hohem Zuckerrest ausgebaute Weine. Die Vermarktung dieser Weine erfolgte meistens mittels Faßverkauf. Die Weinbaustruktur wurde hauptsächlich von Nebenerwerbswinzern getragen. Wenige beschäftigten sich damals schon mit der eigenen Flaschenabfüllung. Der Slogan dieser Weinbauern war „Qualität vor Quantität". Internationale Erfahrungswerte sammelten die Winzer Ende der siebziger, Anfang der achtziger Jahre durch die Auseinandersetzung mit anderen Weinbaugebieten. Das Beobachten, das Lernen und das In-die-Tat-Umsetzen im eigenen Betrieb beanspruchte einige Jahre. Das Ergebnis dieser jahrelangen Bemühungen wirkt sich im heutigen Weinbau entscheidend aus.
Das Potential des Burgenlandes ist reichhaltig. Es gilt, das Beste daraus zu machen. Die burgenländischen Weine brauchen heute keinen internationalen Vergleich zu scheuen. Vom südlichen Burgenland bis hinein in den Seewinkel – die Produkte aus allen vier Weinbauregionen sind weit über die Landesgrenzen hinaus anerkannt. Ich habe im Burgenland diese Veränderungen erlebt, die auf die Modernisierung des Weinbaus zurückzuführen sind. Dieser Umstand bringt dem Weinbau im Burgenland einen neuen Stellenwert. Es ist auch ein Erfolg der jungen Winzergeneration.
Das Wissen und Können der Winzer, hervorragende Weine zu keltern, hat sich auf einer breiten Basis entwickelt. Sichtbar wird dies aufgrund der österreichweiten Erfolge. Offizieller Gradmesser ist der „Salon Österreichischer Wein". In diesem werden die 200 besten Weine Österreichs nach bestimmten Kriterien bewertet und ausgewählt. Die für den „Weinsalon" ausgewählten Weine sind ein qualitativer Querschnitt bestimmter Rebsorten und Weinbauregionen. Die Nominierung eines Weines in den „Weinsalon" stellt eine Auszeichnung dar. Der „Salon Österreichischer Weine" war für mein Buch eine Orientierungshilfe.
Ferner sind das komplexe Bild einer in Jahrhunderten gewachsenen Weinbautradition und die daraus resultierenden Zukunftsaussichten ebenso eingebunden wie die Standortbestimmungen der einzelnen Winzer und derer Familien. Viele von ihnen haben an diesem Buch „Die Weine Burgenlands" mitgewirkt. Es ist diesem Land und seinen Menschen gewidmet.

Rudolf Lantschbauer

Frühling

Während die Natur die Kraft der Sonne nützt und neues Leben im Werden begriffen ist, beginnen für die Winzer die ersten Arbeiten in den Weingärten. Begleitet von der Blütenpracht der frühen Obstbäume treiben die Rebstöcke. Geschickt und routiniert sind die Handgriffe der Menschen, die zwischen den Zeilen ihr Tagwerk verrichten. Mit dem Rebschnitt setzen sie einen wichtigen Schritt für die spätere Weinqualität.

Peter Chalupka

Weinbau im Burgenland - Geschichte

Daß ein Land, das so von Klima und Bodenbeschaffenheit für den Weinbau prädestiniert ist wie das Burgenland, eine alte Tradition auf dem Gebiet der Weinkultur aufweist, ist eigentlich selbstverständlich. Die Weinrebe als wildwachsende Pflanze war vor der Klimaverschlechterung im 13. vorchristlichen Jahrhundert bereits über ganz Europa verbreitet gewesen, im pannonischen Raum hatte sie sich auch in dieser Zeit gehalten.
Der älteste archäologische Fund stammt aus der Hallstattzeit (um 700 v.Chr.). Bei Zagersdorf, knapp westlich des Pfarrgartens von Klingenbach, wurden im Laufe einer Nachgrabung an einem Grabhügel in einer großen Schüssel Bruchstücke von drei Rebkernen gefunden. Fürs erste mag man an diesem Fund nichts Besonderes finden, doch stellte sich bei näherer Untersuchung fest, daß es sich eindeutig um „kulturkonvergente Weintraubenkerne von Vitis sylvestris (Chardonnay-ähnlich) und Vitis vinifera L. (ähnlich Grüner Sylvaner)" handelt. Da die ältesten Kulturrebkerne aus der späteren Bronzezeit stammen (um 900 v. Chr.), zählt das Burgenland zu den ältesten Weinkulturzonen in Mitteleuropa überhaupt.
Der Fund eines Rebmessers aus der jüngeren Eisenzeit (La-Téne-Kultur, 450 - 50 v.Chr.) am St.-Veits-Berg bei Güns beweist, daß bereits den Kelten die Kultivierung der Weinrebe in diesem Raum geglückt war. Aus anderen Quellen wissen wir, daß dieses Volk den Genuß des Weines geschätzt hatte, was ihnen in den Augen der Nachbarvölker den Ruf der Unmäßigkeit eingebracht hatte. Man stelle sich vor: Sie sollen den Wein sogar 'unvermischt' - das heißt ohne Wasser - getrunken haben! Die Kelten waren ein Volk mit einer ausgeprägten Musikalität und einem großartigen Kunsthandwerk; ihre Kreativität erreichte ihren Höhepunkt in der Goldschmiedekunst, die mit keiner anderen Hochkultur einen Vergleich scheuen muß. Daß diesem sehr lebensbejahenden Volk von seinen Druiden neben Mistelzweigen auch einige Weinbeeren in den Zaubertrank getan wurden, kann als sehr wahrscheinlich gelten.

Schüssel aus der Hallstattzeit mit Rebkernen

Wenn die Römer auch nicht - wie lange Zeit geglaubt wurde - die ersten gewesen waren, die den Weinbau ins Burgenland gebracht hatten, so waren sie maßgeblich am Zustandekommen einer „Weinkultur" beteiligt. Ihr Einfluß kann gar nicht unterschätzt werden, denn kaum ein Volk hatte jemals so nachhaltig die Lebensweise in ihren ehemaligen Provinzen geprägt. Überallhin, wo römische Legionen ihre Lager aufschlugen, römische Händler ihre Waren tauschten und römische Siedler ihre Höfe anlegten, brachten sie römische Lebensart, Sitten und Gebräuche mit. Und dazu gehörte Wein als das Getränk schlechthin, eine Stellung die der Rebensaft bis zum Ende des Mittelalters nicht mehr verlor, was sich durch die schlechte Qualität des Wassers und durch den geringeren Alkoholgehalt erklären läßt. Sein Hauptkonkurrent - das Bier - war für die Römer ohnehin als „barbarisch" abgestempelt, außerdem, wer wollte schon „lauwarme Cervisia" einem edlen Tropfen vorziehen. Zugegeben, so edel war der Tropfen wohl auch anfangs nicht, wenn wir Cassius Dio Glauben schenken wollen, der sich über den Weinbau Pannoniens - das Burgenland gehörte zu dieser römischen Provinz - ziemlich abfällig äußerte. Vielleicht muß dieses Urteil eines Angehörigen der damals vermeintlich einzigen Hochkultur an einigen Fakten relativieren lassen. Im Vergleich zur traditionellen Weinkultur in Italien mag das Ergebnis des „provinziellen" Weinbaus auch bescheiden gewesen sein, doch muß sich die Qualität im Laufe der Zeit soweit gesteigert haben, daß die Lobby der „italienischen" Großproduzenten durch ihre politischen Mittelsmänner immer wieder monopolistische Maßnahmen zum Schutz ihres Absatzes durchsetzten. Bereits Cicero erwähnt rechtliche Beschränkungen des provinzialen Weinbaus, Kaiser Domitian erließ ein Gesetz, daß die Rodung der Hälfte aller außeritalienischen Weingärten befahl. Daß letzteres wohl kaum in die Praxis umgesetzt wurde, mag nicht verwundern, zeigt aber einerseits, welcher Konkurrenzdruck bereits damals auf diesem Sektor herrschte, andererseits, daß der heimische Tropfen auch von der jeweiligen Bevölkerung gerne getrunken wurde. Kaiser Probus hatte ein Herz für die Provinzialbevölkerung, hob die Beschränkungen auf, ließ bessere Sorten importieren und förderte die Neuanlage von Weingärten. Natürlich hatte er dabei einen machtpolitischen Hintergedanken. Pannonien wurde zu einem nicht unbeträchtlichen Teil von Kriegsveteranen besiedelt, denen nach abgeleisteter Militärzeit ein Stück Land zur Bewirtschaftung übertragen wurde, quasi ihre Altersversorgung. Da der Weinbau wesentlich bessere Erträge brachte als etwa der Getreideanbau, waren die alten Haudegen eher bereit, das Risiko einer unruhigen Grenzlage auf sich zu nehmen. Die Versorgung seiner Truppen mit Wein - ihnen standen pro Kopf und Tag drei Maß zu - war noch ein zusätzlicher Grund für seine Überlegungen.

Römisches Relief mit Weintrauben
Fundort Stadtschlaining; Südburgenland

Es ist daher auch nicht verwunderlich, daß im Burgenland nicht nur Rebmesser und Teile von Weinpressen aus dieser Zeit gefunden wurden, sondern auch Weinreben, Trauben, Kelche und Weinamphoren als beliebte und häufige Motive auf Tempelfriesen, Sarkophagen und Grabsteinen auftauchen. Besonders entlang der alten Römerstraße, die von Deutsch Altenburg nach Steinamanger führte und sich zum Großteil mit der noch älteren Bernsteinstraße deckte, lassen archäologische Funde auf Weinbau in beträchtlichem Umfang in der Römerzeit schließen (z.B. Eisenberg, Rechnitz, Ödenburg).

Mit der frühmittelalterlichen Völkerwanderungszeit brach in unseren Breiten nicht nur für den Weinbau ein dunkles Kapitel an. Die durch das Eindringen der Hunnen in Europa ausgelöste Bewegung schleuste eine ganze Reihe verschiedenster Völker durch den pannonischen Raum, kaum jemand ist so lange geblieben, daß es sich für ihn gelohnt hätte, das aufwendige Geschäft der Weinerzeugung zu beginnen. Was aber nicht heißen soll, daß die Durchziehenden einen guten Tropfen nicht geschätzt hätten. Vom Hofe des berühmten Hunnenkönigs Attila wissen wir um die Ausformung eines komplizierten Trinkzeremonielles, wie überhaupt die Hunnen als ziemlich trinkfest gegolten haben.

Trotzdem - die Weinrebe hatte auch dieses dunkle Zeitalter überlebt, wenn auch in verwilderter Form, wie die starke Ausdehnung der Anbaugebiete im Hochmittelalter rückschließen läßt.

Kaiser Karl der Große (768 - 814 n. Chr.) leitet mit seinem Sieg über die Awaren einen Umschwung mit der Schaffung der „Pannonischen Mark" ein. Daß er sich mit der Verbreitung des Weinbaues definitiv beschäftigte, zeigt uns seine Begründung der in Ostösterreich so beliebten Buschenschenken, Weingütern, denen es gestattet war, „Straußwirtschaften" zu betreiben. Deren Kennzeichen war ein Strauß oder „Buschen", der bei Betrieb ausgehängt wurde. Außerdem hatte Kaiser Karl Rebsorten aus seiner Heimat Burgund zur Verbesserung des bodenständigen Materials einführen lassen.

Nach dem ersten Jahrtausend strömten Siedler aus dem bayrisch-österreichischen Raum ins Burgenland, die wieder mit der Kultivierung des Weines begannen und eine Vielzahl von Weingärten anlegten, die günstigen Voraussetzungen durch Boden und Klima haben im Verein mit den wildwachsenden „alten" Reben für die notwendige Animation gesorgt. Natürlich darf man nicht vergessen, daß der Weinbau von allen landwirtschaftlichen Ertragsformen eine der gewinnträchtigsten war, im Burgenland sicher die lukrativste.

Beinahe hätte der Einfall der Magyaren dieser Entwicklung wieder Einhalt geboten, denn diese waren ein ebenso wildes als auch angriffslustiges Volk wie ihre jeweiligen Vorgänger. Erst Heinrich I. (919 - 936 n. Chr) und dann sein Sohn Otto I. (936 - 973 n. Chr.) konnten sie soweit schwächen, daß sie beschlossen, seßhaft zu werden und zum Christentum überzutreten. Dieser Anschluß des asiatischen Reitervolkes an die abendländische Kultur war für die Entwicklung des burgenländischen Weines sehr segensreich. 1203 schenkte nämlich König Imre dem Zisterzienserorden von Heiligenkreuz einen Streifen Land zwischen Leitha und dem nördlichen Ufer des Neusiedler Sees. Sein Nachfolger König Andreas II. erweiterte diese Besitzungen noch durch einige andere Schenkungen (Mönchhof).

Nicht zu gering darf man den Anteil dieser Mönche am Aufbau des einheimischen Weinbaus einschätzen. Der ursprünglich aus Frankreich stammende Orden erwarb sich den Titel von „Agraringenieuren", der sich die Mühe nahm, Bodenuntersuchungen durchzuführen, Entwässerungsanlagen zu bauen und das Klima zu beobachten. Außerdem brachten sie eine Burgunderrebe namens „Pinot Gris", bei uns besser bekannt als Ruländer, in unsere Breiten mit. Die erste Pflanzung der Sorte Riesling, obwohl ursprünglich aus der Wachau stammend, geht ebenfalls auf die Zisterzienser zurück. Der

Sommer

Die langen Tage des Sommers werden von den Weinbauern vor allem für die Weingartenarbeit genützt. Während die Natur ihre Früchte reifen läßt, beobachtet er die Vegetation. Die Aufmerksamkeit gilt dem Rebstock und dem Wachstum der Trauben.

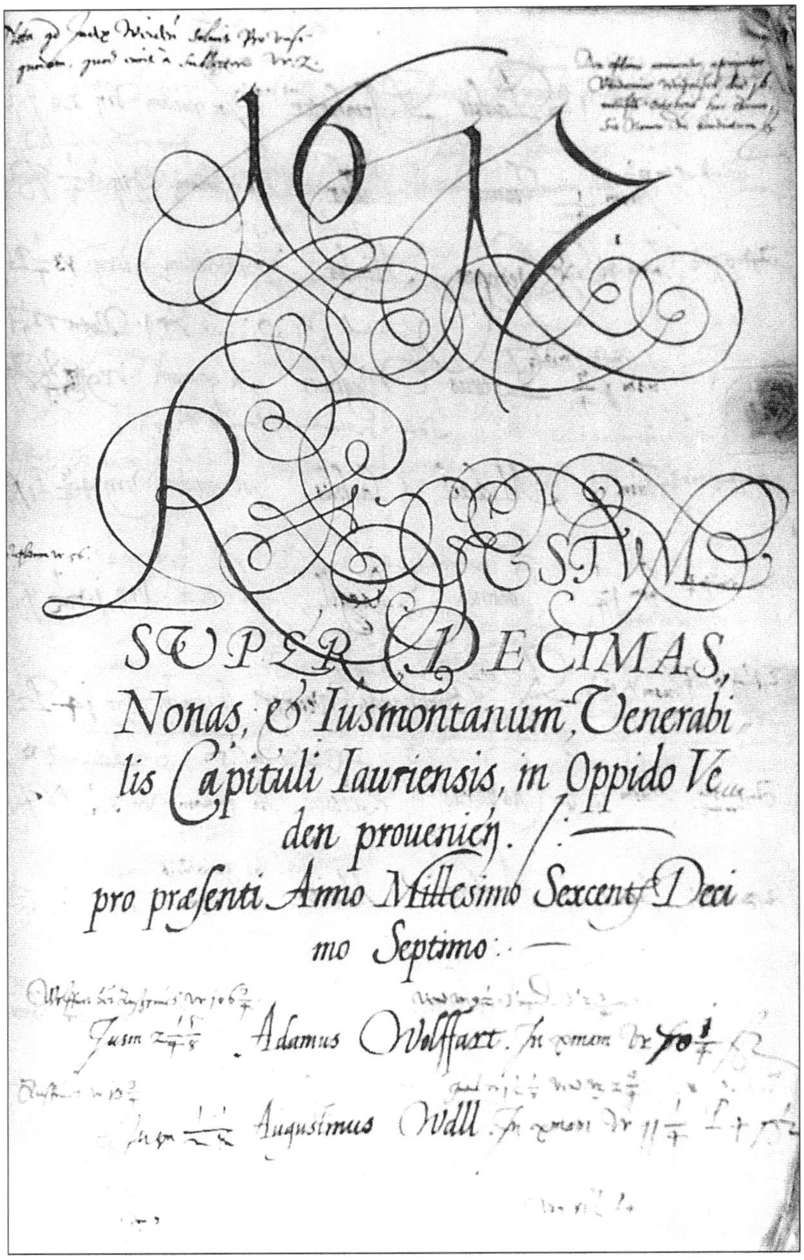
1617

Registrum

SVPER DECIMAS,
Nonas, & Iusmontanum Venerabi
lis Capituli Iauriensis, in Oppido Ve
den prouenien. /:
pro præsenti Anno Millesimo Sexcent Deci
mo Septimo: —

Adamus Wolffart.

Augustinus Wdll.

Im Zehentregister der Ortschaft Weiden am See findet sich die erste urkundliche Erwähnung der Lese eines Ausbruch-Weines im Jahre 1617.

Einfluß der Mönche geht aber noch weit über den Weinbau hinaus, die kulturlandschaftliche Formung des nördlichen Burgenlands war stark von der Kolonisationskraft und Vorbildwirkung des Ordens geprägt.

Waren es im Norden die Ordensleute, so waren es im südlichen Burgenland vor allem die grundherrschaftlichen Familien der Lutzmannsburger, der Seifriede von Burg und der Güssinger Grafen, die den Weinbau förderten. Die Vorbildwirkung der Mönche und der Grundherren trug Früchte. Bereits gegen Ende des 13. Jahrhunderts war das gesamte burgenländische Gebiet vom Wein „erobert", praktisch jede Gemeinde hatte ihr eigenes „Weingebirge", der „ungarische Wein" war weit über die Grenzen berühmt, zum Beispiel wurde er bereits an den schlesischen Fürstenhof geliefert und mußte sich dazu einer beachtlichen Konkurrenz unterziehen. Betrachtet man das gesamtösterreichische Bundesgebiet, so entspricht die heutige Rebfläche bloß einem Zehntel der des Mittelalters. Außerdem war die Weinrebe - und mit ihr auch die Weingewinnung - aufgrund eines günstigeren Klimas, verbesserter Erziehungsarten und robusterer Rebsorten bis nach Norddeutschland und sogar auf den Britischen Inseln verbreitet, Weinstöcke wurden nahezu in allen Lagen ausgesetzt, jedes Fleckchen Boden wurde genützt. Zieht man auch in Betracht, daß die Hektarerträge und die Zuckergradation der damaligen Weinsorten bei weitem nicht an heutige herankommen, mag auch noch soviel exportiert worden sein, so muß unter Zugrundelegung der geringen Bevölkerungsdichte hierzulande ein ordentliches Maß pro Kopf getrunken worden sein. Einem derzeit amtierenden Gesundheitsminister würden diese Mengen - einem Ritterfräulein stand ein verbrieftes tägliches Quantum von sieben Liter erstklassigem Roten zu - wohl mehr Kopfschmerzen als den Konsumenten bereiten. Pest und Naturkatastrophen wie etwa Heuschreckenschwärme, eine europaweite Klimaverschlechterung und auch die Einführung der Geldwirtschaft führten am Beginn der Neuzeit zu einer Reduzierung der Weinanbauflächen, doch übertrafen sie die heutigen weiterhin beträchtlich, zumal es im späten 16. Jahrhundert noch einmal zur Entstehung neuer Riede kam; meistens blieb diese Entwicklung aber auf die Zentren der Weinkultur beschränkt.

Neben den natürlichen Schädlingen traf das Burgenland öfters die Schrecken des Krieges, was auch auf seinen Weinbau erhebliche Auswirkungen hatte. War man hier im Dreißigjährigen Krieg von direkten Kriegshandlungen weitgehend verschont geblieben, so haben Osmanen, Kuruzzen und Haiducken immer wieder Städte und Dörfer niedergebrannt; Mörbisch wurde zum Beispiel 1529 und 1683 von den Türken und 1704/05 von den Kuruzzen verwüstet, Rust 1529 und 1532 in den Türkenkriegen gebrandschatzt. Der Wein und seine Winzer hatten aber immer wieder den längeren Atem. Eine interessante und "vaterländische" Rolle spielte der burgenländische Wein bei der Belagerung Wiens durch das türkische Heer 1683. Die Weinkellerei des Fürsten Esterházy schenkte jeden Tag ab 11 Uhr vormittags und ab 17 Uhr nachmittags je zwei Stunden Freiwein für die Verteidiger der umkämpften Stadt aus; die abstinenten Muselmanen waren daher in einen entscheidenden Nachteil geraten.

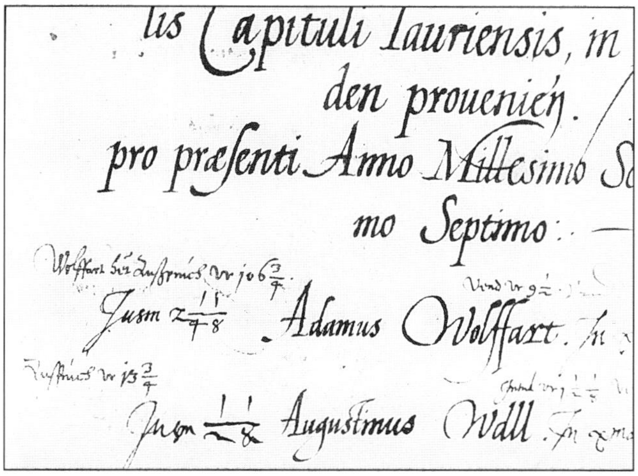
lis Capituli Lauriensis, in
den prouenien.
pro praesenti Anno Millesimo Se
mo Septimo: —
Adamus Wolffart.
Augustinus Wdll

Im Ausschnitt der 1617 ausgestellten Urkunde ist deutlich der Name des Winzers Adamus Wolffart und die Menge des geernteten Ausbruch-Weines lesbar.

Im Leisserhof in Donnerskirchen steht das Weinfaß mit dem Text des Lutherweines von 1526 von Fürst Paul Esterházy.

Spätestens hier muß die zentrale Bedeutung der Habsburger für den burgenländischen Weinbau erwähnt werden, da sie in den wichtigsten Weinorten die Grundherrschaft innehatten. Für die Kellerwirtschaft waren die Burgen Forchtenstein und Eisenstadt mit ihren Kellereien Impulsgeber und Vorbild in technischer Hinsicht, die kaiserlichen Weingärten in Rust, Lutzmannsburg, St. Georgen, Eisenstadt, Breitenbrunn und Purbach - sicherlich keine vollständige Liste - waren Kristallisationspunkte modernster Arbeitsmethoden. Das Herrscherhaus hatte sehr früh auf seinen Eigengütern die Aufgaben landwirtschaftlicher Innovation übernommen, eine Rolle, die im Mittelalter am ehesten kirchlichen Institutionen zukam. Durch diese Voraussetzungen und das Klima begünstigt, läßt sich bereits für das erste Drittel des 17. Jahrhunderts die Erzeugung von Ausbrüchweine, das sind aus edelfaulen Beeren hergestellte, natürliche Süßweine, urkundlich nachweisen. Gesicherte schriftliche Fakten lassen sich für den Weidener Ausbruch für die Jahre 1617, 1624, 1626, 1634, 1635, 1636, 1637 und 1638 nachweisen. Aufgrund von Beifügungen in den Weinzehentregistern kann man vorsichtig bereits 1610 eine Produktion von Ausbruchweinen annehmen. Da nur äußerst günstige Witterung und lokalklimatische Verhältnisse die Herstellung dieses Weines ermöglichen , sind in Weiden auch nur die angeführten Jahre mit Süßweinen in diesem Jahrhundert gesegnet gewesen. Von Rust und Ödenburg sind ebenfalls frühe Daten von Ausbruchsweinen bekannt, wobei nach Ansicht der meisten Fachleute nur die Edelsorte Furmint dazu prädestiniert war. Noch früher als Ausbruchweine läßt sich die Produktion der weltweit ersten Trockenbeerenauslese in Donnerskirchen am Neusiedlersee für das Jahr 1526 nachweisen. Die Familie Gruber lieferte eine stattliche Menge an rosinenartig eingeschrumpften Trauben an ihren Lehensherrn Leisser. Der daraus gekelterte Tropfen gelangte in den Besitz der Familie Esterházy, wo man den Wein auf mehrere kleinere Fässer aufgeteilt hatte. Wurde eine Menge an Wein entnommen, wurde das verlorene Volumen mit ausgekochten Kieselsteinen ausgeglichen. So soll der letzte Tropfen dieser legendären Köstlichkeit 1852, also 326 Jahre danach, verkostet worden sein! Wegen des hartnäckigen Festhaltens der Donnerskirchner an den Lehren der Reformation machte die Legende aus diesem Rebensaft den „Lutherwein". Hierzulande wurde also bereits früher als in Tokay oder dem Sauternes- und wer kennt dessen auf seinem Süßwein basierenden Weltruhm nicht - diese Technik angewandt, die neben optimalen natürlichen Voraussetzungen für die Traubenreife auch ein Höchstmaß an winzerischem Können verlangt.

War im 13. Jahrhundert bereits burgenländischer Wein an den schlesischen Fürstenhöfen sehr geschätzt, begann im 15. Jahrhundert ein reger Fernhandel mit den sogenannten „Oberländern" , das waren Böhmen, Mähren, Schlesien und Polen. Besonders Rust, Ödenburg - „Ödenburger" war der meistens der Handelsname des gesamten burgenländischen Weins - Oggau, Neusiedl, Jois, Breitenbrunn, Purbach, Donnerskirchen, St. Georgen, Eisenstadt, Klein- und Großhöflein, St. Margarethen, Deutschkreutz, Neckenmarkt, Lutzmannsburg, Rechnitz und Eisenberg waren die wichtigsten Lieferanten der ansehnlichen Weinmengen, die in Geleitzügen über Preßburg oder Ungarisch-Altenburg in die Zielgebiete gelangten. Von Breslau und Neisse, zwei wichtigen Osthandelszentren, wurde das begehrte Produkt bis nach Krakau, Danzig, Königsberg und sogar ins ferne St. Petersburg weiterverkauft. Auch die königlichen Haushalte von Schweden, England und Preußen waren Abnehmer der pannonischen Köstlichkeit.

Ebenso weitreichende Auswirkungen wie der Fernhandel hatte der österreichische Bedarf auf die Situation im Burgenland, das ja zu Ungarn gehörte. Besonders der Habsburger Hof in Wien und die Erzherzöglichen Residenzen waren trotz ihrer umfangreichen Eigengüter und ihrer Rolle als Großproduzenten bedeutende Konsumenten, die ihren enormen Bedarf mit Vorliebe im Burgenland deckten. Besonders Rust darf für seine Weine das Prädikat „Kaiserwein" in Anspruch nehmen; diese Stadt hatte auch aus ihrem natürlichen Reichtum mit Umsicht und Fleiß eine imponierende Stellung erreicht.

Herbst

Wenn sich der Kreis der Jahreszeiten schließt und die Zeit der Weinlese kommt, wird die Arbeit in den Weingärten zum Erlebnis. Die Freude der Menschen über die eingebrachte Ernte läßt das mühevolle Tagwerk schnell vergessen.
Der Lohn für die Mühen des Jahres wird in die Keller gebracht und dort weiterverarbeitet. Traditionell werden allerortens große Erntedankfeste abgehalten.

Weinernte in Weiden am See, um 1920

Weingartenhüter in Weiden am See, um 1920

1681 wurde Rust anläßlich eines Reichstages zu Ödenburg von Kaiser Leopold I. mit dem begehrten Rang einer königlichen Reichsstadt ausgezeichnet. An seiner Größe und seiner politischen oder strategischen Bedeutung konnte es nicht gelegen haben, daß diese Auszeichnung vergeben wurde. Einzig seinen Spitzenweinen der Edelsorte Furmint war es zu verdanken, daß es zu dieser Rangerhöhung kam. Die Ruster ließen sich die Sache selbstverständlich etwas kosten: 500 Eimer Wein - rund 30.00 Liter - und eine Summe von 60.000 Gulden waren nötig, den Handel perfekt zu machen; die wohlwollende Unterstützung der Kaiserin, einer ausgesprochenen Liebhaberin des Ruster Tropfen, dürfte auch nicht geschadet haben. Dabei setzten die Ruster nur konsequent eine Strategie fort, die den beharrlichen Aufstieg des Ortes ermöglichte. Durch den habsburgischen Erwerb der Grafschaft Forchtenstein, zu der ein Weingarten in der Ruster Ried Baumgarten gehört, kommt Ruster Wein auf die kaiserliche Hoftafel, wo er sich bald durch seine Qualität bekanntmachte. Die Habsburger waren nicht die ersten hochblütigen Bewunderer des Ruster Tropfens. Bereits Matthias Corvinus, mächtiger Gegenspieler Friedrich III., befreite die Ruster Bürger von der Bezahlung des „Dreißigst", einem königlichen Zoll. Besonders die Ruster Ausbruchsweine wurden bereits seit dem Anfang des 17. Jahrhundert aus edelfaulen Trauben erzeugt und zu hohen Preisen gehandelt. Die Erlöse waren so hoch, daß sie den Bau der noch heute zu bewundernden Bürgerhäuser ermöglichten, ebenso für die Stadtmauern mit ihren Basteien und Rondellen reichten. Da der Adel in Ungarn im Handel mit eigenen Produkten steuerbegünstigt war, strebten die reichen Ruster Bürger den Adelsstand an. Man versuchte auch die Stellung eines untertänigen Marktes für die Stadt loszuwerden. 1649 kauften die Bürger sich um eine hohe Summe für 30 Jahre von der Herrschaft los, 1681 war es nur die Konsequenz, diese Stellung zu einer endgültigen zu machen. Nun hatte man mit Hilfe des Weines das erreicht, was dieser Stadt aufgrund der Güte ihres Weines zustand.

Am Reichtum an Wein partizipierten im Burgenland aber nicht immer nur die Einheimischen. Die riesigen Anbauflächen und die dünne Besiedlung machten eine ganz spezifische Besitzaufteilung notwendig, um die arbeitsintensive Bodennutzung des Weinbaus zu gewährleisten. In manchen Gemeinden war mehr als die Hälfte der Weingärten im Besitz von Auswärtigen; das waren neben Bauern der Nachbarorte Burgherrschaften und Klöster aus Nieder- und Oberösterreich, Steiermark und Westungarn, vor allem das aufstrebende Bürgertum der niederösterreichischen und steirischen Städte, wobei Wiener Neustadt und Bruck an der Leitha im Bereich des Neusiedler Sees eine herausragende Rolle spielen. Natürlich konnten die Wiener Neustädter und Brucker ihre Eigenbauweine zollfrei nach Österreich einführen und sie als begehrte „ungarische" Weine in die „Oberländer" gewinnträchtig ausführen. Dabei genossen sie noch den Vorteil, daß sie nicht auf die unsichere Handelsstraße über Ungarisch-Altenburg angewiesen waren, die immer wieder aus verschiedensten Gründen gesperrt war, während die Burgenländer bei der Ausfuhr über österreichisches Gebiet Zoll zu zahlen hatten. Da im Gebiet des Neusiedler Sees bis zu einem Drittel in den Export ging, kann man sich von den wirtschaftlichen Vorteilen der „Auswärtigen" ein gutes Bild machen.

Faß-Brandstempel der Freistadt Eisenstadt

Um diese Handelsnachteile wieder auszugleichen, bemühten sich die führenden Weinbauorte immer wieder beim Kaiser mit Erfolg um das Privileg, eine begrenzte Menge von Wein durch Österreich durchzuführen, was wiederum zu lautstarken Protesten der Wiener Neustädter, Brucker und Hainburger nach sich zog, die ihr Quasimonopol im Handel mit.dem „ungarischem" Wein gefährdet sahen.

Rust, Odenburg, Jois, Breitenbrunn, Neusiedl, Eisenstadt, St Georgen, Oggau, St. Margarethen, Pöttelsdorf und Neckenmarkt konnten die Qualität ihrer Weine in das kaiserliche Privileg ummünzen. Um möglichen Mißbrauch abzustellen, wurden die privilegierten Orte angehalten, ihre Fässer mit Brandzeichen zu kennzeichnen. Rust, Jois - damals noch Geoys - und Neusiedl erhielten schon 1542 von Königin Maria das Recht zugesprochen, ihre Fässer mit einem R, G und N zu markieren, damit wurde erstmals ein indirekter Markenschutz eingeführt, der den Ruf des burgenländischen Weins noch mehr festigte.

Im 19. Jahrhundert ging zwar der Anteil der „Auswärtigen" an der Rebfläche drastisch zurück, der ungarische Weinbau - und damit auch der burgenländische - erlebte aber eine allgemeine Krise, die bereits im 18. Jahrhundert begonnen hatte. Absatzmärkte fielen aus, der Konkurrenzdruck wurde größer, einige Ursachen liegen noch im Dunkeln. In der Mitte des 19. Jahrhunderts wurde aus Amerika das Oidium oder der „echte Mehltau" eingeschleppt, wenige Jahre später folgte die Peronospora, ebenfalls eine Pilzerkrankung. Die endgültige Katastrophe brach mit dem Auftauchen der Reblaus aus Amerika herein. Dieses für den Weinbau im gesamten Europa so verheerende Auftreten eines Schädlings sollte für uns ein warnendes Mahnmal für die Verantwortung des Menschen in ökologischer Hinsicht sein. Die zur Steigerung der Erträge aus Frankreich eingeführten amerikanischen Reben brachten einen in seiner angestammten Umgebung harmlosen Parasiten mit, der unter den europäischen Rebsorten ärger als die Pest wütete.

Freiherr von Babo, der 1. Direktor der Weinbauschule Klosterneuburg, leistete in dieser Zeit Pionierarbeit, indem er amerikanische reblausimmune Unterlagsreben mit europäischen Edelreisern veredelte. Im Burgenland übernahm Professor Paul Vetter von der Landwirtschaftlichen Akademie in Ungarisch-Altenburg diese Methode und verbesserte sie. Er gilt deshalb auch als der Retter des burgenländischen Weinbaus; in Gols hat man ihm ein Denkmal gesetzt. Bedeutende Verdienste erwarb sich auch die Weinhandlung Leopold Wolf und Söhne, die durch Phylloxera geschädigte Weinkulturen rekonstruierten (Rust und Ödenburg), erstmalig auf eigenen Böden amerikanische Reiser testeten, im Ausland ausgebildete Fachleute anstellten und diese auch den benachbarten Bauern zur Verfügung stellten. Die Umstellung auf reblausresistente Unterlagen und neue Qualitätssorten war äußerst kostspielig, deshalb wurde sie auch nur in den wichtigsten Weinbauorten durchgeführt, wo der Weinbau nahezu die ausschließliche Erwerbsgrundlage darstellte. Dadurch reduzierte sich die Anbaufläche enorm, was wiederum die Betonung des Qualitätsanbaues nach sich zog.

Nach dem Zusammenbruch des Habsburger Reiches im Ersten Weltkrieg orientierte sich das vorwiegend deutschsprachige Burgenland naturgemäß in Richtung der jungen Republik Österreich, was aber bekannterweise nicht ohne schmerzliche Gebietsverluste - das Burgenland verlor seine natürliche Hauptstadt Ödenburg - und Grenzkorrekturen bis ins Jahr 1923 vonstatten ging. Österreich hatte seine letzte - in Hinblick auf den Weinbau wohl entscheidende - Erweiterung erfahren.

Winter

Bei tiefen Temperaturen werden die gefrorenen Trauben für den Eiswein von den Rebstöcken geschnitten. Während sich ein weißer Teppich über die Hügel und Weingärten breitet, reifen in den Holzfässern die Weine. Langsam entwickeln sie sich für ihre Bestimmung: in Flaschen gefüllt und dann getrunken zu werden.

Der Weinbau im Burgenland

Das Burgenland ist die zweitgrößte Weinbauregion Österreichs. Vom südwestlichen Hügelland, angrenzend an Slowenien und die Steiermark, über das Mittelburgenland bis hin über die Ostflanke des Neusiedlersees mit seinen tiefen Ebenen erstreckt sich das Burgenland. Mehrere idyllische Weinstraßen verbinden die malerischen Dörfer miteinander. Schmale, meist langgezogene Dörfer und kleine Städte beherrschen die Szene des Burgenlandes. Bürger- und Landhäuser ergeben zusammen mit den vielen Kirchen das typische Bild burgenländischen Lebens. Ob am Fuße des Hügellandes gelegen oder in den Weiten rund um den Neusiedlersee, die gemeinsamen Merkmale sind unübersehbar. In so manchen Orten prägen alte Wehrtürme oder Mauern das Bild, Burgen und Ruinen alter Befestigungsbauten in den Höhen sind Zeugen und Wunden der vielen Kriege. In schrecklicher Erinnerung sind die vielen Türken- und Kuruzzen-Einfälle.

Lange Zeit unter ungarischer Herrschaft, dann wieder Teil der österreichisch-ungarischen Monarchie besitzt das heutige Burgenland, erst 1921 nach einer Volksabstimmung Österreich zugeordnet, wieder eine eigene Identität mit verschiedenen kulturellen Einflüssen. So leben große kroatische und ungarische Kolonien im Burgenland. Ganze Ortschaften werden von diesen Volksgruppen geprägt. Das Zusammenleben ist harmonisch und unkompliziert.

Eine Familie prägte dieses Land über viele Jahrhunderte – die Familie Esterhazy. Dieses Fürstenhaus, das auch heute noch große Besitzungen im Burgenland hat, war mit der Bevölkerung immer eng verbunden. Das kulturelle Gut, das die Familie Esterhazy geschaffen hat, ist unermäßlich.

Im Burgenland stehen derzeit 20.986 Hektar Rebfläche im Ertrag. Das sind 36,1 Prozent von der Gesamtrebfläche in Österreich. Je nach Jahrgang werden zwischen 700.000 und 1,200.000 Hektoliter Wein geerntet. Das entspricht einem Drittel der österreichischen Weinproduktion. Der Weinbau wird im gesamten Bundesland betrieben. Rund um den Neusiedlersee liegen die größten Anbauflächen. Dieser Steppensee, dessen Oberfläche rund 300 Quadratkilometer beträgt, trocknete im Laufe der Geschichte schon einige Male aus. Doch wie er verschwand, so tauchte er wieder auf. An der tiefsten Stelle werden nicht mehr als zwei Meter gemessen. Der seichte Wasserspiegel erwärmt sich daher dementsprechend rasch, und die dadurch entstehende Verdunstung wirkt als Klimaregler für die umliegenden Gebiete. Das heiße pannonische Klima und der Feuchtigkeitsspender Neusiedlersee begünstigen den Weinbau in einer einzigartigen Weise. Im Seewinkel zum Beispiel hat die Vegetationsperiode einen Vorsprung von meist 14 Tagen gegenüber allen anderen Weinbaugebieten Österreichs. Dies wirkt sich natürlich – im Sinne des Wortes – bis zur Lesezeit im Herbst auf die Reifegrade der Trauben aus. Sie haben im durchschnitt einen höheren Zuckergehalt. Nirgendwo als im Seewinkel werden mehr Prädikatsweine erzeugt. Nicht mehr nachvollziehbar ist der Reigen nationaler und internationaler Auszeichnungen von Weinen aus dieser Region.

Bei den Weißweinen ist der Grüne Veltliner mit knapp 20 Prozent Flächenanteil die Hauptsorte, gefolgt von Welschriesling. Müller Thurgau, Muskat-Ottonel, Weißburgunder, Sauvignon Blanc, Chardonnay, Neuburger, Traminer, Riesling, Goldburger und Malvasier runden die Sortenvielfalt ab.

Ein Trend verzeichnet man derzeit bei vielen Winzern: die radikale Umstellung auf mehr Rotweinproduktion. Stark im Kommen ist dabei die französische Sorte Cabernet Sauvignon. Die Krönungsrebe unter den Rotweinen ist und bleibt aber der Blaufränkisch. Beliebte Sorten sind weiters der Zweigelt, St. Laurent, Blauer Burgunder und Blauer Portugieser.

Eine Reihe von Festtagen werden im Burgenland besonders groß gefeiert. Geehrt werden vor allem drei Heilige, die mit dem Weinbau besonders verbunden sind: St. Urban, St. Martin und St. Johannes. Der Urbanitag am 25. Mai gilt in vielen Orten auch als Lostag. In Zagersdorf zum Beispiel sagt eine Bauernregel: „Wenn St. Urban lacht, weinen die Trauben, weint er aber, lachen sie."

Dem Landespatron des Burgenlandes, dem heiligen Martin, wird am meisten Aufmerksamkeit geschenkt – nicht nur wegen dem weit über die Landesgrenzen hinaus traditionellen Martinigansl-Essen. Die neue Weinernte ist bis zum Martinitag beurteilungsreif. In Oggau treffen sich an diesem Tag die Weinhauer im Weinkeller und verkosten den neuen Wein. So ziehen sie von Keller zu Keller, und gemeinsam wird jeder neue Wein besprochen. Ähnlich verhält es sich am 27. Dezember, dem Johannistag, dem Tag der Weinweihe. Die Winzer bringen eine Flasche Wein in die Kirche. Dort werden die Weine der Weinbauern gesegnet. Zuhause angekommen, wird der gesegnete Wein ins Faß zurückgeschüttet, um so den Segen des Himmels für den Wein zu erhalten.

Das Burgenland wird in vier Weinbaugebiete unterteilt. Es sind die die Region Neusiedlersee, Neusiedlersee-Hügelland, Mittelburgenland und Südburgenland.

Neusiedlersee

Am Nord- und Ostufer des Neusiedlersees liegt diese Region. Mit 11.235 Hektar Rebfläche ist sie das größte Weinbaugebiet des Burgenlandes. Es umfaßt alle Gemeinden des Bezirkes Neusiedl/See über die Ortschaften Weiden, Gols, Mönchhof, Halbturn bis zum südlichsten Punkt des Seewinkels mit den Ortschaften Podersdorf, Illmitz, Apetlon, Andau und Pamhagen.

Im Kreis der Auserwählten, den 20 besten Winzern Österreichs, sind vier aus dem Seewinkel. Es sind dies Georg Stiegelmar und Hans Nittnaus aus Gols, Josef Umathum aus Frauenkirchen und Alois Kracher aus Illmitz.

Das Treibhausklima des Neusiedlersees läßt hier auf durchlässigen Sandböden Weine mit vollem kräftigem Geschmack wachsen. Bedingt durch frühe Reife und sonnenstarke, trockene Herbsttage ist der Ernteanteil an Prädikatsweinen sehr hoch. Die Sonne scheint hier während einer Vegetationsperiode im Durchschnitt 1900 Stunden. Mehr als 80% der Weingartenflächen sind mit Weißweinsorten wie Welschriesling, Grüner Veltliner, Müller Thurgau, Muskat-Ottonel, Bouvier , Neuburger und Traminer bepflanzt. Chardonnay-Spezialisten sind Lorenz Limbeck in Gols und Franziska Velich in Apetlon.

Bei den Rotweinsorten sind der Blaue Zweigelt und der Blaufränkische die häufigste Rebe. In Mode gekommen ist in den letzten Jahren die französische Rebsorte Cabernet Sauvignon, deren flächenmäßiger Anteil im Steigen ist. Die Winzer dieser Region erkannten, daß dieses Weinbaugebiet für Rotweine – bedingt durch die Nähe des Neusiedlersees – sich besonders eignet. Seine volle Größe erreicht der Blaufränkisch unter den Händen von Hans Nittnaus, Georg Stiegelmar, Josef Umathum, Josef Pöckl. Die Vinifikation des Pinot Noir wird von der Schloßkellerei Halbturn am besten beherrscht. Der Zweigelt wiederum kommt am besten zur Geltung im Seewinkelhof von Sepp Moser.

Eine Reihe von Winzern zeigt Jahr für Jahr, daß man in diesem trockenen, heißen Klima kontinuierlich hohe Süßweinqualitäten produzieren kann. In Illmitz sind dies Alois Kracher, Martin Haider, Vinzenz Haider, Franz Heiss, Stefan Tschida, Franz Wüger, Stefan Schneider, Alois Lang, Josef Gangl, Johann Gartner und Willi Opitz. Mit seinen Eisweinen zählt Johann Scheibelhofer in Andau zu den besten Produzenten im Seewinkel.

Eine Rarität ist der Strohwein. Dieser Prädikatsweine ist eine Domäne von Stefan Anton Ochs aus Weiden am See.

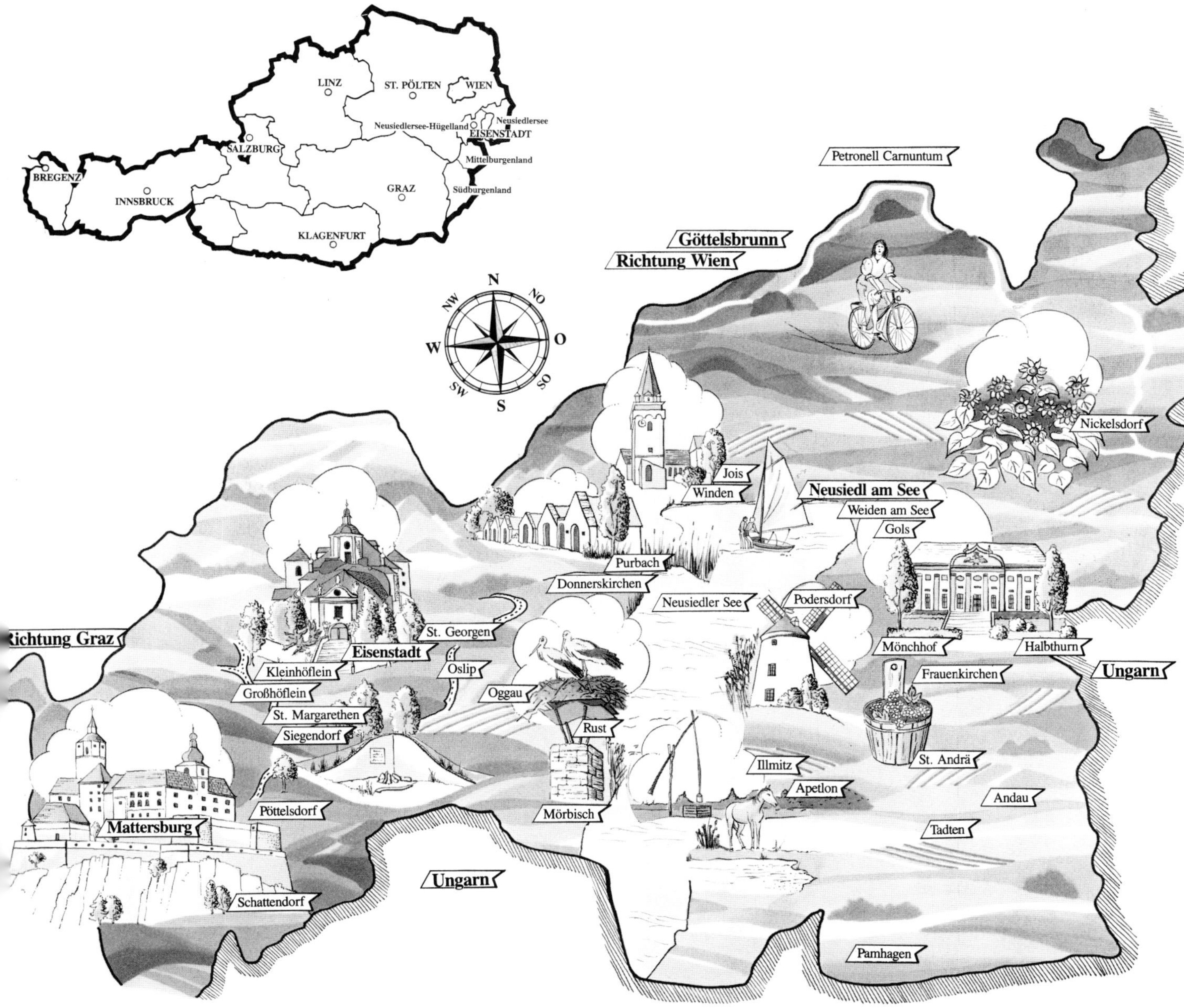

Neusiedlersee - Hügelland

Die Weinbaugemeinden der Bezirke Eisenstadt, Mattersburg sowie die Freistädte Eisenstadt und Rust gehören zu diesem Weinbaugebiet, das 7.187 Hektar Rebfläche umfaßt. Am Westufer des Neusiedlersees sind die Städte Mörbisch, Oggau, Donnerskirchen, Purbach und Breitenbrunn, die auch wesentlich vom Seeklima profitieren. Die Orte Kleinhöflein, Großhöflein und St. Georgen sind Vororte von Eisenstadt, aber der Weinqualität wegen, werden sie eigenständig geführt. Am Ausläufer des Leithagebirges gelegen, wächst ein fruchtiger Welschriesling, Weißburgunder und Sauvignon Blanc.

Mit dem Grünen Veltlinern gelingen den Winzern in Donnerskirchen Jahr für Jahr Spitzenqualitäten. Die dortigen Urgesteinsböden geben diesem Wein die typische fruchtig-pfeffrige Note. Hans Neumayer, Leopold Sommer und Hermann Ackermann verstehen sich mit der Vinifikation dieser Rebsorte am besten. Beim Neuburger ist Erwin Tinhof in Eisenstadt führender Produzent. Spezialisten für den Chardonnay sind Friedrich Seiler, Paul Triebaumer, Hans Feiler und Peter Schandl in Rust, Engelbert Prieler in Schützen am Gebirge und Franz Tometitsch in Oggau. Bei den Süßweinen gibt es eine Reihe von erstklassigen Produzenten. So gilt Robert Wenzel in Rust als „Ausbruch-König“.

Der Blaufränkische und Cabernet Sauvignon kommen in Großhöflein, Rust, Oggau, Zagersdorf und Pöttelsdorf zu ihrer vollen Entfaltung. Kompetenz bei der Kelterung dieser Rebsorten zeigen Anton Kollwentz und Josef Leberl in Großhöflein, derKlosterkeller der Barmherzigen Brüder in Eisenstadt, Ernst Triebaumer, Peter Schandl und Heidi Schröck in Rust, Franz Schindler in Mörbisch, Engelbert Prieler in Schützen am Gebirge, die Weinkellerei Pöttelsdorf, Paul Braunstein in Purbach, das Weingut Mate-Klikovits sowie Rosi Schuster in Zagersdorf.

Von Anfang an im Kreis der Auserwählten, den 20 besten Winzern in Österreichs, sind Anton Kollwentz, Ernst Triebaumer und Hans Feiler.

Mittelburgenland

Im Mittelburgenland wechselt die Landschaft. Sie wird hügeliger und stärker bewaldet. Es wird auf 2.105 ha Weinbau betrieben. Die Region um Deutschkreutz und Horitschon liegt nur wenige Kilometer vom Südufer des Neusiedlersees entfernt. Getrennt durch den tiefen Einschnitt des Ödenburger Gebirges wirkt sich das Klima des großen Steppensees hier aus.

Zwei Drittel davon sind mit Rotweinsorten bepflanzt, hauptsächlich Blaufränkisch und Blauer Zweigelt. Der Grüne Veltliner ist stark verbreitet, gefolgt vom Welschriesling und Müller Thurgau. Dem Blaufränkisch verdankt dieses Anbaugebiet seinen guten Ruf. Die lehmigen Böden speichern sehr lange die Feuchtigkeit. Die durchschnittliche Jahresniederschlagsmenge beträgt nur 650 mm.

Die Spitzenbetriebe wie Hans Igler und Engelbert Gesellmann in Deutschkreutz, Franz Weninger, Paul Kerschbaum und Paul Lehrner in Horitschon, sowie Stefan Wellanschitz und Stefan Wieder in Neckenmarkt produzieren im Mittelburgenland große Blaufränkische mit einer tiefen, reinen Fruchtnote. In den letzten Jahren wurde vermehrt Cabernet Sauvignon und Pinot Noir ausgepflanzt.

Südburgenland

Entlang der Pinkataler Weinstraße kommt man von Güssing oder Heiligenbrunn über Deutsch Schützen und Eisenberg nach Rechnitz. Unter den Namen „Die Weinidylle“ haben sich einige Orte aus diesem Weinbaugebiet zu einer Werbegemeinschaft zusammengeschlossen.

459 Hektar stehen derzeit als Rebfläche im Ertrag. An den Süd- und Osthängen des Geschriebensteins, dem höchsten Berg Burgenlands, befinden sich die größten Anbaugebiete. Der Anteil von Rotweinsorten macht 57 Prozent aus. Zum Großteil Blaufränkisch und Zweigelt. Bei Weißweinen dominieren Welschriesling und Grüner Veltliner.

Durch die kleinstrukturierten Rebflächen – der durchschnittliche Weingartenbesitz beläuft sich je Betrieb auf 0,25 Hektar – gibt es sehr viele Weinbaubetriebe im Nebenerwerb.

Klimatisch wird das Südburgenland noch vom pannonischem Klima beeinflußt. Der Plattensee ist nur 80 Kilometer Luftlinie von Deutsch-Schützen entfernt. Die jährliche durchschnittliche Niederschlagsmenge beträgt 670 mm.

Deutsch-Schützen und Rechnitz sind die qualitativen Mittelpunkte der südlichsten burgenländischen Weinbauregion. Aushängeschilder dieser Gegend sind die Weinbaubetriebe von Hermann Krutzler, Körper-Faulhammer sowie der Arkadenhof der Familie Wachter in Deutsch-Schützen. In Rechnitz sind es die Betriebe von Johann Herist und Josef Mandl.

Bild rechts oben: Herbstlicher Weingarten bei Oggau.

Die im Burgenland kultivierten Rebsorten

Im Burgenland werden heute noch mehr als 40 Rebsorten kultiviert. Für den Qualitätsweinbau wird jedoch nur eine kleine Auswahl davon verwendet, jene Rebsorten, die im langjährigen Durchschnitt qualitativ und quantitativ beste Ergebnisse erzielen. Zur Herstellung von Qualitätswein dürfen nur die 33 Rebsorten verwendet werden, die im österreichischen Weingesetz verankert sind.

Bouvier

Diese sehr frühreife Sorte hat nur mehr eine geringe Anbaubedeutung. Sie benötigt gute, fruchtbare Böden und ist auch für späte Lagen geeignet. Die Trauben sind klein bis mittelgroß und lockerbeerig. Die Beeren besitzen eine dicke Schale und muskierten Geschmack und erreichen einen hohen Zuckergehalt. Die Erträge sind gering und unsicher. Der Bouvier baut sich rasch aus, ist ein voller, milder Wein mit feinem Muskatgeschmack.

Chardonnay

Die Chardonnay-Rebe gehört zu den edelsten und besten Weißweintrauben der Welt. Sie stellt keine allzu großen Ansprüche an den Boden, benötigt jedoch gute Lagen und bringt mittelhohe Erträge. Sie besitzt mittelgroße, wenig gelappte Blätter mit nackter Stielbucht. Die Traube ist mittelgroß, lockerbeerig, und die Beeren sind bei Vollreife gelb gefärbt. Der Reifezeitpunkt ist mittelspät, und die Ernte erfolgt Anfang Oktober. Die Sorte liefert elegante, fruchtige, volle und sehr körperreiche Weine mit stahliger Säurenote. Chardonnay-Weine von guten Jahrgängen eignen sich bestens für eine längere Lagerung.

Grüner Veltliner

Der Grüne Veltliner ist die wichtigste Rebsorte Österreichs (ca. ein Drittel der gesamten Anbaufläche). Sie ist eine fruchtbare Sorte, die auf mageren wie auch auf fruchtbaren Lößböden (frühe bis mittelfrühe Lagen) gedeiht. Sie hat mittelgroße, fünflappig und tief gebuchtete Blätter. Die Traube ist sehr groß, kegelförmig geschultert, mit großen gelbgrünlichen bis fuchsigen Beeren, die mittelspät (Anfang bis Mitte Oktober) reifen. Der klassische Grüne Veltliner-Wein hat ein ausgeprägtes, fruchtiges Sortenbukett, ist spritzig, leicht pfeffrig und von ausdrucksvoller Würzigkeit. Er hat qualitativ eine große Bandbreite (Tafelwein bis Auslesen). Weine von guten Jahren erreichen erst nach 2 bis 5 Jahren ihren geschmacklichen Höhepunkt.

Müller Thurgau (Riesling x Sylvaner)

Diese Sorte ist eine der erfolgreichsten Neuzüchtungen der Welt. Sie benötigt tiefgründige Böden und ist auch für späte Lagen geeignet. Die Sorte wächst sehr kräftig und besitzt große Blätter mit einer verdrehten Mittellappe. Die Trauben sind groß, lockerbeerig und reifen früh (ab Mitte September), die Beeren haben einen muskierten Geschmack. Die Erträge sind hoch und regelmäßig. Der typische Wein ist spritzig, mild, mit einem leichten Muskatton in Duft und Aroma. Der Wein entwickelt sich rasch und soll nicht lange gelagert werden.

Muskat Ottonel

Die Sorte benötigt fruchtbare Böden mit wenig Kalk, wächst mittelstark, die Trauben sind mittelgroß und reifen früh. Die gelben Beeren besitzen einen feinen Muskatgeschmack. Die Erträge sind gering und unsicher. Der Wein hat meist ein sehr intensives, jedoch feines würziges Muskatbukett, er schmeckt jung und frisch am besten.

Neuburger

Diese österreichische Sorte ist im Burgenland und in Niederösterreich verbreitet. Sie stellt nur geringe Standortansprüche an Boden (nährstoffarm, schwer, kalkreich) und Lage. Die Sorte wächst sehr kräftig und besitzt große Blätter, die Trauben sind mittelgroß, dichtbeerig und reifen mittelfrüh. Die Erträge sind mittelhoch, aber unsicher. Der Wein hat ein fein-zartes, an Nüsse erinnerndes Bukett, mild, mit anhaltendem Nachgeschmack. In guten Jahren ist der Wein sehr lange lagerfähig.

Rheinriesling

Der Rheinriesling wird als die „edelste" Weiß- weinrebe der Welt bezeichnet. Sie wächst mittelstark, besitzt derbe Blätter und kleine bis mittelgroße Trauben, die spät reifen (Ende Oktober). Sie benötigt die besten Lagen und leicht erwärmbare Böden (Urgestein). Die Erträge sind mittelhoch. Der Wein ist von feiner Rasse und Eleganz und von hoher Qualität, er baut sich langsam aus und erreicht erst nach mehreren Jahren seinen Höhepunkt.

Ruländer (Pinot Gris)

Die Sorte ist in allen Anbaugebieten anzutreffen, sie benötigt warme, tiefgründige und nährstoffreiche Böden. Sie besitzt kleine walzenförmige, dichtbeerige Trauben mit kleinen, grauroten Beeren, die mittelfrüh reifen (Anfang Oktober). Sie bringt mittelhohe und regelmäßige Erträge. Die Sorte besitzt ein delikates, unaufdringliches Sortenbukett von guter Beständigkeit und eignet sich sehr gut zur Prädikatsweinerzeugung. Bei guter Reife und ausreichendem Säuregehalt sind die Weine gut haltbar.

Sauvignon Blanc

Die Sorte wird im Burgenland in geringem Umfang gepflanzt. Sie benötigt warme, frühe Lagen mit höherer Luftfeuchtigkeit und einen fruchtbaren, aber nicht zu trockenen Boden. Sie wächst kräftig, besitzt kleine, walzenförmige, dichtebeerige Trauben mit grünlichgelben, dickschaligen Beeren, die spät reifen. Die Erträge sind mittelhoch, aber unregelmäßig (winterfrostempfindlich). Die Weinqualität hängt außerordentlich stark vom jeweiligen Jahrgang und Standort ab. Bei guter Reife sind die Weine körperreich und haben einen unnachahmlichen grasigen Duft und Geschmack.

Traminer
Der Traminer bekommt durch seine außergewöhnlichen Qualitätseigenschaften wieder mehr Bedeutung. Die Sorte stellt hohe Ansprüche an den Boden (tiefgründig) und an die Lage. Sie besitzt kleine, runde Blätter, die Trauben sind klein, dichtbeerig, und die Beeren erreichen einen hohen Zuckergehalt (mittelspäte Reife). Die Erträge sind klein bis mittelhoch. Die Weine sind von goldgelber Farbe, säurearm und besitzen ein typisches Sortenbukett (würzig, aromatisch) mit hohem Alkohol- und Extraktgehalt. Der Wein baut rasch aus und ist mindestens 15 Jahre lagerfähig.

Weißer Burgunder (Pinot Blanc)
Diese aus Burgund stammende Sorte wird in allen weinbautreibenden Bundesländern kultiviert und gewinnt zunehmend an Bedeutung. Sie stellt an Boden und Lage hohe Ansprüche, da für eine gute Qualität ein Mostgewicht von 17° KMW erreicht werden muß. Sie besitzt mittelgroße, dichtbeerige Trauben (fäulnisanfällig) mit dünnschaligen, grünlichen Beeren, die mittelspät reifen. Die Weine sind grüngelblich, bukettneutral, gehaltvoll, extraktreich, mit mittlerem Alkoholgehalt und besitzen eine pikante Säure. Sie erreichen meist nach drei Jahren ihren Reifehöhepunkt.

Welschriesling
Der Welschriesling ist eine der wichtigsten Sorten des Burgenlandes. Die Sorte braucht tiefgründige, warme, nährstoffreiche Böden und eine frühe Lage. Die Traube ist mittelgroß, walzenförmig und hat kleine, saftige Beeren, die spät reifen (Ende Oktober). Der Ertrag ist hoch und regelmäßig und ergibt rassige Weine mit höherem Säuregehalt und fruchtigem Bukett. Der Welschriesling ist ein charaktervoller und vielseitiger Weißwein mit einer großen Qualitätsspanne. In guten Jahren und bei entsprechender Traubenreife werden höchste Qualitäten erreicht, die auch eine ausgezeichnete Lagerfähigkeit aufweisen.

Gelber Muskateller
Der Muskateller zählt zu den ältesten Rebsorten der Welt und spielt im burgenländischen Weinbau eine untergeordnete Rolle. Die Sorte wächst stark, die Blätter sind tief gebuchtet, die großen Trauben sind länglich. Sie besitzen gelbe, hartschalige, fleischige Beeren, die spät reifen. Die Sorte stellt geringe Ansprüche an den Boden, benötigt aber warme, luftige Lagen. Die Erträge sind mittelhoch, aber unregelmäßig. Die Weine haben ein ausgeprägtes Muskatbukett und sind lange lagerfähig.

Sämling 88 (Scheurebe)
Diese ältere Neuzüchtung (Sylvaner x Riesling) hat nur geringe Verbreitung erlangt. Die Sorte wächst kräftig und hat mittelgroße, dichtbeerige Trauben, die spät reifen. Sie stellt geringe Bodenansprüche, benötigt aber zumindest mittelfrühe Lagen. Der Ertrag ist mittelhoch. Die Weine besitzen ein eigenartiges, aber feines, kräftiges Bukett. Bei unreifen Weinen ist der Geruch und Geschmack aufdringlich; man spricht vom typischen „Sämlingston". Nur bei guter Reife werden edle, stahlige, harmonische, duftige und körperreiche Weine gewonnen, die auch gut haltbar sind.

Furmint
Der gelbe Furmint wurde in der Gegend von Tokay und Ödenburg auch Formint oder Zapfner genannt. Die Blätter sind groß, lederartig, rund, dreilappig und nicht tief eingeschnitten.Die Traube ist groß, mehr locker, einfach und lang. Bei voller Reife sind die Beeren gelblich mit kastanienbraunen Flecken auf der Sonnenseite. In guten Jahren erreicht der Furmint leicht 20 bis 28° Zuckergrade, dadurch ist der Furmint besonders für Prädikats- und Ausbruchweine geeignet.

Blauburger
Diese österreichische Neuzüchtung hat in den letzten Jahren starke Verbreitung erlangt. Die Sorte stellt keine besonderen Ansprüche an Boden und Lage. Sie wächst kräftig und hat große, dichtbeerige Trauben mit schwarzblau-bereiften Beeren, die früh reifen. Sie bringt hohe und regelmäßige Erträge. Die Sorte liefert sehr dunkel gefärbte Weine; sie sind samtig, extrakt- und alkoholreich, kräftig im Geschmack. Ihre Reifespanne hängt stark von der Güte des jeweiligen Jahrganges ab. Bei entsprechender Ertragsbegrenzung werden wertvolle, gut lagerfähige Weine gewonnen.

Blauer Burgunder (Pinot Noir)
Diese aus Burgund stammende Sorte hat zunehmende Bedeutung erlangt. Die Sorte stellt hohe Ansprüche an Klima, Boden und Lage. Die Trauben sind mittelgroß mit kleinen, dünnschaligen, saftigen Beeren (botrytisanfällig), bei mittelspäter Reife (Anfang Oktober). Die Erträge sind mittelhoch und regelmäßig. Die Weine sind leuchtend rubinrot gefärbt, haben ein eigenständiges, sortentypisches Bukett, sind im Geschmack samtig und rund und haben einen feinherben Abgang. Der Blaue Burgunder liefert hochwertige Rotweine („König der Rotweine") mit einer guten Lagerfähigkeit.

Blaufränkisch
Ist die dominierende Rotweinsorte des Burgenlandes. Sie stellt mittlere Ansprüche an den Boden, bevorzugt jedoch fruchtbare Lößböden. Sie benötigt aber warme, windgeschützte, südliche Hanglagen. Sie wächst kräftig, die Trauben sind groß, verästelt, locker und haben kleine, dickschalige Beeren, die spät reifen (Anfang bis Mitte

Oktober). Der Ertrag ist mittelhoch, aber unsicher. Die Weine sind meist dunkelrubinrot und zeichnen sich durch ein feinfruchtiges Bukett aus und sind frisch, rassig und feinsäuerlich im Geschmack. Der Blaufränkische zählt zu den besten österreichischen Qualitätsrotweinsorten. Infolge seines langsamen Weinausbaues erlangt der Wein als Altwein höchste Qualität.

St. Laurent

Die St. Laurentrebe stellt an den Boden keine besonderen Ansprüche, benötigt aber frühe Lagen. Die Trauben sind klein bis mittelgroß, walzenförmig, mit kleinen schwarzblauen Beeren, die früh reifen. Die Erträge sind mittelhoch, aber unsicher (spätfrostempfindlich, Blüte empfindlich). Die Weine sind kräftig dunkelrot gefärbt und haben ein feines, fruchtiges Bukett. Als Jungwein ist er herb und säurereich, deswegen benötigt er eine längere Reifezeit. Als Altwein schmeckt er samtig, trocken, vollmundig und angenehm gerbstoffhaltig.

Blauer Zweigelt

Flächenmäßig ist diese Neuzüchtung eine der bedeutendsten Rotweinsorten Österreichs. Gezüchtet wurde diese Sorte von Prof. Fritz Zweigelt in Klosterneuburg. Sie wächst sehr kräftig und hat große, kegelförmige, dichtbeerige Trauben mit schwarzblauen Beeren, die mittelfrüh reifen (Mitte bis Ende September). Die Sorte bringt hohe und regelmäßige Erträge. Die Weine sind kräftig, rubinrot gefärbt und haben ein ausgeprägtes fruchtig-würziges Bukett. Die Weine schmecken voll, kräftig und sind körper- und gerbstoffreich. Gute Qualitäten erreichen erst nach einigen Jahren ihren Reifehöhepunkt.

Cabernet Sauvignon

Er zählt zu den edelsten Rotweinsorten der Welt, die Sorte hat keine besonderen Ansprüche an den Boden, stellt aber an die Lage hohe Ansprüche. Die Trauben sind klein bis mittelgroß, konisch, meist dichtbeerig, schwarzblau, stark beduftet und reifen spät. Die Erträge sind mittelhoch und unregelmäßig . Die Weine sind granatrot bis tiefdunkelrot gefärbt und haben ein kräftiges Sorten- bukett. Der Jungwein ist rauh, hart (gerbstoffbetont) und unharmonisch; mit zunehmendem Alter wird er immer samtiger und ausgewogener.

Merlot

Die Auspflanzung wurde erst 1986 gestattet und hat daher noch geringe Anbaubedeutung. Die Sorte stellt keine besonderen Ansprüche an Boden und Lage. Frostgefährdete Lagen sind aber unbedingt zu meiden. Wächst kräftig, hat mittelgroße, konische Trauben mit schwarzblauen Beeren, die mittelfrüh reifen. Die Erträge sind mittelhoch, aber unregelmäßig. Die Weine sind rubinrot gefärbt und haben ein typisches, grasiges Bukett - im Geschmack sind sie trocken, süffig, weich, mit wenig Säure. Die meisten Weine schmecken jung und frisch am besten und sollen nicht lange gelagert werden.

Qualitätsstufen nach dem Österreichischen Weingesetz

° KMW	Bezeichnung	Bemerkung
mind 14°	Tafelwein, Tischwein,	Aufbesserung erlaubt, nicht in 0,7-l-Flasche
15°–19°	Qualitätswein	Aufbesserung erlaubt, nur aus Qualitätsreben, nur aus einem Weinbaugebiet
ab 17°	Kabinett (bis 12,7 Vol.%)	wie Qualitätswein, aber keine Aufbesserung
ab 19°	Prädikatsweine:	später Lesetermin
19°	Spätlese	keine Aufbesserung
21°	Auslese	strenge Kontrolle
25°	Beerenauslese	Überreife
27°	Ausbruch	Edelfäule
32°	Trockenbeerenauslese	
25°	Eiswein (aus geforenen Trauben)	
25°	Strohwein (Schilfwein)	mindestens drei Monate auf Stroh oder Schilf gelagert

° KMW Klosterneuburger MostWaage = natürlich gewachsener Zuckergehalt der Trauben

Burgenländische Jahresernten

Gesamternte 1991: 1,070.231 Hektoliter

Qualitätsstufen	1988	1989	1990	1991
Qualitätswein	89.138	243.895	326.953	422.683
Kabinett	9.518	29.269	28.203	35.978
Spätlese	5.954	11.271	11.636	17.078
Auslese	1.391	4.711	3.580	4.310
Eiswein	66	470	296	1.303
Beerenauslese	741	1.908	4.145	2.548
Ausbruch	54	274	761	260
Trockenbeerenauslese	311	765	761	260
Sonstiges	0	8	74	62
Gesamt	107.173	292.571	377.665	485.001

Alle Angaben in Hektoliter

Bild rechts oben: Traubenlese beim Römerhof Kollwentz in Großhöflein

Die Weinbauregion Neusiedlersee - Hügelland

Freistadt Eisenstadt

Bereits Römer und Kelten wußten die Gegend von Eisenstadt zu schätzen und hinterließen dort ihre Spuren. Im Verlauf der Jahrhunderte entwickelte sich Eisenstadt zum wirtschaftlichen und geistigen Zentrum des heutigen Burgenlandes. 1371 wurde von König Ludwig dem Großen das Recht erteilt, den Ort mit einer starken Ringmauer zu umgeben. Mit dem Marktrecht im Jahre 1388 waren auch Weinausfuhrprivilegien verbunden, die es erlaubten, Wein durch Österreich nach Schlesien und Polen zu befördern. Dazu kam später noch das Privileg des Freihandels in ganz Ungarn und die Genehmigung für die Niederlassung einer Judengemeinde in der Stadt.
Zur Mitte des 15. Jahrhunderts war Eisenstadt im Habsburgerischen Besitz, gehörte während der Auseinandersetzungen zwischen Kaiser Friedrich III. und Matthias Corvinus vorübergehend zum Königreich Ungarn, wurde aber nach dem Tod des Ungarnkönigs wieder habsburgisch. In der Folgezeit vergaben die Habsburger den Besitz an verschiedene Pfandherren, 1622 wurde Eisenstadt an Graf Nikolaus Esterházy verpfändet. Mit „16.000 Gulden" und „3000 Eimern Wein" kaufte sich Eisenstadt später wieder von der Herrschaft Esterházy frei und blieb bis ins Jahr 1921 als königliche Freistadt bei Ungarn.
Eines der ältesten Wahrzeichen von Eisenstadt ist das Esterházy-Schloß, in dem heute auch die burgenländische Landesgalerie untergebracht ist. Im Laufe der Jahrhunderte ist dieses im 17. Jahrhundert erbaute Schloß mehrmals umgebaut worden. In der zweiten Dekade des 17. Jahrhunderts wurde das Esterházy-Schloß im barocken Stil neu gestaltet. Einen klassizistischen Stil erhielt das Herrschaftsgebäude um 1800. Aushängeschild dieses Prachtbaues ist zweifellos der Haydn-Saal. Der große Komponist dirigierte in diesem Saal viele seiner Kompositionen. Einige wurden in diesem Saal auch uraufgeführt. Heute werden im Haydn-Saal Chor- und Orchesterkonzerte aufgeführt.
Angrenzend an das Esterházy-Schloß liegt der Schloßpark. welcher der ruhende Pol dieser Schloßanlage ist. 1624 entworfen und angelegt, wurde dieser Park 130 Jahre später nach französischem Muster umgebaut. Im Stil eines Englischen Gartens wurde der Schloßpark dann Anfang des 19. Jahrhunderts neu adaptiert.
Einiges älter als das Esterházy-Schloß ist die Domkirche. Das dem heiligen Martin geweihte Gotteshaus wurde im 15. Jahrhundert erbaut. Der spätgotische Bau wurde 1589 nach einem schweren Brand arg in Mitleidenschaft gezogen und erst 40 Jahre später wieder aufgebaut. Das Innenschiff mit seiner mit Holzreliefs verzierten Kanzel aus dem Jahr 1745 und der aus dem Jahre 1778 stammenden Orgel sind Schmuckstücke architektonischer Kunst. Untrennbar mit Eisenstadt verbunden ist der Name Joseph Haydn. 30 Jahre seines Lebens verbrachte der bekannte Musiker als Hofkapellmeister des Fürsten Esterházy in dieser Stadt. In der Joseph-Haydn-Gasse wurde im ehemaligen Wohnhaus Haydn ein Museum eingerichtet, das zahlreiche Erinnerungsstücke an den großen Komponisten enthält. Gezeigt werden neben zahlreichen Bildern historische Belege wie Notenblätter, Erstdrucke und Schriftstücke aus dem ehemaligen Besitz von Joseph Haydn. Eingebunden in die Schauräume sind auch Originalinstrumente der Esterházyschen Hofmusikkapelle. Die Stadt selbst ist heute leicht überschaubar. Alle Sehenswürdigkeiten sind leicht zu Fuß zu erreichen. An der Hauptstraße sieht man viele Häuser aus dem 16. und 17. Jahrhundert mit schönen Fassaden und zum Teil mit Arkaden geschmückten Innenhöfen. Hier steht auch das Rathaus, dessen Fresken unter anderem die Tugenden einer guten Stadtverwaltung symbolisieren sollen: Treue, Gerechtigkeit, Weisheit, Stärke, Hoffnung, Mildtätigkeit und Mäßigkeit. Die Bergkirche, auch Haydnkirche genannt, entstand im 18. Jahrhundert und enthält die Grabstätte von Joseph Haydn. Als besonders sehenswert gilt das burgenländische Landesmuseum mit dem angeschlossenen Weinmuseum. Gegenüber dem Landesmuseum befindet sich das Jüdische Museum. Bilder, Schriftstücke und Dokumente sind Zeugen von der früheren jüdischen Besiedlung im Burgenland.

Lagen und Rieden
Oberhalb vom Schloßpark Esterházy, an den Südhängen des Leithagebirges, liegt die Ried Feuersteig. Von hier hat man einen herrlichen Ausblick bis nach Sopron und zum Neusiedlersee. Der Boden ist sehr vielschichtig, oberhalb ist sandige Braunerde mit Muschelkalk und Sedimenten des Pannonischen Meeres, der Unterbau dagegen ist sehr kalkreich. Die Bodenstruktur ist der in den Weinbergen der Burgund sehr ähnlich. Die ausgepflanzten Rebsorten sind darauf abgestimmt. Weißburgunder, Neuburger und Blaufränkisch entwickeln hier intensive Fruchtaromen. In der Ried Kirchäcker wachsen im unteren Teil hauptsächlich Welschriesling. Im oberen Teil reifen sehr gute Neuburger und Muskat-Ottonel-Trauben die in guten Jahren sogar Prädikatsweingrade erreichen. Die Ried Fuchsenriegl ist in der Ried Kirchäcker integriert.

Die Tradition des Klosterkellers der Barmherzigen Brüder in Eisenstadt reicht nahezu ein Vierteljahrtausend zurück. Es war Fürst Paul Anton Esterházy, welcher 1756 in Eisenstadt ein Krankenhaus stiftete und den Barmherzigen Brüdern zur Leitung anvertraute. Zum Spitalsbetrieb gehörten damals wie heute große landwirtschaftliche Nutzflächen. Ein Teil dieser Flächen wurde mit Reben bepflanzt und über die Jahrhunderte Zug um Zug vergrößert. Die heute Rebfläche beträgt 9,8 Hektar. Ein Unikum stellt der Klosterkeller dar, der direkt unter dem Krankenhaus untergebracht ist.

Das Haydenmuseum in Eisenstadt

Pater Prior Ildefons Pernsteiner und Rudolf Križan bei einer Weinprobe im Weinkeller der Barmherzigen Brüder in Eisenstadt

Abt Pater Prior Ildefons Pernsteiner war es, der die richtungsweisenden Trends im Weinbau rechtzeitig erkannte und mit ***Rudolf Križan*** einen jungen Absolventen der Klosterneuburger Weinbauschule für den Weinbaubetrieb der Ordensbrüder engagierte. 1962 geboren, verkörpert Križan eine Mischung aus innovativem Winzer und erfolgsorientiertem Manager. Innerhalb von nur zehn Jahren führte er den Klosterkeller an die Spitze der burgenländischen Weinkultur. „In all den Jahren habe ich vor allem meine internationalen Erfahrungen in die Führung des Klosterkellers einbinden können", erklärt der „Weinmacher", welcher in einigen südafrikanischen und kalifornischen Weinbaubetrieben arbeitete und viel von den dortigen Kellermeistern profitierte. „Vor allem die riesigen Barrique-Lagerhäuser in Südafrika imponierten mir. Sie können sich vorstellen, was es bedeutet, als knapp Zwanzigjähriger solche Dimensionen zu erleben", setzt Križan fort. „Erstaunt war ich von den hervorragenden Qualitäten kalifornischer Weine. Trotz der riesigen Weinflächen, die allesamt schnurgerade angelegt sind, werden dort große Weine produziert. Es sind nicht nur die klimatischen Verhältnisse, es ist vor allem die Kellertechnik, die dort wissenschaftlich betrieben wird. Nichts, aber schon gar nichts, wird dem Zufall überlassen", wird Križan euphorisch. „Oder die Önologen vom Mondavi-Weingut, die schon heute Weinlinien für die Zukunft festlegen, die erst in 10 oder 20 Jahren aktuell sein werden", erzählt Križan, der eine zeitlang im Weingut Schramsberg im Napa Valley tätig war. Beobachtet man nun die Entwicklung des Weingutes der Barmherzigen Brüder, sind Parallelen mit den großen internationalen Häusern erkennbar.Besonderes Augenmerk legt der Kellermeister, der auch für die Weingärten verantwortlich ist, darauf, daß die zur Lage und Boden passende Rebsorte ausgepflanzt ist. Eine optimale Bodenkonstitution und Versorgung mit Nährstoffen sind weitere wesentliche Grundelemente. Die Laubarbeit während der Wachstumsperiode und der nach Zucker-, Säure- und pH-Wert festgelegte Lesezeitpunkt der Trauben bringen die Voraussetzung für ein gesundes erstklassiges Lesegut.

Im Weingut Klosterkeller werden zu zwei Drittel Rotweine produziert, die teilweise in Barriques ausgebaut werden. Die Hauptsorten sind Zweigelt, Blaufränkisch, und Cabernet Sauvignon. Der Blaufränkische wird sowohl traditionell als auch in Limousin-Eichenfässern vinifiziert. „Mit dem Ausbau von Barriqueweinen Anfang der achtziger Jahre begannen wir unsere Erträgemengen drastisch zu verringern. Heute ernten wir pro Hektar 3000 Kilogramm Weintrauben; der Durchschnittsertrag betrug früher 8000 Kilogramm pro Hektar. Durch die Mengenbeschränkung erhalten wir extrem dichte und volle Rotweine, welche sich besonders für die Barriquelagerung eignen." Mit solchen Weinen wurde Rudolf Križan schon am Beginn seiner Karriere mit viel Lob bedacht. „Im Jahr 1986 gelang es mir mit einem Blaufränkischen, Ernte 1985, unter den 300 besten Rotweinen Österreichs den ersten Rang für den Klosterkeller zu erreichen. Dieser Erfolg war der Durchbruch für das Weingut, denn dadurch konnte es seinen Platz unter

Schloß Esterházy in Eisenstadt.

den besten Weingütern Österreichs behaupten", ist Rudolf Križan sichtlich stolz auf seine Arbeit, reicht aber sofort die „Blumen" an die Ordensbrüder weiter: „Ohne das weinkulturelle Verständnis von Pater Prior Ildefons Pernsteiner wäre es nicht zum Ausbau solcher Qualitäten gekommen." Der 85er Blaufränkisch ist heute noch ein sehr dichter, voller und kräftiger Wein, der eine optimale Frucht-Tannin-Kombination im Bukett aufweist. Alkohol und Gerbstoffe sind harmonisch für eine lange Lebensdauer gepaart. Der 87er Blaufränkisch ist etwas eleganter und feiner als sein Vorgänger. Dieser Jahrgang blendet nicht nur durch seine Fülle, sondern die Gesamtharmonie von Duft, Körper und Abgang ist außergewöhnlich. Der lange intensive Fruchtabgang und der fruchtige Körper machen ihn zu einem hochklassigen Blaufränkischen. Beim Jahr gang 1990 ist der Cabernet leicht im Vordergrund, zur Zeit dominieren noch

die Tannine. Der Chardonnay 1992 aus der Ried Fölligacker in Großhöflein wurde mit 21°KMW gelesen und mit anschließendem biologischem Säureabbau in Barriques vergoren und ausgebaut. Mit 13,5 Vol.%
Alkohol und 6,1 ‰ Säure ist dieser Chardonnay sehr voluminös und intensiv. Durch die Faßvergärung erhält er eine gaumenschmeichelnde Weichheit.
Bezüglich der optimalen Trinkreifen seiner Weine meint Rudolf Križan: „Die optimale Trinkreife liegt beim traditionell ausgebauten Blaufränkischen zwischen vier und sieben Jahren nach der Ernte. Durch den Barriqueausbau wird die Lagerfähigkeit bis 10 Jahre und länger verlängert. Der Cabernet Sauvignon beginnt sich erst nach 5 Jahren richtig zu entwickeln und ist bis zu seinem 12. Reifejahr gut trinkbar. Der in Barrique ausgebaute Chardonnay erreicht erst 3 bis 4 Jahren nach der Lese seine Trinkreife."

Eines der traditionsreichsten Häuser ist das ***„Fürstlich Esterházy'sche Schloßweingut"***. Der jahrhundertealte Weinkeller im Schloß Esterházy beliefert unter anderen den seit 1683 bestehenden Esterházy-Keller in Wien. Hauptverantwortlicher des Schloßweingutes ist Ing. Josef Brückelmayer. Er wacht über 45 Hektar Rebflächen in den Regionen um Großhöflein, St. Margarethen,

Von oben nach unten: Erwin Tinhof
Rudolf Križan
Dr. Walter Flak

St. Georgen und Rust. „Unsere Rebsorten sind gezielt auf die einzelnen Rieden ausgepflanzt. So gedeihen die weißen Traubensorten an den Ausläufern des Leithagebirges am besten, der ideale Standort für Rotweinsorten ist die Nähe des Neusiedlersees. Und edelsüße Weine werden aus den seenahen Lagen geerntet", erklärt Ing. Brückelmayer. „Diese klimatischen Bedingungen dieser Region sind ein Unikat", setzt er fort. „Durch diese bewußte Auspflanzung der einzelnen Rebsorten erhalten wir Jahr für Jahr gesundes, gleichmäßig gereiftes Traubenmaterial." 14 Hektar der Weingartenflächen liegen in Rust. In der Ried Hochbaumgarten werden Blaufränkisch und Blauer Burgunder kultiviert. „Die Reifegrade dieser Sorten liegen kontinuierlich zwischen 18 und 19° KMW bei der Lese. Zwischen 9 bis 10‰ betragen die Säurewerte", gibt sich Ing. Brückelmayer zufrieden. Nach Lagen unterschiedlich, beginnt die Lese meist erst im Oktober. Die Trauben werden in die Weinkellerei des Schloßes angeliefert. Weißweinsorten werden sofort gepreßt. Es folgt eine Qualitätskontrolle und Analyse. Die Gärung erfolgt mit Reinhefezusatz gekühlt in Edelstahltanks. Jungweine werden rasch abgezogen und in Flaschen gefüllt. Die besten Rotwein-Qualitäten werden auch in Barriquefässern ausgebaut.

Das Schloßweingut hat sich auf die Burgunder-Sorten spezialisiert: Pinot Gris, Pinot Blanc, Chardonnay und Pinot Noir. Vom Pinot Noir werden durchschnittlich pro Hektar 4000 Liter erzeugt. Der durchschnittliche Jahresertrag des Weingutes beläuft sich auf zirka 2500 Hektoliter. Die Sorten Blauer Burgunder, Blaufränkisch, Cabernet Sauvignon und Cabernet Franz machen mehr als die Hälfte der Gesamtproduktion aus. Der Pinot Noir 1992 hat einen sehr eleganten Duft und ein volles, reifes und intensives Fruchtbukett mit angenehmen Tanninen. Der intensiv fruchtige Chardonnay 1992 wirkt durch die Fruchtfülle etwas breit, hat einen frischen säurebetonten Abgang.

Die Welschriesling Beerenauslese 1989 wurde mit 27° KMW gelesen, verfügt über eine feine Botrytis-Nase; mit ihren voll entwickelten Aromen wirkt sie überaus reif und elegant. Die feinen Honigtöne des Buketts umschmeicheln den Gaumen.

Bedingt durch die Betriebsgröße kann Ing. Josef Brücklmayer seine Weine immer mit der richtigen Trinkreife anbieten. „Als Ziel haben wir uns vorgenommen, daß unsere Weine erst nach ein- bis dreijähriger Reifung in den Verkauf kommen", sagt Ing. Josef Brückelmayer abschließend.

Er studierte in Montpellier Önologie und arbeitete einige Zeit in Frankreich. ***Erwin Tinhof*** – gut ausgebildet und zielstrebig, innovativ und geradlinig. Auf diesen kurzen Nenner gebracht sind die Charakterzüge von Erwin Tinhof, der seit 1989 das gleichnamige Weingut in der Gartengasse 8 führt. Er fühlt sich der Tradition österreichischer Rebsorten verpflichtet. „Auf einer Anbaufläche von acht Hektar reifen Rebsorten, die aus Tradition und Wissen heraus dem Boden bestens angepaßt sind", so Erwin Tinhof. Besonders der Neuburger hat es ihm angetan. „Meine Liebe zu dieser Sorte entdeckte ich noch in Frankreich. Als ich ins Burgenland zurückkehrte, begann ich mich intensiv mit dieser Traube zu beschäftigen", führt Tinhof aus. „Als besonderes Beispiel von Kreativität und Einfühlsamkeit in Verbindung mit der Weißweinsorte Neuburger gelten ‚Tinhof Weiß' und ‚Fuchsenriegl', zwei verschiedene Weinkompositionen", setzt der Winzer fort. Ein besonders guter Boden für den Neuburger ist der in der Umgangssprache

Fuchsriegl genannte letzte Hügel des Leithagebirges in der Ried Kirchhäcker: „Der kalkhaltige, trockene Boden aus Feinsedimenten eignet sich besonders gut für Neuburger, der hier 1982 neu ausgepflanzt wurde.“ Die Linie „Fuchsenriegl“ wird in Barriquefässern ausgebaut. Durch den Barriqueausbau kommen Vanille- und Feigenaromen ins Bukett des Neuburgers, die sich mit den sortenspezifischen Tönen sehr gut ergänzen. Der 1991er Fuchsenriegl duftet sehr exotisch, hat viel Frucht und einen charaktervollen fruchtbetonten Abgang. Der „Tinhof Weiß“ ist eine Cuveé von Welschriesling und Neuburger, bei dem immer versucht wird, einen frischen, spritzigen und säurebetonten Wein zu erhalten. Der 92er ist lebendig-leicht, mit einem blumig-frischen Aroma und rassiger, säurebetonter Fülle. Erwin Tinhof: „Weinmachen ist eine Kunst. Unsere Vorfahren haben immer nur gemischte Sätze produziert. Der reinsortige Ausbau ist bei uns erst einige Jahrzehnte alt.“ Er spielt so auf die Veränderungen und neuen Herausforderungen im Weinbau an. Der Weißburgunder 91 wurde in verschiedenen Rieden im Spätlesebereich geerntet. Der Wein wurde sehr behutsam ausgebaut und in großen Holzfässern gelagert. Im Duft ist er noch etwas verschlossen, zeigt aber viel Fruchtigkeit und Eleganz. Der Jahrgang 1992 des Weißburgunder ist kompakter und ausgewogener als sein Vorgänger, die Säure wirkt kräftiger und unterstützt das feingliedrige Bukett.
Alle Rotweine werden im Weingut Tinhof in großen Holzfässern klassisch ausgebaut. In der Ried Feuersteig, direkt hinter dem Schloßpark Esterházy, steht eine Blaufränkisch-Anlage im Ertrag, dessen Rebstöcke teilweise älter als 60 Jahre sind. Sie sind Garant für volle, kräftige Rotweine. Der Blaufränkisch 1991 zeigt sich in einem dichten Purpur, mit klassischen Beeren- und Gewürzaromen im Bukett und einer samtig-weichen Struktur.

Wissen ist Macht.“ Eindrucksvoll kann man heute nachvollziehen, welchen Anteil die ***landwirtschaftliche Fachschule*** in Eisenstadt am Aufschwung und Erfolg der burgenländischen Weinkultur auf ihre Fahnen heften kann. „In unserer Schule wird den Schülern jenes allgemeine Grund- und Fachwissen vermittelt, das sie später dazu befähigt, in selbständiger Arbeit Qualitätsweine zu produzieren“, erklärt Direktor Prof. Dipl.-Ing. Franz Werner. Die Fachschule wird zweijährig geführt. Nach einer mehrjährigen Praxis sind die Absolventen berechtigt, die Meisterprüfung abzulegen.
Auf einer Rebfläche von rund acht Hektar stehen hauptsächlich Welschriesling-, Blaufränkisch-, Rheinriesling- und Weißburgunder-, Chardonnay-Anlagen im Ertrag. Eine Reihe von anderen Rebsorten stehen auf einer Versuchsanlage. Den Schülern wird der Werdegang des Weines vom Rebstock bis zur Flasche praxisgerecht und theoretisch nähergebracht. Für die Ausbildung im Weingarten und der Kellerwirtschaft sind Ing. Franz Schuster und Ing. Josef Schüller zuständig. Von der Weinbauschule des Landes Burgenland werden 80 Prozent der Ernte von den Schülern selbst ausgebaut. Der Rest wird verkauft.
Mit dem Abschluß der Weinbauschule ist der Kontakt zu dieser Ausbildungsstätte aber noch lange nicht abgebrochen. Ein Absolventenverein dieser Fachschule sorgt für vielerlei impulsgebende Aktivitäten und Fortbildungsmöglichkeiten. Diesem Verein steht Ing. Franz Schuster als Geschäftsführer vor. Ihm ist es zuzuschreiben, daß regelmäßige Bildungsreisen in die besten Weinregionen unternommen werden. „Begonnen hat alles mit einer Reise in die Toskana im Jahr 1984“, erzählt Franz Schuster.
„Historisch“ gewertet kann das Jahr 1985 werden. Ing. Franz Schuster organisierte eine Reise nach Bordeaux. Mit dabei war nahezu die gesamte heutige Elite der burgenländischen Winzer. Die Route führte zu den großen Weingütern nach Bordeaux, Médoc, St. Emilion und Sauternes. Ing. Franz Schuster: „Gerne erinnere ich mich noch an diese Reise. Die Winzer kamen praktisch aus dem Staunen nicht mehr heraus. Und mit René Lambert hatten wir einen ausgezeichneten Reiseführer. Durch ihn war es möglich, einige der besten Weingüter der Welt näher kennenzulernen und deren Kellerwirtschaft unseren ehemaligen Schülern eindrucksvoll vor Augen zu führen.“
Mit dieser Reise wurde der burgenländische Weinbau revolutioniert und der Weg zu einer zeitgerechten Kellertechnik eingeschlagen. Die Winzer erkannten damals, daß ihre Heimat vor allem auf dem Rotweinsektor die besten Voraussetzungen hat, Weine zu produzieren, die internationalen Vergleichen standhalten können.

In der idyllischen Umgebung der Bergkirche in Eisenstadt steht das Weingut Weinschlößl von ***Ing. Josef und Antonia Schüller***. Auf einer Rebfläche von 3,5 Hektar sind in den Rieden Husar, Hofner, Saurüssel, Hartmisch mehr als die Hälfte Rotweinsorten ausgepflanzt. Bei den Weißweinen wird eine trockene und duftige Linie angestrebt. Sowohl die besten Rot- als auch Weißweine werden in Barriques ausgebaut. Ein Blauer Burgundern Jahrgang 1987 erhielt 1989 die Auszeichnung der „Goldenen Traube“ und kam auch in den österreichischen Weinsalon.

Die Bundesanstalt für Weinbau in Eisenstadt ist die modernste und leistungsstärkste Weinuntersuchungsstelle Österreichs. Die Anstalt beschäftigt 42 Bedienstete und wird von ***Dr. Walter Flak*** geleitet. Das Institut bearbeitet im Jahresdurchschnitt 4000 Exportverfahren, etwa 12.000 Kostkommissionsanträge sowie rund 30.000 Prüfnummerngutachten. Die seit 1992 an der Anstalt vorgenommene Bearbeitung von amtlichen Weinaufsichtsproben, die wie die Mehrzahl der Aufgaben der Dienststelle auf einem gesetzlichen Auftrag basieren, erfordert eine besonders hohe Begutachtungskompetenz. Weitere Aufgaben, welche die Anstalt wahr-

nimmt, sind die Bearbeitung von Privatproben. Dabei wird die gesamte analytische und önologische Anforderungspalette untersucht.
Einen Schwerpunkt bildet weiters die regionale Weinforschung. Diesbezügliche Projekte werden unter besonderer Beachtung der Gegebenheiten des burgenländischen Weinbaugebietes erstellt. Daneben erfolgt eine laufende Entwicklung und Weitergabe bzw. Publizierung von methodischen Neuerungen.
Mit Dr. Walter Flak besitzt die Anstalt einen Leiter, der durch seinen innovativen Führungsstil einen Beitrag zur Hebung der gesamten Weinqualität in Österreich leistet. Er betrachtet die Bundesanstalt für Weinbau auch als Wegweiser für die Zukunft. Dr. Flak: „Mit der Integration Österreichs in den europäischen Binnenmarkt werden verstärkt bestimmte internationale Weintypen auf dem heimischen Markt angeboten wie uniformierte Barriques-Weine, die man in Italien, Spanien oder Frankreich in großen Mengen produziert. Für den österreichischen Winzer wird es einen verstärkten Wettbewerb geben", will Dr. Flak keineswegs apokalyptisch werden. „Mit Weinen, die sich von den übrigen abheben, wird man bestehen können. Mit dem Blaufränkischen zum Beispiel. Dieser Wein ist prädestiniert, international in der Gastronomie und in Vinotheken das Angebot zu vervollständigen. Eine Chance sehe ich auch mit den traditionell und klassisch ausgebauten Weißweinen", sieht Dr. Walter Flak einen Lichtschimmer am Horizont. Und weiter: „Die Stärke des burgenländischen Weines, der auf kleinen Distanzen der Region sehr wesentliche Unterschiede in den Eigenarten des Weines aufweist, hat dazu geführt, daß in den letzten Jahren vermehrt auf diese Gegebenheiten Rücksicht genommen wurde. Im Weißweinbereich sind dies der Welschriesling und Weißburgunder, im Rotweinbereich der Blaufränkisch.Diese Weißweine werden in Normaljahren mit ausreichenden Säuregraden produziert und besitzen trotzdem eine hohe natürliche Reife. Diese Kombination und die geeignete Sortenauswahl führten dazu, daß heimische Weißweine den Anschluß zur internationalen Spitze gefunden haben." Ein persönliches Anliegen ist für den Leiter der Bundesanstalt die kontinuierliche Forstsetzung der Qualitätsverbesserung. „Wenn wir Mängel hinsichtlich der Qualität feststellen, wird auf den betreffenden Produzenten zugegangen und ihm Hilfeleistung angeboten", erklärt Dr. Flak abschließend, dessen Institut gerade für die Zukunft einen wichtigen Beitrag für die Entwicklung des heimischen Weinbaues liefert.

St. Georgen

In die Landeshauptstadt Eisenstadt eingegliedert ist die Ortschaft St. Georgen. Die Bevölkerung von St. Georgen ist aber immens stolz auf die eigene Geschichte. Dem Heiligen Georg ist die spätgotische Pfarrkirche geweiht, die von einer uralten Wehrmauer umgeben ist. Die Verbundenheit mit dem Wein ist durch eine goldene Traube im Wappen von St. Georgen gekennzeichnet. Ein besonderes Merkmal dieses Stadtteiles von Eisenstadt sind die vielen Heurigenschenken, hier als „Schangl'n" bezeichnet.

Lagen und Rieden

Ein großes Qualitätspotential erhält man aus der Rieden Feurer, einer kleine Ried mit einer starken Hangneigung, die sich für Welschriesling eignet, der hier durchschnittlich 19 bis 21° KMW erreicht. Weiters die Ried Jungfrau, sie grenzt direkt an den Waldrand und hat einen schweren Boden, der sich sowohl für Cabernet Sauvignon als auch für Chardonnay eignet, der hier in guten Jahren 20° KMW bei 9‰ Säure erreicht. Die Ried Hummelbühl mit 20 bis 40% Kalkanteil liegt in den steilen Teilen des Leithagebirges und läßt die Sorten Welschriesling, Chardonnay und Weißburgunder gut gedeihen. Ried Kreiner, von den Ortswinzern „Lehmgrube" genannt, bevorzugt den Muskat Ottonel, der bis Ende September um die 30° KMW erreicht. Die Ried Satzen mit ihrem schweren Lehmboden bringt dem Blauburgunder die intensiven Fruchtnuancen. Die Ried Obere Hurt läßt Pinot Blanc und Cabernet Sauvignon bestens wachsen. Die Ried Gartenäcker wiederum gibt dem Chardonnay seinen typischen Charakter. Als ausgezeichnete Lage für den Blaufränkisch gilt die Ried Mitterfeld, aus der Walter Hahnenkamp die Trauben für einen Salonwein 1990 erntete.

„Mich hat der Weinbau schon immer interessiert", beginnt ***Walter Hahnenkamp*** über die Entwicklung seines Weingutes zu erzählen. „Bereits im Alter von 14 Jahren hatte ich beim Weinbau freie Hand. Fehlendes Wissen eignete ich mir durch jede Menge von Literatur an", gibt sich der Weinbauer keineswegs wortkarg. Im Hauptberuf Finanzbeamter bewirtschaftet Walter Hahnenkamp gemeinsam mit seiner Gattin Pauline rund fünf Hektar Weingartenfläche. Der Grundstock für das heutige Weingut bildete im Sinne des Wortes eine bescheidene Fläche von 0,4 Hektar. Durch den Erwerb zusätzlicher Lagen war es ihm möglich, den Weinbaubetrieb seinen Vorstellungen entsprechend zu gestalten. „Der Weinbau hat in unserer Familie eine lange Tradition. Wir sind auch stolz auf unsere Stammkundschaft. So wird der Gasthof Schabauer in Trattenbach bei Kirchberg am Wechsel seit drei Generationen bzw. seit dem Jahr 1923 von unserem Weingut mit Wein beliefert", erzählt Walter Hahnenkamp, um gleich fortzusetzen: „Aus unseren Aufzeichnungen geht hervor, daß man zum Beispiel im Jahr 1947 für einen Liter Faßwein acht Schilling erhielt. Das entsprach einem Stundenlohn eines Maurermeisters."
Etwas mehr als die Hälfte seiner Weingärten sind mit Weißweinsorten bestockt, die vom fruchtigen Qualitätswein bis zum feinen Eiswein ausgebaut werden. Zu den

Spezialitäten gehören im Hause Hahnenkamp die Rotweine. Seine Pinot Noir Spätlese 1990 ist von erstaunlich tiefer Farbe, sie ist vollfruchtig mit einer kräftigen Struktur und einem kräftigen Burgunder-Duft. Ausgebaut wurde dieser Wein zwölf Monate in Barriques , wodurch er zu den klassischen Burgunder-Aromen eine zusätzliche Geschmacksdimension erhielt. Zwei Auszeichnungen durch den österreichischen Weinsalon erhielt die Familie Hahnenkamp 1989 mit einem Weißen Burgunder Kabinett Jahrgang 1988 und im Jahr 1991 mit einem Blaufränkisch Qualitätswein Jahrgang 1990. Dieser milde, aber gerbstoffreiche Blaufränkisch verfügt über ein sehr volles Beerentönebukett mit einer zarten Herbe im Abgang.
Die Erträge im Weingarten im Hause Hahnenkamp sind stark reduziert, nur 40 hl/ha werden durchschnittlich geerntet. Vor der Lese werden die Zucker- und Säurewerte der Trauben genau kontrolliert, um den Lesezeitpunkt für physologisch vollreifen Trauben genau bestimmen zu können. Vergoren werden die Rotweine in einem Rührtank mit Einsatz von Reinzuchthefe, um einen gleichmäßigeren Gärverlauf zu erreichen. Die Rotweine werden ganz auf der Maische vergoren. Gepreßt wird betont schonend, wobei Jungwein und Preßwein getrennt ausgebaut werden. Die gehobenen Qualitäten von Pinot Noir, Cabernet und Chardonnay werden in Barriques ausgebaut, wobei der Chardonnay für vier Monate in neuen Fässern reift; die Roten dagegen 12 Monate. Der 1990er Chardonnay Kabinett Barrique hat einen feinen, eleganten Holzton mit einem ausgewogenen Frucht-Säure-Verhältnis. Ein kräftiger Chardonnay internationalen Formates,der schon sehr trinkreif ist. Der Pinot Noir 1990 wurde als Spätlese mit 20° KMW eingebracht. Mit 13,4 Vol.% Alk. ist der Wein sehr gehaltvoll, gerbstoffreich und vollfruchtig, mit einem enormen Brombeerenbukett ausgestattet.

Das Kapitel Weinbau beginnt bei der Familie Moser im Jahr 1648, also vor rund 350 Jahren. Seit diesem Zeitpunkt leben und arbeiten die Mosers in St. Georgen. Den heutigen Betrieb mit seinen 5,5 Hektar Weingartenfläche bewirtschaften Vater und Sohn gleichen Namens: ***Hans Moser.*** Senior Hans übernahm den Betrieb 1961. Trotz stark traditionsgebundener Arbeitsweise erkannte er bereits früh die Bedeutung der Lagen seiner Weingärten und begann als einer der ersten dieser Region überhaupt mit gezielten Auspflanzungen. Sein Welschriesling befindet sich in der Ried Angerl, in den Rieden Kogl und Huszárl wachsen der Chardonnay. Und der Muskat Ottonel findet die besten Voraussetzungen in der Ried Kreiner. „Da unsere Flächen für unseren Bedarf an Weintrauben zu klein sind, werden auf zirka acht Hektar Vertragsflächen von Freunden und Bekannten für uns verschiedene Sorten kultiviert. Das geschieht

Herbstlicher Weingarten bei Großhöflein.
Die schöne Laubfärbung entsteht durch den Wechsel von Rot- und Weißweinrebsorten.

nach strengen Richtlinien. So hat uns ein Freund eine sehr gute Hanglage mit Cabernet Sauvignon bepflanzt und dabei unsere Wünsche bezüglich Pflanzabstände berücksichtigt. Auch ein Chardonnay wurde ähnlich bestockt, um hier ebenfalls die Einzelstockbelastung zu verringern", erzählt der Winzer.
Jung-Hans Moser, der ein Jahr nach der Übernahme des Weingutes durch seine Eltern das Licht der Welt erblickte, ist Absolvent der Klosterneuburger Weinbauschule. Bereits 1980 im Alter von 18 Jahren durfte er seinen ersten Wein machen. Der junge Weinbaumeister bringt ein reiches Wissen in den Betrieb ein: „Schon vor Jahren wurde bei uns ein wichtiger Grundstein für die Produktion von Qualitätswein gelegt. Es gibt keine Stickstoffdüngung. Dadurch sind die Erträge auf ein vernünftiges Maß reduziert worden und durch gleichmäßige Erntemengen auch gleichmäßige Qualitäten erzeugt worden."
Weißweine werden im Weingut Moser in Edelstahltanks vergoren; Rotweine in offenen Bottichen. Es wird ein biologischer Säureabbau durchgeführt. Besonders reife Trauben der Sorten Chardonnay und Blaufränkisch werden seit 1985 in Barriques ausgebaut. Dafür werden verschiedene Hölzer verwendet. Sohn Hans: „Wir haben große Erfahrung im Barrique-Ausbau, wobei die Toasting-Varianten der Fässer eine enorme Auswirkung auf die geschmackliche Beeinflussung des Weines haben."
Der Weinbaubetrieb wurde 1988 mit einem Blaufränkisch Qualitätswein Jahrgang 1987 und im Jahr 1989 mit einem Welschriesling Kabinett Jahrgang 1988 im österreichischen Weinsalon geführt. Der 91er Welschriesling verfügt über einen feinen Duft und ist sehr säurebetont. Der Weißburgunder 91 aus der Ried Kogel ist ein sehr säurebetonter Burgunder, mit einer prickelnden Fruchtigkeit im Abgang. Die Reserve 1991 ist ein schlanker, tanninbetonter Blaufränkischer mit schönem Duft, noch sehr verschlossen.
Die Etiketten der Moser Weine, gestaltet vom persischen Künstler Shiva, eröffnen visuelle, naturnahe Ausflüge in die Welt des Weines und bestechen vor allem durch ihre Eigenständigkeit.

Mehr als zehn verschiedene Rebsorten kultiviert das Weingut ***Käthe und Johann Leeb***. Die bedeutendsten Lagen sind die Rieden Kirchberg, Sätzen, Gartenäcker. Insgesamt bewirtschaftet das Ehepaar Leeb gemeinsam mit Sohn Willi rund 8,5 Hektar Weingartenfläche. Mit bescheidenen 0,8 Hektar Rebfläche, die Johann Leeb 1958 von seiner Mutter übernommen hatte, begann der Winzer seinen Lebensweg. Während Johann Leeb den Betrieb bis heute immer wieder vergrößerte, der jeweiligen Kellertechnologie anpaßte, ist die Philosophie über all die Jahre erhalten geblieben: Weine von höchster Qualität zu produzieren! In regelmäßigen Abständen findet man sie im österreichischen Salon oder bei internationalen Weinmessen. Den Hattrick erzielte Johann Leeb mit der Reihung im Weinsalon in den Jahren 1989, 1990, 1991. Die gewerteten Weine waren ein Zweigelt Qualitätswein Jahrgang 1988, ein Welschriesling Kabinett Jahrgang 1989 und ein Riesling x Sylvaner Qualitätswein Jahrgang 1990.
Der Pinot Blanc 1991 ist ein sehr gehaltvoller Burgunder mit einem ausgeprägten Sortenaroma. Die frische Säure ergänzt den fruchtigen Abgang. Der 91er Welschriesling ist rassig , trocken und fruchtig. Der 1991er Zweigelt, ein besonders gut gelungener Wein der Region, schmeckt ungewöhnlich fruchtig, tief und rund.
Identität als Problemstellung war die Aufgabe für den Maler Guido Stanschitz bei der Gestaltung der Weinetiketten. Mit seinem Zyklus „Burgenländisches Brauchtum" und den unterschiedlichen Motiven gelang dem Künstler ein einzigartiges farbenprächtiges Dokument.

Großhöflein

Gemeinsame Geschichte schrieb Großhöflein mit seiner Nachbargemeinde Kleinhöflein. Es wird da wie dort den Römern zugeschrieben, mit dem Weinbau begonnen zu haben. „Hublen" wird Großhöflein 1324, später dann Heflin und Hoflin genannt. Großhöflein war auch ein wichtiger Verkehrsknotenpunkt. Schon die Römer errichteten hier eine Poststation.
Der Ort verfügt auch über eine Schwefelquelle. Mitte des 17. Jahrhunderts errichtete Nikolaus Esterházy auf seinem „Edelhof" die Radegundisquelle. Wie das „Badehaus" gehören das reichverzierte „Pleiningerhaus" und die dazugehörende Radegundiskapelle, der Pranger sowie die mit gotischen und barocken Einflüssen erbaute Pfarrkirche zu den Sehenswürdigkeiten von Großhöflein.

Lagen und Rieden

Die Weingärten ziehen sich vom Föllig-Hügel talabwärts über die schmale Ebene bis zu den Hängen an die untere Waldgrenze des Leithagebirges. Südlich des Ortes erstrecken sich die Weingärten weit hinein in die fruchtbare Ebene. Die Autobahn Richtung Wien unterteilt die Lagen. Die Ried Föllig liegt zur linken Seite der Autobahn, ist ein Schwemmkegel vom Leithagebirge, dessen Boden aus Lehm und bindigem Ton besteht. Rotweintrauben wie Blaufränkisch, Zweigelt und Cabernet Sauvignon finden hier ideale Wachstumsbedingungen.
Die Böden der Weingärten um Großhöflein sind stark kalkhältig. Der Kalkgehalt steigt an den Hängen des Leihagebirges auf bis zu 90%. Die tiefgründigen Mergel-Lehm-Tonböden der Rieden Haussatz, Point und Dürr haben bis zu 70% Kalk und eignen sich besonders für den Blaufränkischen. Die Ried Tatschler grenzt unmittelbar an Kleinhöflein an, hat stark lehmhaltige Böden mit teilweisen Schottern und eignet sich sehr gut für Weißburgunder und Chardonnay.

Weingarten vor Groß Höflein

Einen Jahresdurchschnitt von 20.000 Flaschen Qualitäts- und Prädikatswein produziert ***Rudolf Wagentristl*** aus der Rosengasse 2. Der landwirtschaftliche Betrieb umfaßt rund 17 Hektar Ackerland und zirka 9 Hektar Rebfläche. Rudolf Wagentristl legt sein Hauptaugenmerk auf die Burgunder-Sorten. So stehen ein Hektar Blauburgunder, ein halbes Hektar Weißburgunder und ein weiteres halbes Hektar Chardonnay im Ertrag. Sorgfältig wie im Weingarten arbeitet der Winzer auch im Weinkeller. Der Ausbau in Barrique-Fässern bleibt nur den besten Qualitätsweinen vorbehalten. Zu seinen Spezialitäten zählen neben einem Blaufränkisch Barrique noch ein Cabernet Sauvignon Barrique und auch ein Zweigelt weiß gekeltert. Mit dem Blaufränkisch 1985 hatte Rudolf Wagentristl seinen ersten großen österreichweiten Erfolg. Dieser 85er zeigt sich auch heuten noch von seiner besten Seite. Er besticht durch seine intensiven Kirschtöne und seiner Eleganz und hat noch keinerlei Altersschwächen.Der Zweigelt Jahrgang 1989 wurde 1990 in den österreichischen Weinsalon gereiht. Vom Jahrgang 1990 wurde eine Cuvée zusammengestellt, die 3 Monate in großen Holzfässern und anschließend über 12 Monate in Allier-Barriques reift und nun sehr harmonisch und fruchtbetont mundet. Der Blaufränkisch 1990 ist ein schlanker Vertreter dieser Rebsorte, mit leichten Tanninen im Bukett und Abgang. Seit 1978 produziert der Weinbauer fast jährlich einen Eiswein. Dabei bevorzugt er die Rebsorte Neuburger, dieser hat in diese hohen Prädikatsstufe immer um die 9 ‰ Säure, das ist etwas mehr als der Müller Thurgau oder der Muskat Ottonel erreichen. Wegen ihrer hohen Zuckerbildung werden diese Rebsorten sehr oft für die Süßweinproduktion verwendet. Eine Rarität im Hause Wagentristl ist der Neuburger Eiswein Jahrgang 1990, der mit 36° KMW gelesen wurde. Nach zwei Monaten der Gärung wurde der Eiswein noch einige Monate in Holzfässern ausgebaut. Der Alkoholgehalt ist extrem hoch, der kräftige und frische Nußduft beeindrucken vom ersten Moment an, die 11,5 ‰ Säure harmonisieren ausgezeichnet mit der Restsüße - ein überaus harmonischer Wein.

Das Kapitel Wein in der Geschichte des Weinbaubetriebes der ***Familie Krauscher*** beginnt erst vor rund einem Vierteljahrhundert, als Elisabeth und Emmerich Krauscher den Betrieb gründeten. Die Familie hat sich in all den Jahren besonders um den Weinbau gekümmert. Die Maßnahmen und der tatkräftige Einsatz des jungen Hannes Krauscher haben in sehr kurzer Zeit zu hervorragenden Ergebnissen geführt. Auf den elf Hektar umfassenden Rebflächen halten sich die Weiß- und Rotweinsorten die Waage. Die besten Qualitäten werden in Barriques ausgebaut. 1989 kam ein St. Laurent Qualitätswein 1987 in den österreichischen Weinsalon. Und mit einer Eisweincuvée von je 50 Prozent Anteil an Muskat Ottonel und Neuburger stellte die Familie Krauscher 1992/93 den österreichischen Salonsieger in der Kategorie Süßwein. In der Farbe goldgelb entwickelt er zartduftende Fruchtaromen. Vollmundig und harmonisch ist die fruchtige Säure eingebunden. Er zeigt sich extraktreich mit einem langem Abgang.

Der Weinbaubetrieb der ***Familie Lang*** besitzt rund neun Hektar Rebfläche, aus denen sie je zur Hälfte Rot- und Weißweinsorten keltert. Es werden sowohl hochgradige Prädikatsweine als auch Barriquesweine vinifiziert. Der breite Reigen an Auszeichnungen wurde 1989 mit einem Traminer Qualitätswein Jahrgang 1988 gekrönt, welcher unter die besten 200 österreichischen Weine plaziert wurde.

Die Geschichte der ***Familie Kollwentz***, seit vielen Jahrhunderten im Besitz des Weingutes Römerhof, ist eng verknüpft mit der Entwicklung des burgenländischen Weines. Das traditionsreiche Weingut mit seinem schönen Innenhof und den für das Burgenland typischen Oleanderstöcken, die moderne Kellertechnologie und der Weinkeller mit den schön aufgereihten Holzfässern – das sind die sichtbaren Zeichen dieser 14 Hektar großen Domäne, deren geschichtliches Kapitel seit dem Jahr 1966 von Anton Kollwentz dem Vierten weitergeschrieben wird: Bereits im ersten Jahr der Übernahme wurde eine Trockenbeerenauslese eingebracht. Ein Jahr später, 1967, begann man mit dem Neubau des Gewölbekellers aus Sandsteinen des Römersteinbruches St. Margarethen. Die ersten großen Verkaufserfolge erzielt das Ehepaar Anton und Margarete Kollwentz mit dem Prachtjahr 1969. Dieser Jahrgang gilt als einer der besten der sechziger Jahren sehr fruchtigen Johannisbeerduft. Der 1985 ist zur Zeit gerade trinkreif, mit eleganten Duft, sehr geschmeidig am Gaumen und weichem, fruchtigem Abgang. Der 1986er ist der hervorragendste dieser Serie. Er beginnt sich gerade zu öffnen. Er ist sehr komplex mit intensiven Cassistönen, die von kräftigen Tanninen gestützt werden. Ein Wein, der noch im nächsten Jahrtausend viel Freude bereiten wird. Der Jahrgang 1987 hat einen kräftigen Körper mit gut eingebunden Tanninen. Der 1988er ist ein und feinstrukturierter und eleganter Cabernet, der seine Trinkreife bereits erreicht hat. Noch sehr jugendlich ist der voluminöse und rassige Jahrgang 1989, der noch einige Zeit der Flaschenreife benötigt. Der 1990er ist schon trinkreif, mit schönen Beerendüften im Bukett, sehr ausbalancierten Tanninen und geschmeidigem Abgang. Der Jahrgang 1991 wurde erst vor kurzem gefüllt, ist überaus elegant und feinfruchtig. Nach dem Jahrhundertsommer 1992 kann man schon sehr gespannt auf den kommenden Wein sein. Die vollkommen gesunden Trauben wurden mit 18° KMW Reife gelesen, gerade 3000 Liter von der über 2 Hektar großen Rebfläche. Die ersten Faßproben lassen schon jetzt die kommende Größe dieses Jahrganges erahnen. Gefüllt wird der Wein aber erst im Frühjahr 1994.

Der stetigen Expansion wurde 1985 mit dem Neubau von Rotweinlagerräumen Rechnung getragen. Und 1986 wird aus Blaufränkisch, Cabernet Sauvignon und Zweigelt erstmals eine Cuvée kreiert, die den Namen des Weingutes Römerhof trägt. Nach dem 86er Cuvée folgte 1990 eine zweite Cuvée, die feine Fruchtdüfte, unterstützt von weichen Eichenaromen aufweist und einen kräftigen, ausgewogenen Körper besitzt. Die optimale Trinkreife wird aber sicherlich erst in drei bis vier Jahren erreicht werden.

Derzeit stehen im Weingut Kollwentz 100 Barriquefässer im Gebrauch, 80 für Rot- und 20 für Weißweine. Der größte Teil der Kollwentz-Weingärten, 60 Prozent, sind

Anton und Andreas Kollwentz

Josef Leberl

mit Rotweinsorten bestockt. Die Rieden befinden sich in den besten Lagen. Der Blaufränkisch findet die besten Voraussetzungen in den Rieden Föllig, Haussatz, Point und Dürr, die mit der ältesten Blaufränkisch-Anlage, 30 Jahre, bestockt ist. In der Ried Föllig findet auch der Zweigelt optimale Wachstumsbedingungen.
Bei den Weißweinen wird sich Anton Kollwentz in der Zukunft vor allem auf den Chardonnay und Sauvignon Blanc als große Weine konzentrieren und auf den Welschriesling mit seiner fruchtig-frischen, jugendlichen Linie.
Anton Kollwentz gehört auch dem „Kreis der Auserwählten" an. Dabei ist Anton Kollwentz von einer sehr leisen Art. Extravaganzen und extrovertierendes Possieren liegen ihm nicht. Der Spitzenwinzer läßt seine Weine für sich sprechen. Der „Kreis der Auserwählten" wurde 1991 von der österreichischen Weinmarketing Service Gesellschaft gegründet. In diesen exklusiven Kreis wurden zwanzig österreichische Weinbaubetriebe aufgenommen. Die Auswahl erfolgt durch eine unabhängige, 30köpfige Jury. Der Römerhof zählt schon seit Bestehen dieses Kreises zu den „Auserwählten".
Der Kreis der Auszeichnungen läßt sich bei Kollwentz, er gilt auch als Vorreiter trockener Weine, nur schwer nachvollziehen, so umfangreich ist er. Eine international bedeutende Auszeichnung erreichte der Römerhof bei der „Wine Magazine Internationalen Challange 1992" in London mit seinem Römerhof Blaufränkisch 1990.
Die Linie der Kollwentz-Weine wird heute auch von Sohn Andreas mitbestimmt. Der Absolvent der Klosterneuburger Weinbauschule machte sein Praktikum unter anderem im Chateau Palmer im Margaux und im Chateau La Tour Blanche in Sauternes in Frankreich. Sowohl sein schulisches als auch sein praxisorientiertes Wissen sind Garant für die Weiterentwicklung dieses großartigen Weingutes in Großhöflein bei Eisenstadt.

Innerhalb von nur zehn Jahren hat sich der Weinbaumeister ***Josef Leberl*** an die Spitze der burgenländischen Winzer herangearbeitet. Seine Weingärten, die sich in den besten Lagen dieser Region befinden, bringen die ganze Kraft und Fruchtbarkeit des Leithagebirges und seiner Hänge in seinen Weinen zum Ausdruck. Deshalb heißt seine Devise: „Den Weinberg und den Rebstock schonen." Insgesamt stehen bei Josef Leberl rund elf Hektar Rebfläche im Ertrag. Sie befinden sich in den Rieden Tatschler, Reisbühel, Haussatz und Fölligberg. Bestockt sind seine Weingärten zu je 50 Prozent mit Rot- und Weißweinen. Die Urgesteins- und Lehmböden sowie das „Höhenklima" sorgen dafür, daß an den Hängen des Leithagebirges säurereiche, fruchtige, feinduftige Weine wachsen. Weißweine werden im Hause Leberl in der Regel temperaturgeregelt in Edelstahltanks vergoren. Wenn es der Wille der Natur zuläßt, werden die für das Burgenland so typischen Prädikatsweine wie Spätlesen, Auslesen, Beerenauslesen und Eisweine gekeltert.
Die roten Weine wie Cabernet Sauvignon, Blaufränkisch oder Zweigelt vergären nach schonender Vorbereitung temperaturgesteuert in Roto-Tanks, und es erfolgt ein biologischer Säureabbau: „Mit dieser Methode erreiche ich während der Gärzeit einen erhöhten Kontakt von Traubenschalen und Most. Das bringt eine intensivere Frucht und Farbe", erklärt der Winzer. Mit der Installierung dieser hochmodernen Weinbereitungsanlage scheint nun ein gleichbleibender Qualitätsstandard gesichert, der bei einer Jahresproduktion von 80.000 Flaschen unabdingbar ist.
Fruchtige, würzige Rotweine werden in traditionell großen Holzfässern ausgebaut. Gerbstoffreiche Rotweine, deren Trauben aus alten Rebanlagen stammen, reifen in Barriquefässern. Josef Leberl verwendet hauptsächlich

Allier-Eiche. Der Weinstil von Josef Leberl zeichnet sich seit eh und je durch schöne Farbe, intensive Fülle, kräftigen Körper sowie reichlich Tanninen aus. In der Tat kann nicht so schnell jemand Josef Leberl das Wasser reichen, wenn es um die Vinifikation von Barriqueweinen geht. Dieser jetzt im Burgenland immer mehr im Trend liegenden französischen Ausbaumethode räumt der Winzer im Sinne des Wortes breiten Raum ein. So wurde vor kurzem ein eigener Barriquekeller fertiggestellt, der nicht nur eine optimale Lagerung, sondern auch ein rationelleres und qualitätsbewußteres Arbeiten erlaubt.
Der Zweigelt 1991 ist ein Vertreter der jugendlich- duftigen Rotweinlinie, mit einem samtig harmonischen Bukett und fruchtigem Abgang. Der Blaufränkisch 1990 reifte 12 Monate in Barriques, ⅔ davon waren Erstbefüllungen. Noch etwas verschlossen, läßt aber durch sein Fruchtvolumen die Zukunft erahnen. Dieser Blaufränkisch zeigt, wie gut es Josef Leberl versteht, mit der Barriquetechnologie umzugehen. Der Holzton ist zwar kräftig, aber nicht aufdringlich oder disharmonisch, eben genau richtig. Um den 26.Oktober 1990 wurde der Cabernet mit 20° KMW gelesen. Die Säurewerte waren mit 7,5‰ ideal. Über 12 Monate reifte er in neuen Allier-Barriques. Er ist zwar noch sehr verschlossen, beeindruckt aber durch die kräftigen, intensiven Fruchttöne, und kräftigen Tanninen. Wenn bei einzelnen Weines eines Jahrganges die Frucht zu sehr hervorsticht , versucht Josef Leberl mittels einer Cuvée mehr Eleganz und Feinheit zu erreichen. Mit der 87er Cuvée, die zu je einem Drittel aus Cabernet, Blaufränkisch und Zweigelt besteht, ist ihm dies gut gelungen. Ein schlanker Typus mit dezenter Fruchtnote; der Holzton ist zur Zeit noch etwas im Vordergrund.
Die Kraft für das rege Arbeitsleben schöpft Josef Leberl vor allem aus seiner Familie. Es sind dies seine Gattin Anneliese sowie die Söhne Josef, Alexander und Gerald, die alle im Betrieb mitarbeiten. Früh aufstehen heißt es, wenn das Lesen der gefrorenen Trauben für die Eisweinproduktion am Tagesplan steht. So wurden die Trauben für den Scheurebe Eiswein 1989 zwischen 5 und 7 Uhr morgens gelesen, als die Außentemperatur auf minus 9° Celsius gesunken war. Rasches Arbeiten ist notwendig, um die gefrorenen Trauben zur Presse zu bringen. Das Pressen ist ein Kunst für sich, die Trauben frieren immer wieder zu einem Eisblock zusammen , der ständig aufgehackt werden muß, um das Extrakt herauspressen zu können. Der fertige goldgelbe Wein hat ein sehr traubiges Bukett, die 180 g/l Restsüße sind sehr gut integriert und von einer kräftigen Säure unterlegt.

Zagersdorf

Als Rotweinort gilt Zagersdorf. Am Südrand der Wulkaebene, am Draßburger Bach, liegt diese kleine Gemeinde. Der Ort fand urkundlich erstmals im Jahre 1461 Erwähnung. 1985 wurde bei Ausgrabungen im Urbarialwald ein Hügelgrab aus der Hallstattzeit freigelegt. 1934 entdeckt, wurde der Grabhügel 1944/45 beim Bau von Schützengräben beschädigt. Die Umklammerung des dichten Waldes machten 1948 die ersten Versuche, diesen Hügel freizulegen, zunichte. Im Sommer 1985 wurde dieses Hügelgrab vollständig freigelegt. Zutage kamen Kegelhalsgefäße, Schalen, Tassen, Schüsseln, Situlen mit Deckeln, Töpfe, Kalenderberggefäße, Zwillings- und Drillingsgefäße, Fußschalen, zwei Lockenringe aus Bronzedraht und vieles mehr. Nach einer genaueren Untersuchung der Gefäßinhalte fand man Bruchstücke von Rebkernen, die der Vitis sylvestris (ähnlich dem Chardonnay) und der Vitis vinifera L (ähnlich dem Grünen Sylvaner) zugeordnet wurden. Diese 2700 Jahre alten Traubenkerne sind der älteste Beweis für den Weinbau im Burgenland.
Zagersdorf gehört zu denjenigen Gemeinden Burgenlands, die in den Türkenkriegen vollständig zerstört und deren Bewohner alle getötet wurden. Das Dorf wurde später von kroatischen Siedlern wieder aufgebaut. Altes kroatisches Brauchtum wird heute noch durch die bekannten Tamburizza-Gruppen, die bei Veranstaltungen, Hochzeiten und an anderen Festtagen auftreten, lebendig gehalten.

Die Zagersdorfer Lagen

Die beste Weingartenlage des Ortes ist die Ried Großgebirg. Südlich von Zagersdorf liegt am oberen Teil des Hochplateaus eine 3 km große Fläche, die die besten Voraussetzungen für Weinbau aufweist. Es ist ein schwerer Lehmboden mit einer 20 cm tiefen Humusschicht. Der Blaufränkische erreicht hier immer 18° KMW. Auch auf den Hängen des Großgebirg wird Weinbau betrieben. Hin und wieder kommt es vor, daß bei starken Regenfällen ein Teil des Hügels abrutscht und einige Weingartenzeilen nicht mehr am richtigen Grundstück stehen und der Nachbar diese auf seinen Grund vorfindet.

Von Analysen und Zahlen hält ***Alfred Welkovits*** wenig. Sein Maß ist vielmehr der Geschmack. Auf einer Rebfläche von rund drei Hektar kultiviert die Familie in etwa gleichen Teilen Rot- und Weißweinsorten. Alle Weine werden handwerklich solide, sauber und sorgfältig ausgebaut. Zurückhaltend in der Vinifikation lehnt Welkovits zwar technische Neuerungen nicht grundlegend ab, aber er macht nur sparsam davon Gebrauch. Rotweine werden offen im Bottich vergoren und in großen Holzfässern gelagert. Es wird ein biologischer Säureabbau durchgeführt. Selektierte Qualitäten werden in Barriques ausgebaut. Mit einem St. Laurent Qualitätswein Jahrgang 1990 wurde das Weingut im Jahr 1991 in den österreichischen Weinsalon gereiht.

Erlesener Zagersdorfer Qualitätswein – odabrano Kvalitetno Vino iz Cogrstofa: dieser Maxime fühlt sich das ***Weingut Mate*** verpflichtet. Zagersdorf ist eine kroatische Gemeinde. Die Familie Mate Klikovits lebt in 17. Generation – seit rund 450 Jahren – in Zagersdorf. Der Familienbetrieb bewirtschaftet 3,5 Hektar Rebfläche. Der durchschnittliche Jahresertrag beträgt 170 Hektoliter. Die bedeutendste Lage ist die Ried Großgebirg, auf kroatisch „Veliki vrh". Der untere Teil ist zur Hälfte mit Eichenwald bedeckt. Die Ried selber hat eine Fläche von zirka 2,5 bis 3 Kilometer Länge, deren Untergrund mit einem schweren Lehmboden strukturiert ist und eine Humusschicht von rund 20 Zentimeter aufweist. Dieser Boden eignet sich besonders für die Blaufränkisch-Rebe. Diese Weine gehören zu den feinsten und elegantesten in der ganzen Region: große Körper, gute Struktur, ein zarter und nachhaltiger Weichselduft, weich und intensiv im Geschmack. Die Jahrgänge 1987 und 1988 wurden in den österreichischen Weinsalon aufgenommen, und beim Blaufränkisch-Turnier 1990 wurde der Blaufränkisch Mate zum Turniersieger gekürt. Mate baut seinen Blaufränkisch in vielerlei Variationen aus. Zum einen wäre da der Blaufränkisch trocken. Er besticht durch sein fruchtiges Aroma mit frischen Beerennoten und einem harmonisch eingebundenen Säurespiel. Grund zur Freude darf Mate mit seinem Blaufränkisch Reserve haben, welcher erst nach mehrjähriger Lagerung den vollen Genuß verspricht. Die Spezialität des Hauses ist aber ein Blaufränkisch weiß gekeltert. Durch vorsichtiges und vor allem rasches Keltern nimmt der Wein keine Farbpigmente aus den Beerenhäuten auf. Auf diese Art und Weise entsteht ein Wein, der die feine Säure und das Fruchtspiel eines Weißweines mit der Komplexität und Geschmackstiefe des Blaufränkisch vereint. Dieser Wein zeigt sich so besonders frisch und elegant mit allen Charakteren eines „Grandseigneurs".

Franz und Rosi Schuster kommen beide aus dem Weinbau. Während Franz Schuster an der Weinbauschule in Eisenstadt die Fächer Weinbau- und Kellerwirtschaft unterrichtet, kümmert sich Rosi Schuster um die Geschicke des familieneigenen Weinbaubetriebes in der Hauptstraße 59. Die geprüfte Weinbau- und Kellermeisterin liebt die Herausforderungen. Neuesten Erkenntnissen im Weinbau begegnet sie nicht mit Skepsis. „Ich bin gegenüber allem Neuen aufgeschlossen", versichert Rosi Schuster. Mit Weitblick bringt sie ihr ganzes fachliches Wissen in den Betrieb ein. Eine Domäne der Winzerin ist ihr feiner Gaumen. Wie kein anderer besticht sie bei Degustationen – analysiert, gustiert und argumentiert in einer Art und Weise, daß auch ein Laie ein Nahverhältnis zum Weinbau bekommt. „Und wenn unsere Kunden mit dem Wein im Glas zufrieden sind", versichert die sympathische Winzerin, „vergesse ich all meine kleinen Alltagssorgen."

Schwer wie die Weingartenarbeit ist jene im Keller. Diese obliegt Franz Schuster. Durch die Lehrtätigkeit an der Weinbauschule in Eisenstadt stehen seine Weine auch bei den Schülern im Mittelpunkt des Interesses. „Meine Schüler sind harte Kritiker. Und meine Weine müssen daher Vorbildcharakter besitzen."

Das Ehepaar Schuster bewirtschaftet derzeit sechs Hektar Rebfläche in den Lagen Schmaläcker, Kleingebirge, Hutweide. Sie sind mit rund 80 Prozent mit Blaufränkisch bestockt. Weitere Rotweinsorten sind Pinot Noir, Zweigelt, Merlot und Cabernet Sauvignon. Einen kleinen Anteil der Produktion machen die Weißweinsorten Welschriesling und Chardonnay aus.

„Der Blaufränkisch hat bei uns in Österreich eine 250jährige Tradition. Dieser fühlen wir uns verpflichtet", erklärt der Winzer seine Liebe zu dieser Sorte, um gleich anzuschließen: „Die Verarbeitung dieser alten Rebsorte mit der heutigen Kellertechnologie macht den Reiz aus." Ing. Franz Schuster weiter: „Die Gärtemperatur bei unseren Rotweinen liegt zwischen 26 und 30° C. Nach der Gärung wird sofort der biologische Säureabbau durchgeführt. Es wird sehr sanft gepreßt, und der erste Preßwein wird dem Seihmost beigegeben." Der biologische Säureabbau erfolgt bei den Schusters in 20- bis 27-Hektoliter-Gebinden, der Ausbau in Holzfässern. Die großen Weine werden in Barriques ausgebaut, und mindestens 12 Monate dort gelagert. Das schönste Ergebnis dieser Kelterungsmethode wird im Weingut der Familie Schuster als CMB-Cuvée vermarktet. Es ist eine Komposition mit rund einem Drittel Anteil Cabernet Sauvignon und mit mehr als die Hälfte Merlot-Anteilen. Den Rest dieser Cuvée macht der Blaufränkisch aus. Schuster gelang mit dieser Weinverschmelzung eine harmonische Einbindung der drei verschiedenen Charaktere der einzelnen Weine. Der Blaufränkisch Classique 1990 verfügt über eine kräftige, dunkelrote Farbe und einen ausgeprägten Brombeerduft. Er ist würzig-erdig mit harmonisch integrierten Tanninen. Im Abgang zeigt dieser Blaufränkische seine wahre Größe; er hört nicht auf. Beim Blaufränkisch Barrique 1990 sind die kräftigen Beerentöne im Bukett vorherrschend, die kräftigen Tannine sind spürbar,aber nicht aufdringlich.

Bei der Vinifikation der Weißweine – der Chardonnay zum Beispiel wächst in St. Margarethen – legt Schuster auf die Reintönigkeit großen Wert. Der 92er Chardonnay ist von einer internationalen Stylistik, das Holz ist zart eingebunden und unterstützt gleichsam die kräftige Frucht. Eine Rarität im Hause Schuster ist ein Welschriesling Ausbruch Jahrgang 1991. Seine Werte: 32° KMW, 13 Vol. % Alk., 117 Gramm Restzucker, 8‰ Säure.

Pöttelsdorf

Die ***Winzerkellerei Pöttelsdorf*** wurde 1990 gemeinsam mit dem Burgenländischen Winzerverband neu organisiert und ist heute der Weinkellerei Burgenland angeschlossen (siehe auch Rust, Seite 66). Der Winzerkeller Pöttelsdorf wird aber eigenständig geleitet. Die Geschicke dieser Kellerei führen Obmann Gerd

Pöttelsdorf

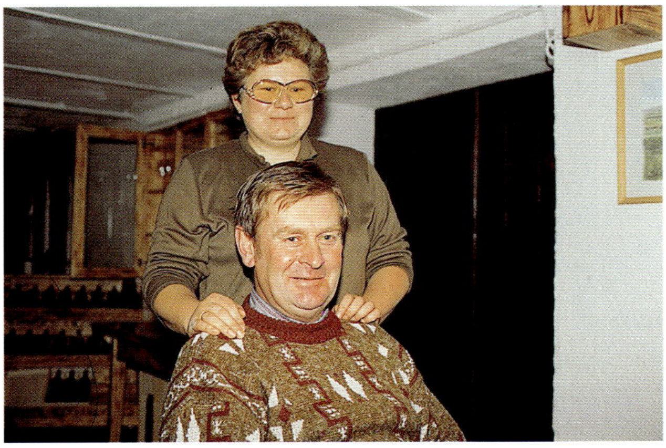

Bild oben: Mate Klikovits
Unten: Rosi und Franz Schuster

Pöttschacher und Kellermeister Rainer Kurz. Die Winzergenossenschaft hat mehr als 200 Hektar Rebfläche im Ertrag, die von ihren Mitgliedern bewirtschaftet wird. Es werden vorwiegend Rotweine gekeltert.
Mit eigenen „Weinkreationen" möchte Kurz neue Wege der Vermarktung beschreiten. Dazu gehören ein Blaufränkisch Strohwein Jahrgang 1990 ebenso wie der Blaufränkisch Fürst Bismarck „Bankett" Jahrgang 1990. Dieser Wein wurde nur aus gesunden, genau selektioniertem Traubenmaterial gekeltert. Er wurde fünf Monate auf der Maische vergoren und ausgebaut. Durch diese Langzeit-Maischevergärung entstand ein tanninbetonter, aber geschmeidiger Rotwein mit viel Substanz und großem Potential.
Ein Rosé Kabinett Jahrgang 1987 wurden 1988 Salonsieger. Der Blaufränkisch Qualitätswein 1987 und der Blaufränkisch Rosé Qualitätswein 1989 wurden in den Jahren 1989 bzw. 1990 im österreichischen Weinsalon ausgezeichnet. Der Fürst Bismarck Blaufränkisch 1990 ist ein schlanker Typus, der.einen würzigen Duft mit einem deutlichen Pflaumenaroma hat. Im Abgang herb und fruchtig. Der 92er Jahrgang überzeugt durch seine vielschichtige Fruchtstruktur, er ist körperreich und noch tanninbetont. Der Abgang ist lang und fruchtbetont.

In der Hauptstraße 1 bis 3 liegt das Weingut Rosenthal von ***Alfred Fischer***. Auf einer Rebfläche von rund acht Hektar kultiviert Fischer zu 100 Prozent Rotweinsorten, 80 Prozent davon Blaufränkisch, der Rest Zweigelt. Zugekauft werden nur bestes Traubenmaterial, sowohl rotes als auch weißes. Der Weinbaubetrieb kann auf eine lange Liste von Auszeichnungen verweisen. Eine Muskat-Ottonel Auslese Jahrgang 1986 wurde 1990 im österreichischen Weinsalon ausgezeichnet. Diese goldgelbe Auslese beeindruckt durch ihr harmonisches Süßespiel am Gaumen. Mit seiner Bouvier Beerenauslese Jahrgang 1984 konnte Alfred Fischer gleich zweimal punkten. Zum ersten gewann er damit 1989 in Bordeaux eine Silbermedaille; zum zweiten kam er 1992 damit in den Österreichischen Weinsalon.

Kleinhöflein

Als werde sie von den Ranken der sie umgebenden Weinberge in die Höhe gehalten, steht die Pfarrkirche von Kleinhöflein auf einer Anhöhe. Auf der einen Seite der Blick tief ins Tal der Wulka, auf der anderen die Hänge des Leithagebirges. Eine Reihe von sakralen Bildstöcken und Wegkreuzen steht an den Wegrändern der Weingärten. Wie Großhöflein und St. Georgen gehört Kleinhöflein seit 1971 zur Stadtgemeinde von Eisenstadt.

Lagen und Rieden:

Die beste Riede des Ortes ist die „Tatschler", oberhalb der Ortschaft, am Abhang des Leithagebirges gelegen. Der Boden hat im oberen Teil einen höheren Lösanteil, der Untergrund ist reiner Glimmerschiefer, vor allem für Weißweintrauben geeignet. Der „Obere Fehlmühlacker" ist sehr sandig, mit leichten Humusanteilen, diese Hanglage bietet Rotweinsorten wie dem Blaufränkisch, Zweigelt und dem Cabernet Sauvignon gute Wachstumsbedingungen.

Für ein Ehepaar besitzen ***Judith und Rudolf Kaiser*** die idealen Voraussetzungen, um gemeinsam Weinbau zu betreiben. Beide sind ausgebildete Weinbau- und Kellermeister. Sie bewirtschaften rund 12 Hektar Weingärten, die zu mehr als die Hälfte mit Rotweinsorten bestockt sind. Ihre Rieden Tatschler, Gemeindesatz und Torwatl sind auf der einen Seite mit schweren Lehmböden ausgestattet, auf denen Trauben für die kräftigen, gut strukturierten Rotweine wachsen. Auf der anderen Seite finden sich auch leichte Schieferböden, die sich für die bukettreichen, fruchtig-frischen Weißweine eignen. Die Rotweinsorten Blaufränkisch, Zweigelt und Cabernet Sauvignon werden teils in traditionellen Holzfässern, teils auch in Barriques ausgebaut. Einer Linie bleibt Rudolf Kaiser treu: „Die natürlichen Bukettstoffe in meinen Weinen harmonisch zu vereinen ist mein oberstes Prinzip."

Bevor Rudolf Kaiser seinen Winzerhof von seinem Vater vor 20 Jahren übernahm, leitete er als Kellermeister die Geschicke der Winzergenossenschaft Großhöflein. Später holte man den Weinfachmann in das Esterházy-Gut, wo er 14 Jahre lang für den Weinkeller verantwortlich war. Heute profitieren seine Kunden vom Fachwissen des Winzers, welcher die eigenständige Fortentwicklung des Stils seiner Weine im Einklang mit der burgenländischen Tradtion verbindet.

Sein steter Schaffensdrang wurde 1992/93 mit der Reihung seines Blaufränkisch Qualitätswein 1990 in den österreichischen Weinsalon belohnt. Dieser Wein zeichnet sich durch sein tiefes Granatrot, eine leichte Zimt-Brombeernote und ein elegantes Fruchtbukett aus. Er ist sehr ausgereift und am Gaumen weich und geschmeidig.

Eine der Besonderheiten des Kleinhöfleiner Hofes, er befindet sich seit rund 200 Jahren im Familienbesitz der Ackerls, ist die Erzeugung eines „non-pressure"-Markenweines, der nach einer jahrhundertealten überlieferten Kelterungsmethode hergestellt wird. Das Weingut wird von ***Franz Ackerl*** geführt. Gemeinsam mit seiner Familie bearbeitet er rund 6,5 Hektar Weingartenfläche. Der Großteil seiner Rebstöcke sind auf den Rieden Satz-Ried, Langau und Fehlmühläcker ausgepflanzt. Welschriesling, Grüner Veltliner machen rund die Hälfte der Produktion aus. Es folgen der Blaufränkisch und Müller Thurgau.

Eine Spezialität ist eine Cuvée von Welschriesling und Blaufränkisch als eine Art Hommage an die Partnergemeinde Wiener Neustadt, die als „Merbot" angeboten wird und dabei die unterschiedlichen Charaktere der beiden Sorten in spielerischer Laune harmonisch zusammenfügt.

Eine große Anzahl von Ackerl-Weinen wurden bisher prämiert. Mit dem Welschriesling Qualitätswein Jahrgang 1989 wurde der Weinbaubetrieb Ackerl 1990 mit der Reihung in den österreichischen Weinsalon besonders ausgezeichnet.

St. Margarethen

Ein Römersteinbruch großen Ausmaßes ist stummer Zeuge der frühen Aktivitäten rund um St. Margarethen. Beim Bau des Wiener Stephansdomes wurden Quadern aus diesem Steinbruch verwendet; für Künstler wiederum dient er als Werkstatt und Kulisse für ihre Skulpturen. Und alle fünf Jahre finden im Römersteinbruch eindrucksvolle Passionsspiele statt, an denen rund 500 Laiendarsteller aus St. Margarethen mitwirken.

Die Heilige Margarethe prägt das Wappen dieses Ortes, der im Jahr 1647 das Marktrecht verliehen bekam und für viele Jahre unter dem Einfluß der Familie Esterházy stand.

Das ***Weingut Moorhof*** in der Hauptstraße 106 wird von Alexander Unger geführt, einem hochdekorierten Winzer. 13 Hektar werden von Alexander Unger und seiner Familie insgesamt bewirtschaftet, und nahezu alle Weingärten liegen im Ruster Hügelland in sehr guten Lagen. Rotwein- und Weißweinsorten halten sich in etwa die Waage. Beim Ausbau der Weine werden sowohl moderne Stahltanks als auch Holzfässer und Barriques eingesetzt. Spezielle Weine werden durch längere Lagerzeiten im Faß, aber auch in der Flasche erreicht. In der Ried Pächterer, in Richtung Ödenburg gelegen, gedeiht der Pinot Noir, der in Barriques ausgebaut wird. Der mittelrubinrote 1990er mit seinem würzigen, reifen Beerenbukett, seinem runden, konzentrierten Geschmack und leichtem Tannin im Abgang kann als Paradestück des Hauses bezeichnet werden. Der Cabernet

Sauvignon wächst in der Ried Urhaber, gleich neben dem Märchenwald in Richtung Rust. Der 1990er ist ein körperreicher und intensiver - mit viel Eleganz und einem reichhaltigen toast- und pflaumenwürzigem Bukett ausgestatteter Cabernet. Die lange Liste seiner Auszeichnungen wird gekrönt mit einem „Wine-Oscar" beim Grand Prix d'Honneur Bordeaux im Jahr 1987. Gewonnen hat diesen begehrten internationalen Preis eine Bouvier Trockenbeerenauslese Jahrgang 1969. Mit einer Bouvier Trockenbeerenauslese 1984 gab es 1990 eine Goldmedaille beim Salon des Vins in Paris. Die regelmäßigen Plazierungen im österreichischen Weinsalon seien hier nur en passent erwähnt. Über 50% der Jahresproduktion des Moorhofes wird in fast alle europäischen Länder exportiert.

Man fühlt sich sofort wohl bei der Familie ***Josef und Maria Kugler*** in der Heidegasse 4. Sie bewirtschaften rund neun Hektar Rebfläche. Die Rebstöcke stehen zum Teil auf jenen Parzellen, die über die Jahrhunderte immer schon erstklassige Trauben lieferten. Welschriesling, Muskat Ottonel und Neuburger wachsen in der Ried Großadlersberg; Pinot Blanc und Gewürztraminer stehen in der Ried Eichberg, und in der Ried Pukadorfer gedeihen Blaufränkisch und Rheinriesling.
Das Denken und Handeln von Josef Kugler findet die logische Fortsetzung in der Art und Qualität seiner Weine. Säurereich, fruchtig, duftig und trocken baut er seine Weißen aus. In guten Jahren vinifizierter Prädikatsweine. 1990 war ein außerordentlicher reifer Jahrgang, und Josef Kugler nützte die Gunst der Natur. Der Weinbau- und Kellermeister erntete einen Welschriesling Eiswein, der 1991 in den österreichischen Weinsalon gereiht wurde. Diese Ehre wurde bereits 1989 einem Weißen Burgunder Qualitätswein Jahrgang 1988 zuteil.
Die Palette der roten Sorten führt der Blaufränkisch an. Er ist fein und vielfältig im Geschmack, verströmt ein reiches Bukett. Blaufränkisch und Pinot Noir werden auch in Allier und Nevers-Barriques ausgebaut. Der St. Hubertus Hof bietet seinen Kunden in speziellen Weinsafes die Einlagerung von Vinothekweinen an.

Sattes Goldgelb mit einer feinen Honignase, welche die hohe Qualität erkennen läßt, und eine vollendete Harmonie sind die Charakteristiken der Riesling x Sylvaner Beerenauslese Jahrgang 1991. Mit diesem Wein gelang ***Alois Wind*** die Reihung im österreichischen Weinsalon 1992. Eine Gewürztraminer Auslese 1990 schaffte diese Auszeichnung im Jahr 1991. Bei Weinbau- und Kellermeister Alois Wind stehen rund neun Hektar Rebfläche im Ertrag. Mehr als die Hälfte davon tragen Weißweinsorten. Die ganze Aufmerksamkeit gehört der Produktion von Prädikatsweinen. Der Bogen spannt sich von Welschriesling Eiswein bis zur Gewürztraminer Auslese. Ausgesuchte Rotweine von hoher Qualität werden in Barriques ausgebaut. Besonders der Blaufränkisch Barrique Jahrgang 1989 besticht auf der einen Seite durch seine intensive Frucht, der Holzton der Limousin-Fässer unterstreicht auf der anderen Seite die kraftvollen Züge dieser Rebsorte.
Jährlich werden die 200 besten österreichischen Weine ausgewählt und Weinliebhabern im Rahmen des „Salon" zugänglich gemacht. Alljährlich sind einige St. Margarethner Winzer dabei vertreten. Diese besondere Auszeichnung wurde 1990 einem kleinen Nebenerwerbsbetrieb zuteil. Mit einer Gewürztraminer Beerenauslese Jahrgang 1989 schaffte dies ***Margarete Denk*** aus der Stefaniegasse 23.
Maria Ernst aus der Siegendorfer Straße 61 wurde 1990 mit einem Blaufränkisch Qualitätswein im Weinsalon geführt. Der 7,3 Hektar große Betrieb produziert zu 90% Weißweine, wobei fast alle Weine im Qualitäts- und Prädikatsweinbereich sind.

Trausdorf

Weit über die Landesgrenzen hinaus bekannt wurde Trausdorf durch den Besuch von Papst Johannes Paul II. In einem Festgottesdienst zelebrierte der Heilige Vater auf dem Flugplatzgelände eine Messe der Versöhnung. Tausende Christen aus dem In- und Ausland fanden sich in Trausdorf ein. Die Ortschaft liegt an der Wulka. Die geschichtlichen Wurzeln dieser Ortschaft werden durch die spätbarocke Pfarrkirche sowie einer mächtigen Dreifaltigkeitssäule am Ortsrand von Trausdorf dokumentiert. Diese Heiligensäule wird umsäumt von den Statuen der Heiligen Rochus, Stephan, Franz Xaver und Erasmus. Der Ort lebt zum Großteil von der Landwirtschaft.

Eines der schönsten Häuser von Trausdorf ist das "Blaue Haus" in der Unteren Hauptstraße 27. Wenn die Brüder ***Palkovich*** im Sommer ihr „Hof-Schang'l" geöffnet haben, ist es nicht leicht, im Hof einen Platz zu finden. Hier findet man die Heurigenromantik, die man sich vorstellt. Der lange Innenhof des weißgetünkten Barockhauses ist voll mit vielen, üppig blühenden Oleanderbüschen, die intensiv duften. Man sitzt an einfachen Tischen und Bänken, genießt die Umgebung und das Angebot an Speisen und ausgezeichneten Weinen. Ernst Palkovich ist hauptberuflich Polizist in Rust, sein Bruder Karol hat sich als Künstler einen guten Namen geschaffen. Daneben hat der aktive Umweltschützer eine Folie entwickelt, die er für die eigenen Weine als Halskapseln verwendet. Diese Folie besteht aus einer eigenen Wachskombination, die sich leicht öffnen läßt und nach Verwendung gesammelt wird. Auf sehr einfache Weise wird diese wieder in die ursprüngliche Form gebracht und wiederverwertet.

Oslip

Am Fuße der Ruster Hügel gelegen, zählt Oslip heute rund 1300 Einwohner. Die kroatische Gemeinde ist ein

typisches Schmalangerdorf. Die Pfarrkirche steht auf Fundamenten aus dem Mittelalter; ihr heutiges Aussehen bekam sie im 18. Jahrhundert. Gastrononmisches Aushängeschild des Ortes ist die „Storchenmühle". Eine alte Baumpresse im herrlichen Hof der „Storchenmühle", in der ein Spitzenrestaurant untergebracht ist, sticht neben der barocken Einfahrt besonders ins Auge.
Der Weinbaubetrieb von Franz Jagschitz liegt an der Hauptstraße 25. In seinen Rieden Hotterkritschen und Waldäcker kultiviert der Winzer zum Großteil weißes Traubenmaterial. Das für den Weinbau günstige Klima am Neusiedlersee, das sogar Mandeln reifen läßt, begünstigt in guten Jahren die Edelfäule. So keltert auch Franz Jagschitz eine Reihe von Spät- und Beerenauslesen. Geerntet wird per Hand. Die Vinifikation liegt in der Kompetenz des Winzers selbst und spiegelt seine erfahrungsreiche, alternativ angelegte Arbeit wider.
Bei Rotweinen erfolgt ein biologischer Säureabbau. Das Qualitätspotential der Weißweine wird geprägt durch das Zusammenwirken von Frucht und Extrakt sowie die fein eingebundene Säure. Als Salonwein ausgezeichnet wurde 1991 ein Welschriesling Qualitätswein Jahrgang 1990.

Siegendorf

Siegendorf ist eine reine Agrargemeinde mit etwas mehr als 3000 Einwohnern. Das Kapital dieses idyllischen Ortes in der Wulka-Ebene unweit von Eisenstadt und nur wenige Kilometer vom Neusiedlersee entfernt sind aber nicht nur die hervorragenden Lagen und Böden dieser Gemeinde. Der Ort ist geprägt durch die große kroatische Dorfgemeinschaft. Hier wird das kroatische Kulturgut nicht nur gepflegt, sondern wirklich gelebt. Ein Mosaikstein dieses Volksgutes ist unter anderen die Tamburizza-Gruppe mit ihrer alten schönen Volkstracht. Siegendorf hat eine Reihe von Sehenswürdigkeiten. Neben der barocken Pfarrkirche sollte man auch dem Zuckermuseum in der „Festung" einen Besuch abstatten. Die frühe Besiedlung dieses Gebietes wird im Freilichtmuseum im Schuschenwald dokumentiert. Dort wurden spätbronzezeitliche Hügelgräber offengelegt, die frei zugänglich besichtigt werden können.

Das Weingut Klosterkeller Siegendorf wurde 1988 von der Weinkellerei Lenz Moser auf 30 Jahre gepachtet. Das Weingut ist im Besitz von Conrad Patzenhofer & Söhne. Der Weinbaubetrieb umfaßt 24 Hektar Weingarten in einer zusammenhängenden Fläche. Er ist etwa 1,5 Kilometer lang und 70 Meter bis 150 Meter breit und nur sieben Kilometer von der burgenländischen Landeshauptstadt Eisenstadt entfernt. In den weiten Ebenen rund um Siegendorf wirkt dieser riesige Weingarten des Klosterkellers Siegendorf wie eine gewaltige, geschlossene Brandung.
Die Rebfläche ist nach Südwesten ausgerichtet. Sie ist mit sage und schreibe 450 Reihen bestückt. Der Reihenabstand dieser Hochkultur beträgt drei Meter mit 1,2

Meter Stockabstand und einer Kordonhöhe von einem Meter. Der imposante Weingarten ist mit durchschnittlich 2400 Rebstöcken pro Hektar ausgepflanzt. Die Weinbaubetreiber pflegen einen doppelten Guyotschnitt. Der jährliche Ernteertrag beträgt zirka 100.000 Kilogramm. Der Hektarertrag wird mit durchschnittlich 5000 Kilogramm angegeben. Das Klima ist diesem Weingut besonders gut gesinnt. So gibt es im Jahresdurchschnitt nicht mehr als 650 mm Niederschlag. Die Sonnenstunden hingegen liegen bei rund 2000 Stunden. Der Boden und das Klima bieten ideale Voraussetzungen für den Anbau von Rotweinsorten. Als Lenz Moser das Weingut 1988 übernahm, wurde bis auf 3,3 Hektar der Weingarten gerodet. Verantwortlich dafür waren Laurenz Moser und Josef Gebhard, die unisono folgende Ansicht vertreten: „Wir wollen in diesem Weingarten den besten Rotwein des Burgenlandes kultivieren." Der Sortenspiegel wird von Cabernet Sauvignon und Cabernet Franc angeführt. Blaufränkisch, Blauburgunder und Merlot ergänzen das Angebot. Cabernet Sauvignon, Cabernet Franc und Merlot wurden in den Jahren 1989 und 1990 ausgepflanzt. Die drei Hektar großen Blaufränkisch- und Blauburgunder-Anlagen bestehen seit 1980. Die Erfahrungen der beiden Hauptverantwortlichen prägen selbstverständlich die Art und Weise, in der sie ihre Weine, rote oder weiße, ausbauen und vinifizieren: ökologischer Anbau, ein guter Rebschnitt,

Einladend wirkt das Blaue Haus der Brüder Palkovich in der Unteren Hauptstraße 27 in Trausdorf. Im Sommer ist im „Hof-Schang'l" ausg'steckt.

Dauerbegrünung in der Gasse, Tröpfchenbewässerung, manuelle Ernte, begrenzte Erträge. Die neu ausgepflanzten Weingärten werden biologisch gezogen. Erst ab 1994 werden Weine der Sorten Cabernet Sauvignon und Merlot angeboten, die auch in Barrique ausgebaut werden. Die Jungfernlese des Cabernet Franc 1991 wurde 10 Tage auf der Maische vergoren und anschließend 8 Monate in Barriques ausgebaut. Es ist ein dichter, schwarzroter und samtiger Cabernet Franc, mit einer Schoko-Heidelbeer-Duftnote. Die samtige Struktur wird von den reifen Tanninen gestützt. Ein Wein, der erst am Beginn einer langen Zukunft steht.

Wie eine riesige Brandung steht der Weingarten des Klosterkellers Siegendorf nahe der ungarischen Grenze.

Rust

Es war vor drei Jahrhunderten, als 1681 zwölf Ruster Familien mit 60.000 Gulden, das entsprach mehr als zehn Jahresernten Wein, sowie mit „500 Eimer Ruster Ausbruch", rund 30.000 Liter, ihren Ort von Kaiser Leopold I. das Stadtrecht erkauften und fortan als Freistadt Rust zu einem ungeahnten Höhenflug ansetzten. 150 Jahre zuvor, 1524, gewährte Königin Maria von Ungarn den Bürgern von Rust das Privileg, in ihren Weinfässern ein großes „R" einzubrennen. Zum öffentlichen Zeichen, daß die Weine erstens aus den Weinbergen des damaligen Marktes Rust und von deren Besitzer erzeugt wurden, und zweitens mit diesem „R" beim Export durch Österreich keine Abgaben zu entrichten waren.
Wenn man heute den Weg über St. Margarethen nach Rust wählt, vermittelt der Römersteinbruch einen ersten Eindruck von der Geschichte dieses Landstriches. Malerisch liegt dann Rust, die kleinste Stadt Österreichs, einem zu Füßen. Eingebettet zwischen den besten Rieden wird nach Osten hin der Blick frei über den Neusiedlersee. Rust ist wohl mit keinem anderen Ort am Neusiedlersee vergleichbar. Tief verwurzelt sind Tradition und Lebensweise der Ruster Bürger. Geprägt vom Reigen der Jahreszeiten stehen der Weinbau und damit zusammenhängend die harte Arbeit den Winzern ins Gesicht geschrieben. Der Stolz und die Würde der Weinbauern reicht Jahrhunderte zurück. Die Bewohner trotzten allen kriegerischen Einwirkungen – wie die vielen Türkeneinfälle. Die Mauern der alten Bürgerhäuser haben ihren Ursprung teilweise im 16. Jahrhundert und prägen mit ihren Renaissance- und Barockfassaden heute noch eindrucksvoll den Stadtkern.
In dem ersten, gedruckten österreichischen Weinbuch „Von Baw/Pfleg und Brauch des Weins" von Johann Rasch, das im Jahre 1582 erschienen ist, beschreibt dieser den Ruster Wein wie folgt: „Wer an dem Ruster zecht ein schopff (Schoppen), empfind zwei Tag ein schwachen kopff". Dieser Ausspruch dürfte sich aber auf die Menge des getrunkenen Weines beziehen, denn schon damals wurde die Qualität des Ruster Weines mit dem Tokajer verglichen.
In der turmlosen Fischerkirche finden sich die ältesten Fresken des Burgenlandes, und die einzigartige Akkustik des Raumes wird im Sommer für zahlreiche Konzerte genützt. Die gesamte Altstadt von Rust steht unter dem Schutz der „Haager Konvention zum Schutz von Kulturgut".Kleine Gassen, Winkel und Ecken durchziehen die Ortsmitte. Hinter den oft wuchtigen, respektverleihenden Toren findet sich so manche Buschenschenke. Wunderschöne Arkaden und Stiegenaufgänge, der Duft der Orleanderbüsche, zur Rast einladende Holzbänke und Tische geben den vielen Innenhöfen jenen Anstrich pannonischer Schwermut, dem man sich nicht entziehen kann. Die Menschen, die in diesen Gemäuern leben, sind von einem so liebenswerten Schlag, der mit dazu beiträgt, sich in Rust wohl zu fühlen. Und wer könnte da nein sagen, wenn man vom Winzer einen jener edlen Tropfen kredenzt bekommt, der weit über die Landesgrenzen hinaus gefragt ist und dessen Eleganz und Charme nur noch von den Burgenländerinnen selbst übertroffen wird. Das typische Zeichen, daß ein Buschenschank offen hat, sind die mit roten und weißen Bändern verzierten Buschen, die vor dem jeweiligen Eingangstor hängen. Am Rathausplatz 14 sind dies der Buschenschank von ***Nikolaus Gabriel.*** Fünf Betriebe findet man in der Joseph-Haydn-Gasse, es sind dies ***Alfred Kicker, Bruno*** und ***Martha Landauer, Peter Schandl, Reinhold*** und ***Franziska Hasieber*** sowie der Elfenhof-Schenke der Familie ***Holler.*** Nebst der Hauptstraße laden die Betriebe von ***Alfred Gabriel, Strommer Gabriel, Martha Gruber, Hermann*** und ***Eleonore Hammer*** zum Verweilen ein.
In etwa 40 Restaurants, Gaststätten und Buschenschenken werden die Gäste kulinarisch verwöhnt. Zu den Toprestaurants zählt die **Backstube** in der Kirchgasse 3. Von den Räumlichkeiten her mit seinen 23 Sitzplätzen eher ein Zwerg, bietet die Küche ganz Großes. Vom typisch Burgenländischen bis hin zu erlesenen österreichischen Schmankerln. Auf der Weinkarte findet man das Feinste aus burgenländischen Kellern.
Im Reigen der ersten Adressen steht auch der ***Ruster Hof*** am Rathausplatz 18. Im ältesten Haus von Rust, gleich neben der Fischer Kirche, gibt es kulinarische Kompositionen für jeden feinen Gaumen. Beide Restaurants sind burgenländische Weingasthöfe.

Bodenständige Kost bietet der ***Stadtkeller*** am Rathausplatz. Tagesgerichte lassen keine Langeweile aufkommen. Sollte der Haussegen einmal schief hängen, läßt sich vielleicht mit den Versöhnungsstangerln aus Blätterteig mit einer süßen Nußfülle vieles wieder ins rechte Lot bringen. Dazu passend einer der besten Altweine des Stadtweingutes – eine Weißburgunder Auslese.

Es ist aber nicht nur der Wein, der da lockt. Ausgedehnte Radwanderwege rund um den Neusiedlersee lassen Jahr für Jahr Gäste aus allen Teilen der Welt in dieses Gebiet kommen – fasziniert von Landschaft und dessen Bewohnern, sei es von Mensch oder Tier.

Ins Herz geschlossen hat man in Rust den Storch, das Wappentier der Stadt. Gemeinsam mit dem World Wildlife Fund wurde das „Ruster Storchenschutzprogramm" entwickelt, um den Störchen optimale Lebensbedingungen zu schaffen. Jahr für Jahr erwartet man Meister Adebar im April. Es werden Wetten abgeschlossen, an welchem Tag sich der erste Storch nach seinem ca. 8000 km langen Flug vom Winterquartier auf den Dächern von Rust niederläßt. Dort werden dann die Jungen großgezogen, ehe es Ende August wieder Richtung Süden geht.

Für sonnenhungrige Gäste bietet das Seebad das nötige Drumherum. Großzügig angelegte Liegewiesen, ein solargeheiztes Schwimmbecken mit einer Wasserrutsche, eine Segel- und Surfschule, einen Bootsverleih, Kinderspielplatz, mehrere Tennisplätze, eine Minigolfanlage und, und, und. Eine Fähre bringt Radfahrer wie Wanderer über den Neusiedlersee nach Podersdorf.

Jeden Komfort bietet das ***Seehotel***. Es liegt an einer kleinen Lagune und ist mit einem Kanal mit dem Neusiedlersee verbunden. Eine Reise quer durch die burgenländischen Weingärten bietet die Weinkarte des hoteleigenen Restaurants ***Storchenkeller.***

Lagen und Rieden

Schon im Jahre 1571 waren im Bergbuch die Ruster Weingärten in folgende Rieden aufgeteilt: Säzen, Voglsang, Thuernnern, Plahen, Ludmäschen, Kraxnern, Russten, Geyern, Paumbgarten, Nollhuet und Marchthailen. Ein Großteil dieser Rieden haben heute noch die gleichen Namen. Die Ruster Weingärten mit einer Gesamtfläche von 500 Hektar sind durch die Bundesstraße nach St. Margarethen geteilt.

In den sanften, nach Südosten geneigten Weinhügeln Richtung Oggau findet man hauptsächlich Kalk-Mergelböden, teilweise mit Muschelkalk und einem erhöhten Tongehalt. Ideale Wachstumsbedingungen für die Rebsorten Blaufränkisch, Zweigelt und Cabernet Sauvignon. Die Rieden Mariental, Gemerk, Oberer Wald, Unterer Wald, Mitterkräften, Rittergraben, Golling Riegl und Baumgarten (Pandkräften) zählen zu den bekanntesten.

Die Ried Baumgarten wurde erstmals Mitte des 15. Jahrhunderts urkundlich erwähnt, als die Habsburger mit dem Erwerb der Grafschaft Forchtenstein auch in den Besitz dieser Weingärten gelangten.

Der obere Teil der Ried Umriss, die an den Wald angrenzt, eignet sich besonders für Weißburgunder, Chardonnay und Neuburger.

Die Lagen Richtung Mörbisch bestehen aus kristallinen Schiefer-, Gneis- und Verwitterungsböden und haben für Welschriesling, Sauvignon Blanc und Chardonnay beste Eignung. Berühmte Lagen sind dort Oberer Vogelsang, Ruster und Geier.

Zu beiden Seiten der Straße nach Mörbisch, gleich nach der Ortstafel Rust, liegen die Rieden Untere Greiner und Unterer Satz, die gemeinsam mit den seenäheren Teilen der Rieden Baumgarten (Pandkräften) und Mitterkräften die besten Süßweinlagen sind.

Der Ruster Ausbruch

Einen Einblick auf die Tradition des Ruster Ausbruchs gibt die Kammerrechnung aus dem Jahr 1634, in der jeder Lesetag genau nach Erntemengen und Sorten erfaßt wurde. Bereits in dieser Zeit dauerte die Lese durch wiederholtes Ausleseverfahren bis in den Dezember hinein. Die damalige Hauptsorte Furmint, in Rust und Ödenburg „Zapftet" genannt, bildet im Spätherbst am häufigsten die rosinenartig zusammengeschrumpften Trockenbeeren, die in der Mundart „Mangerl" genannt werden. Die erste Traubensammlung von ganzen

Trockenbeeren ergab die „Essenz", eine zweite, bei der die mit „Mangerln“ gemischten schönen Trauben „ausgebrochen“ wurden brachten die beste Qualität des Ruster „Ausbruchs". Diese Lese wurde in manchen Jahren mehrmals wiederholt.
Um die Tradition des Ruster Ausbruchs weiterzuführen, haben sich 1992 einige Winzer zu einer Gemeinschaft zusammengeschlossen, dem “Cercle Ruster Ausbruch". Der Ruster Ausbruch ist auch die älteste, historisch belegbare Weinappellation im Donauraum. Der Wein wird aus überreifen, edelfaulen und zu Rosinen geschrumpften Beeren von verschiedenen Rebsorten gekeltert. Der Saft muß ein Mostgewicht von mindestens 30° KMW haben, um später als Wein den Namen Ausbruch tragen zu dürfen. Der Wein weist einen deutlichen Botrytiston auf und funkelt goldgelb bis bernsteinfarben. Der außergewöhnlich hohe Extraktgehalt, verbunden mit einer ausgeprägten Säure, machen den Ruster Ausbruch zu einer besonderen Rarität unter den Süßweinen.
Hervorragende Jahre für Ausbruch-Weine waren:
1894, 1917, 1921, 1932, 1934, 1947, 1963, 1967, 1969, 1973, 1976, 1981, 1988, 1989, 1991

Den Namen ***Triebaumer*** gibt`s so ziemlich genau seit 300 Jahren in der Freistadt Rust. Als Protestanten hatten es damals die Triebaumer in ihrer alten, nördlichen Heimat nicht leicht, blieben ihrer religiösen Überzeugung treu und zogen an den Neusiedlersee. Getreu dem Ausspruch von König Matthias Corvinus von Ungarn „Tu Felix Austria Nube“ kam bereits in der ersten Generation ein Weinberg in den Besitz der Familie. Drei Jahrhunderte später zeigt sich das Weingut von Ernst Triebaumer mit 10 Hektar Rebfläche von beachtlicher Größe. Bei der Hofübernahme von seinem Vater im Jahre 1971 bewirtschaftete der damals 24jährige Ernst Triebaumer ganze 2,5 Hektar. Mit Fleiß und Klugheit brachte er es im Lauf der letzten zwanzig Jahre bis an den Gipfel der burgenländischen Winzer. Unverkennbar er kennt man im Weingut auch die ordnende Hand von Margarethe Triebaumer, welche bescheiden im Hintergrund werkt. Sie reiht sich aber nahtlos in jene Reihe von Frauen, die am Erfolg ihrer Männer maßgeblich beteiligt sind.
Auf den ersten Blick erkennt man in Ernst Triebaumer den Perfektionisten. Auf der einen Seite verspielt – so verwendet der Spitzenwinzer auf den Weinetiketten seine Initialen E.T. –, auf der anderen Seite mit viel Herz

und Gefühl bei der Sache. Bei seinen Erzählungen durchlebt man wunderbare Reisen, die einem all die Höhen und Tiefen eines Winzers zu Gemüte führen.
Ernst Triebaumer zeigt sich als moderner aufgeschlossener, der zeitgemäßen Kellertechnologie vertrauender Winzer, der nur eines zum Ziel hat, nämlich der Beste zu sein. Erstes Aufsehen erregte E.T. mit seinem 83er Blaufränkisch. Als Sensation schlechthin wurde sein 1986er Blaufränkisch Barrique von der Ried Mariental in der Fachwelt aufgenommen. Die Begeisterung kannte damals keine Grenzen. Ernst Triebaumer ließ sich von diesem Erfolg aber nicht täuschen. Beharrlich arbeitete er an sich selbst und seinen Methoden. Die Erhaltung eines gesunden Bodens ist ein großes Anliegen dieses Winzers, die Verwendung von Stallmist mit gezieltem Unkrautbewuchs ein Teil davon. „In den 150 Tagen, von der Blüte bis zur Lese, spielt sich im Weingarten das Wichtigste ab", so Ernst Triebaumer, „da muß alles passen", um so die Bedeutung der Pflege der Rebfläche ins rechte Licht zu rücken.
Blaufränkisch und Welschriesling sind die Hauptsorten, Cabernet Sauvignon, Merlot, Sauvignon blanc, Chardonnay, Pinot blanc und Furmint sind Zeugen der Sortenvielfalt in den Weingärten. Die besten Blaufränkisch-Lagen sind die ein Hektar große Riede Oberer Wald (auf sedimentären Kalkboden mit eingelagerten Lehmschichten) sowie der 1,2 Hektar große Weingarten in der Ried Mariental (stark kalkhältiger Untergrund mit Lehm und Mergel durchzogen, der in trockenen Sommern ideal die Feuchtigkeit speichert), in dem 40jährige Blaufränkischanlagen im Ertrag stehen. Alle Rotweine werden nach Lagen getrennt ausgebaut. Das Traubengut wird noch im Weingarten in einen Lesewagen gerebelt, später in Rotweintanks gekühlt vergoren. Nach der Gärung und dem biologischen Säureabbau kommen die Mariental- und Oberer-Wald-Blaufränkischen 14 bis 18 Monate zur Reifung in Barriques. Der Blaufränkisch 1990, Ried Mariental, zeigt sich tiefdunkel mit schönen granatfarbenen Reflexen, ist rassig mit Brombeertönen und kräftigen Tanninen. Mit 13 Vol.% Alkohol ist die Cuvée 1990 aus Cabernet Sauvignon und Merlot recht voluminös mit würzigem Duft und

kräftigem, extraktreichem und tanninbetontem Körper. Die Weißweine werden temperaturkontrolliert in Edelstahltanks vergoren und in herkömmlichen Holzfässern gelagert. Der Chardonnay 1990 aus der Ried Pandkräften beweist, daß Ernst Triebaumer nicht nur erstklassige Rotweine keltern kann. Traditionell ausgebaut mit vollem Duft, weicher Geschmacksfülle und einem ausreichenden Säurepotential ist dieser Wein für eine mehrjährige Lagerung geeignet.
Am 28. Dezember 1992 sank die Außentemperatur auf minus 10°; damit war die Voraussetzung für eine Eisweinlese gegeben, die in ihrer Ausbeute bescheiden blieb. Von 0,2 Hektar Rebfläche wurden gerade 200 Liter Welschriesling Eiswein gelesen. Diese aber mit 32° KMW. Der Wein braucht noch einige Zeit Faßlagerung, bevor er in den Verkauf kommt.

Das Ruster „R", das Gütezeichen aus dem Jahre 1524, findet man als Korkbrand in jeder Flasche von ***Paul Triebaumer***. Tradition verpflichtet eben. Der Bruder von Ernst Triebaumer ist in der Neuen Gasse 18 im nördlichen Teil von Rust zu Hause. Paul Triebaumer selbst gilt als kleiner Revolutionär. „Mit meinen kritischen Worten sorge ich unter meinen Winzerkollegen immer wieder für Aufsehen."
Zur Seite steht dem stämmigen Weinbauer sein Sohn Günther, der sich auf der Universität für Bodenkultur und Landwirtschaft jenen theoretisch-praktischen Grundstock aneignet, der für die in die Zukunft ausgerichtete Weinbautechnik so wichtig ist.
„Unsere Erträge werden rigoros zugunsten der Weingüte beschränkt. Die Lese wird nur händisch durchgeführt bei gleichzeitiger Aussonderung aller ungeeigneten Beeren", lautet der Tenor. Im Repertoire des Paul Triebaumer hat auch das Wort Barrique keinen Platz. Die Formulierung „besonders ansprechende Rotweine und Burgunderqualitäten werden bei uns in kleinen Eichenfässern strukturiert" lassen jenen Weg erkennen, von denen Paul und Günther Triebaumer keineswegs abkommen wollen. In ihren Rieden finden sich alte Rebanlagen. Neben einem mehr als 40jährigen Pinot Noir und einem 35jährigen Blaufränkisch in der Ried Pandkräften erinnert eine vor 24 Jahren gesetzte Chardonnay-Anlage an die Hochzeit von Paul und Waltraud Triebaumer.
Die Ausbeute der Weinbauphilosophie der Triebaumers sind Jahr für Jahr Weine von hoher Qualität, um deren Absatz man sich wahrlich keine Sorgen zu machen braucht. Die Früchte des Jahres werden allesamt selbst vermarktet. Unter ihnen auch der Keltenwein, meist ein Chardonnay, der nach vorrömischer Art hergestellt wird und so als Gradmesser gilt, wie der urgeschichtliche und römische Wein in Pannonien früher einmal geschmeckt haben könnte. Der Keltenwein ist absolut unbehandelt, unfiltriert und von der Hefe weg auf Flaschen gezogen. Die Rotweine des Vater-Sohn-Gespanns, allen voran der Pinot Noir, sind dicht und körperreich, der 89er ist sehr konzentriert und tanninbetont. Der Jahrgang 1990 ist weicher, mit fein integrierten Holztönen und einem sehr langen Abgang. Der Blaufränkisch 1990 aus der Ried Pandkräften ist ein voller, aber nicht zu schwerer Wein mit einer typischen Blaufränkischnote.
Der Chardonnay wird in neuen 2.000-Liter-Fässern aus Allier- und Neverseiche vergoren, wobei die Qualität des Jahrganges die weitere Reifezeit bestimmt. Teilweise wird nach der Gärung ein biologischer Säureabbau durchgeführt. Der 91er ist leicht rauchig mit einem vollen frisch-intensiven Zitrusfruchtbukett.

In einem der schönsten barocken Bürgerhäuser der alten Freistadt Rust, in der Hauptstraße 3, befindet sich das Weingut ***Feiler-Artinger***. Es ist ein Bürgerhaus mit zweigeschoßiger Barockfassade und einer Portalwand mit reichen Steinmetzarbeiten, zwei Wappen, variierenden Putzfeldern in Weiß und steingelber Fassadengliederung aus dem 17. Jahrhundert. Der Hof besticht durch seine beidseitigen Stiegenaufgänge mit Arkaden und toskanischen Säulen. In einer sehenswerten Symbiose betreiben dort zwei Familien sowohl Weinanbau als auch Rinderzucht. Den Grundstock für den heutigen imposanten Weinbaubetrieb legte der 1909 geborene Altvater Gustav Feiler. Noch heute – täglich vor dem Frühstück – schaut er im Weingarten nach dem Rechten. Seine beiden Kinder, Hans Feiler und Gertrude Artinger, setzen mit ihren Familien die Arbeit ihres Vaters fort. Um den Bereich Weinanbau kümmert sich Hans Feiler, fürs Marketing ist Frau Artinger, die Gattin des Ruster Bürgermeisters, zuständig.
Als Inbegriff aller Sehnsüchte und Wünsche stellt sich für jeden Weinliebhaber der Keller des Hauses dar. Seine Auszeichnung erhielt der Keller, als er 1989 zum schönsten des Burgenlandes gekürt wurde. Mächtig säumen die großen Eichenfässer den Weg zur Vinothek. Der Brückenschlag von Althergebrachtem bis Modernem läßt sich am besten in diesem Weinkeller nachvollziehen. So stößt sich niemand an den Gegensätzen. Der Übergang vom alten Holzfaß über Edelstahltanks bis hin zum Barrique-Keller scheint selbstverständlich, denn jede Ausbautechnik hat seine Berechtigung.
Qualität ist für das Haus Feiler-Artinger oberstes Gebot. Es beginnt bei der intensiven Pflege der 24 Hektar großen Weingärten. Die schonende Humusversorgung des Bodens erfolgt zum Beispiel mit Stallmist aus der eigenen Charlais-Rinderzucht. Ein Drittel der Flächen sind mit Rotweinsorten bestockt (Blaufränkisch, Zweigelt, Merlot und Cabernet Sauvignon). Bei Weißweinen sind Weißburgunder und Chardonnay die Hauptsorten.
Alle Weine werden in Edelstahltanks vergoren, und je nach Sorte und Qualitätsstufe reifen sie in unterschiedlichen Gebinden weiter. Welschriesling, Sauvignon Blanc und Chardonnay werden in Edelstahltanks trocken ausgebaut. Spät- und Auslesen werden hingegen im Holzfaß zur Vollkommenheit gebracht. Nach verschiedenen Qualitätsstufen werden die Rotweine vinifiziert. Blaufränkisch und Zweigelt kommen ins traditionelle

Holzfaß, Pinot Noir, Merlot, Cabernet Sauvignon und die kräftigsten Blaufränkisch-Jungweine reifen 18 Monate im Barrique, ehe sie in Flaschen gefüllt werden.

Das Spitzenprodukt des Hauses ist der Solitaire, eine Cuvée aus Blaufränkisch, Zweigelt und Cabernet Sauvignon. Der 1990er hat dichtes Bukett mit weichen Tanninen und einem vollen Beerenaroma, im Duft und Abgang mit feinen Eichentönen. Im „Cabernet und Merlot„ überwiegt der Merlotanteil, weshalb der Wein auch sehr geschmeidig ist, rauchig im Duft und samtigweich im Abgang. Der Weißburgunder 1992 wurde mit 19° KMW gelesen und als trockene Spätlese ausgebaut. Er ist sehr fruchtintensiv und vollmundig mit einer schönen Säurestruktur. Ein kraftvoller Burgunder, der keinen Vergleich mit französischen Hochgewächsen zu scheuen braucht. Ein Kapitel für sich sind die Süßweine des Hauses. Vom Jahrgang 1991 gibt's von Neuburger und Chardonnay eine süße Auslese; jede für sich besticht durch ihr intensives Sortenbukett und ihre Säurestruktur. Der Höhepunkt der 1991er - Lese ist ein Sauvignon Blanc, der mit 29° KMW gelesen wurde. Die nicht überaus große Ernte von 300 Litern liegt noch im Faß, doch reift hier einer der wirklich großen Ausbruchweine heran, kraftvoll und ausdrucksstark, mit einem nicht endenwollenden Abgang und würziger Süße am Gaumen. „Ich weiß nicht, ob ich diesen Ausbruch jemals verkaufen werde," meint Hans Feiler, „die Natur hat ihn mir zum 50.Geburtstag geschenkt, davon werd´ ich jedes Jahr zu meinem Geburtstag selbst ein Flascherl trinken."

Bei der langen Lagerfähigkeit seiner Prädikatsweine, mindestens 20 Jahre, bei Ausbruchweinen sogar 40 bis 50 Jahre, kann er sich noch sehr lange daran erfreuen.

Im Hause Feiler-Artinger spürt man die menschengemachte Idylle. Tradition wird hier im Sinne des Wortes gelebt. Um die Zukunft der Feiler-Artinger braucht man sich keine Sorgen zu machen. Intensiv mit dem Weinbau beschäftigt sich Sohn Kurt, der sich in Klosterneuburg das nötige Know-how holte. Klaus, Brigitte und Sabine sind ebenfalls schon fest integriert.

Gleich neben dem Weingut Feiler-Artinger, am Conradplatz 13 haben ***Dipl.-Ing. Ladislaus und Erika Török*** ihr Zuhause. Seit 1546, seit rund 450 Jahren also, wird dort nachweislich Weinbau betrieben. Dipl.-Ing. Török - sein Vater war bis 1938 Gutsverwalter bei Fürst Esterházy - setzt auf alteingefahrene Methoden. Bodenständig lautet die Parole. So findet man im Keller keine Barrique-Fässer. Der traditionelle Holzausbau tut der Qualität aber keinen Abbruch. Im Gegenteil. „Wenn ich ständig in die Fußstapfen anderer steige, wie kann ich ihn dann überholen" stellt Dipl.-Ing. Török die Gretchenfrage. Es ist was dran an dieser Weisheit. Denn Raritäten aus der Török-Vinothek sind ständig auf der Überholspur.

So der Rheinriesling 1990, mit 19° KMW gelesen, trocken ausgebaut mit feiner Säure und kräftigen, charakteristischen Bukett. Der Blaufränkisch Kabinett 1990 hat ein samtig-mildes Bukett, ist gut gereift mit edler Herbe im Abgang. Der St. Laurent 1991 wurde offen bis auf einen Restzucker von 6° KMW vergoren, dann in Holzfässer umgezogen, worin er die Gärung beendete. Dunkles Granatrot mit einem reifen, weichen Duft und feinen Kirscharomen im Bukett, im Abgang eine dezente Herbe.

Ubi sunt tempora – wo sind die Zeiten? In der Ruster Hauptstraße 29, mit einem operettenhaft-schönen Innenhof aus dem 17. Jahrhundert, zieht es einen in den Bann der längst erloschenen österreichisch-ungarischen Monarchie. Hausherr Robert Wenzel schwelgt oft in Erinnerungen. Wie kein anderer versteht er es meisterhaft, Geschichte lebendig zu machen. Es ist ein Erlebnis besonderer Art, den Verkaufsraum vom Innenhof aus zu betreten. Habsburg überall - ein Jugendbildnis der Kaiserin Zita auf der einen Seite, ein Foto mit persönlicher Widmung von Otto von Habsburg auf der anderen. Gemälde, alte Fotos beliebter österreichischer Schauspieler mit persönlicher Widmung, Zeichnungen, aber auch Gegenstände des täglichen Gebrauchs wie alte Weinkrüge, aus Weiden geflochtene und trotzdem majestätisch wirkende Korbsessel und vieles mehr lassen die gute alte Zeit leicht erahnen.
„Robert Wenzel der Ausbruch-König." Dieses Wortspiel hat bei ihm unumgängliche Gültigkeit. Sein Lieblingskind ist der schon in früheren Jahrhunderten renommierte edelsüße Ruster Ausbruch. In kleinsten Mengen wird diese Rarität aus dem fast vergessenen Furmint und Gelben Muskateller geerntet. Gerade ein Glas Wein pro Stock. Mit nahezu kindlicher Freude beschreibt Robert Wenzel bei Weinpräsentationen „seinen Ausbruch". Auszug aus einem Wenzel-Zitat: „Es ist was Wunderbares, seine Zufriedenheit und Freude in einem schönen Wein zu finden."
In einem Labyrinth von engen, verwinkelten Gängen lagern die Wenzel-Weine tief unter der Erde. Der älteste davon aus dem Jahr 1945. „Zu besonderen Familienanlässen werden solche Raritäten geöffnet", so Frau Wenzel, die sich um den Verkauf kümmert. Auf die Frage nach ihrer Herkunft, lächelt Christa Wenzel: „Ich kam eigentlich als Touristin nach Rust. Drei Stunden Aufenthalt waren geplant. Da hab´ ich meinen Robert kennengelernt. Geboren und aufgewachsen bin ich im Allgäu, jetzt aber mit ganzem Herzen eine Rusterin."
Dem natürlichen Zuckergehalt der Trauben wird höchste Priorität eingeräumt und dementsprechend spät wird die Weinlese angesetzt. Die Prädikatsweine werden teilweise noch mit der Baumpresse gepreßt und prinzipiell in Eichenfässern ausgebaut. 30 und mehr Jahre Lagerfähigkeit sind für die Süßweine des Hauses normal.
Die Sauvignon Blanc Auslese 1992 beeindruckt durch

Der Bilderreigen zeigt von oben nach unten:
Hans Feiler
Ernst Triebaumer
Heidi und Willi Schröck
Peter Schandl
Robert und Michael Wenzel

Ruster 1991
Ausbruch
Cuvée, süß
Wenzel
Ruster 1991
Ausbruch
Ruländer, süß
Wenzel
Ruster 1991
Trockenbeerenauslese
Wenzel

den intensiven Weingartenpfirsichduft. Vom Furmit gibt es von Jahrgang 1991 und 1990 einen Ausbruch. Vom selben Jahrgang wurde auch eine Ausbruch Cuvée vinifiziert, bestehend aus Sauvignon Blanc und Chardonnay. Die Gelber Muskateller TBA 1991 ist ein Musterbeispiel eines Weines in dieser Qualitätsstufe. Im Duft kräftig und frisch, das intensive Muskatellerbukett beeindruckt am Gaumen; 70 g/l zuckerfreier Extrakt und die hohe Säure (17 Promille) bindet den Zuckerrest von 180 Gramm nahezu ideal ein. Ein weiteres Beispiel dafür, daß Robert Wenzel den Namen „Ausbruch-König" wirklich verdient.

Schräg gegenüber der Familie Wenzel, an der Ecke Hauptstraße/Joseph-Haydn-Gasse, steht das Haus von ***Peter Schandl***. Seit 1741 wird dieses Weingut als Familienbetrieb geführt. Gemeinsam mit Gattin Ursula, bearbeitet Peter Schandl auf 30 Parzellen rund 15 Hektar Rebfläche. Auf zwei Standorten, den Rieden Vogelsang und Umriß, steht der Cabernet Sauvignon, der schon 1969 vom Vater erstmals ausgepflanzt wurde. „Unsere Trauben stammen ausschließlich aus eigenen Weingärten." Der Rebschnitt im Winter wird von Peter Schandl, seiner Mutter und einem Arbeiter durchgeführt. Mit finsterer Mine betrachtet Peter Schandl so manchen „beleidigten" Rebstock. „Durch die maschinelle Bearbeitung im Weingarten passiert es immer wieder, daß die Wurzeln von Rebstöcken verletzt werden und dann absterben", so der Weinbauer.

Die schönste Zeit im Kreis der Jahreszeiten ist für Peter Schandl der Augenblick des ersten Abstichs vom Faß: „Da sehe ich genau, was aus dem geworden ist, was ich seit dem Frühjahr gepflegt habe." Gattin Ursula ergänzend: „Und eine gute Ernte ist der Lohn für diese Anstrengung." Die Handschrift von Peter Schandl ist leicht zu erkennen. Durch eine kontrollierte, gekühlte Gärung versucht er trockene, fruchtige und säurebetonte Kabinett-Weißweine zu erhalten.Peter Schandl machte seine Ausbildung sowohl im In- als auch im Ausland. Die fachliche Kompetenz unterstreicht der Kellermeister mit seinem Leitspruch: „Bei uns gibt es nur eine Linie, und die füllen wir in 0,7-l-Flaschen." Die Weine werden bewußt überlagert, um den Gästen trinkreife Weine anbieten zu können, wobei die Weißweine sehr früh in Flaschen gefüllt werden, um dort weiter zu reifen. Die Rotweine bleiben dagegen mindestens bis zum September des Folgejahres im Faß. Der Blaufränkisch 1990 besticht durch sein intensives Bukett. Mit viel Frucht und Extrakt ist er ein Paradebeispiel für einen Ruster Blaufränkisch.

Der Cabernet Sauvignon 1988 wurde in Allier- und Nevers- Barriques ausgebaut. Im Duft ist noch ein zarter Holzton vorherrschend, am Gaumen reife Beerentöne, im Abgang fruchtig mit weichen Tanninen. Der Pinot Blanc 1990 ist vollfruchtig, mit einer schönen Burgundernase und kräftiger Säure ausgestattet, sehr langanhaltender Abgang. Beim Ruländer Ausbruch1989 ist die typische Ausbruchnase vorherrschend, im Bukett ausgewogen und pikant.

Der Stolz des Hauses ist der Ruländer Ausbruch des Jahrganges 1981, der sich jetzt wunderschön zu entwickeln beginnt. Er zeigt ein wuchtiges und extraktreiches Bukett, mit eleganten, zarten Botrytistönen und einer großen Harmonie von Restsüße, Säure und Alkohol. Angeschlossen an das Weingut ist ein neuer Buschenschank mit Eingang von der Hauptstraße. Um größere Lagerkapazitäten zu erzielen, wird der alte Buschenschank zu einem größeren Weinkeller umfunktioniert.

In der Haydngasse 5, inmitten des Altstadtkernes, befindet sich der Betrieb von ***Bruno Landauer***. Seine 17 Hektar Weingärten sind auf 30 Einzelflächen zersplittert. Dafür sind diese aber in den besten Ruster Rieden wie Kraxner, Ruster, Vogelsang, Kräftn und Gärk gelegen. Elf Rebsorten bilden das Verkaufsprogramm, darunter finden sich alle Qualitätsstufen: vom trocken ausgebauten Welschriesling bis zum Weißburgunder Ausbruch. Mit dem Welschriesling Ausbruch 1988 war Landauer im österreichischen Weinsalon vertreten. International ist der Kundenkreis des Hauses, die edelsüßen Weine werden sogar nach Frankreich exportiert. Der größte Teil der Weine wird noch im alten, aus dem 17.Jahrhundert stammenden Weinkeller ausgebaut. Alle Moste werden reinsortig in temperaturgesteuerten Edelstahltanks vergoren; die weitere Reifung erfolgt in Holzfässern. Um die frische Frucht bei den Weißweinen zu erhalten, werden diese schon sehr früh in Flaschen gefüllt. Die Gewürztraminer Auslese 1991 besticht durch Duft und Bukett, die edle Süße wird von einer kräftigen Säurestruktur unterstützt. Seit 1986 werden auch kleine Mengen in Barriques ausgebaut. Der Blaufränkisch Kabinett 1988 ist ein Beispiel dafür, der jetzt, mild und fruchtig, mit einer dezent eingebundenen Holznote, seine ideale Trinkreife erreicht hat.

Königinnen prägten oft die Geschichte. So war es die Königin Maria von Ungarn, welche im 16. Jahrhundert den Rustern das Privileg verlieh, ein „R" als Herkunftszeichen in ihre Holzfässer zu brennen. Fest verankert in der burgenländischen Chronik ist aber auch eine Königin anderer Art: ***Heidi Schröck***. Als österreichische Weinkönigin repräsentierte sie über Jahre die heimische Winzerzunft. Fachliche Kompetenz gepaart mit dem Charme einer großen Dame machten Heidi Schröck weit über die Stadtgrenzen von Rust bekannt. Als Winzerin hat sie in fast allen sehr guten Rieden von Rust ihre Weingärten.

Es bedarf wohl der doppelten Arbeit, um als Frau Erfolg zu haben. „Ärmelschonendes Arbeiten gehört nicht in mein Repertoire", so Heidi Schröck. Über ihrem Schreibtisch hängt ein Schild: „Die Zukunft ist weiblich! "Mehr eingehen auf die Natur, hieße das,... mehr nachgeben, aus Boden und Lage nicht das Letzte herausquälen - nicht nervös werden, wenn sich in manchen

Der traditionelle Holzfaßkeller von Werner Fischl

Jahren unterschiedliche Weinqualitäten ergeben", meint sie. Heidi Schröck bewirtschaftet fünf Hektar Rebflächen. Sie wird dabei von ihrem Vater Willi tatkräftig unterstützt. Die größte Rebfläche mit zwei Hektar liegt in der Ried Turner, eine Südostlage, direkt am Ortsende von Rust. In der Ried Kulm und Unterer Vogelsang wächst der Blaufränkische. Mit einem Hektar Welschriesling in der Unteren Greiner hält sie einen großen Anteil an der wohl besten Süßweinlage von Rust. Die Erträge werden radikal reduziert, gelesen wird jeder Weingarten mehrmals, um für jede Qualitätsstufe das optimale Traubenmaterial zu bekommen. Im Jahre 1991 wurden vom Gelben Muskateller von einem halben Hektar 800 l Spätlese und 500 l Ausbruch gelesen. Für den gelben Muskateller, der bei ihr ganz nach alter Sitte als „Muskat Lunel" bezeichnet wird, hat sie eine besondere Vorliebe. Sie kümmert sich aber auch um den Furmint. Ihr 1991er Furmint Qualitätswein ist ein Paradebeispiel für diese Rebsorte. Intensive Birnen- und Apfelaromen im Bukett, fruchtbetont mit einer gehaltvollen Säure ausgestattet (10,9 ‰) und leicht säurebetontem Abgang. Der Ausbruch 1989 ist ebenso ausdrucksvoll mit schönen fruchtigen Tönen. Der 92er Welschriesling besticht durch seine zarten Apfelaromen, an Golden Delicious erinnernd, und seine angenehm eingebundene fruchtige Säure. Zarte Kupfertöne in der Farbe, würzig-erdige Aromen, wuchtig und körperreich mit einem enorm langen Abgang. So präsentiert sich der Lieblingswein von Vater Schröck, ein Ruländer 1990. Typisch für alle Schröck-Zweigeltjahrgänge ist der intensive Weichselton im Bukett, der 91er ist ein Beispiel dafür. Helles Purpur, feiner Kräuterduft, intensiver Wildweichselgeschmack und ein langer Abgang: das Resultat radikaler Mengenbeschränkung im Weingarten und solider Kellerwirtschaft. Der Blaufränkisch 1992 ist im Glas fast undurchsichtig. Ein tiefdunkles Purpur, gehaltvolle Kirscharomen am Gaumen mit einer momentanen Prägung vom Holzfaßausbau, der sich Laufe der Zeit noch harmonisieren wird, und der lange Abgang prägen diesen Wein. In der Ried Vogelsang wächst der Cabernet Sauvignon. Der Jahrgang 1992 wird reinsortig in Allier-Barriques ausgebaut, zur Zeit noch verschlossen, aber mit feinem Schwarze-Ribisel-Bukett ausgestattet.

Am alten Stadttor, in der Kirchengasse 1, neben dem Rathaus, liegt der Weinkeller von ***Werner Fischl***. Es ist ein traditionell alter Keller. Der Vorraum zum eigentlichen Faßkeller wird als Degustationsraum genutzt. Die dicken Mauern, das schwere Gewölbe und die vielen darin gelagerten Weinefässer zeichnen eine Spur von Romantik, der man sich nur schwer entziehen kann. Die Stimmung des 300 Jahre alten Kellers und die Verkostung der vielen Weine waren schon öfters Anlaß für spontane Verlobungen.
Werner Fischl bewirtschaftet rund sieben Hektar Rebfläche. Die Rieden befinden sich in den Lagen Pandkräften, Mitterkräften und Gemerk. Es stehen über 10 verschiedene Rebsorten, davon ein Drittel Rot- und zwei Drittel Weißwein, im Ertrag. Sein Betrieb bietet ein Sortiment vom leichten, trockenen Kabinettwein über kräftige Spät- und Auslesen bis zu Ausbruch und Trockenbeerenauslesen.

Am Conradplatz 11 ist der Weinkeller von ***Harald Kraft,*** der mit seiner Frau Christine 7,5 Hektar Weingärten bewirtschaftet. Die Rebflächen sind in den besten Lagen, wie in der Ried Greiner, Baumgarten (Pandkräften) und Vogelsang. Das Jahr 1991 war ein besonderes Botrytisjahr rund um den Neusiedlersee, trotzdem konnte Harald Kraft mit einem absoluten Rekord aufwarten. Sein Müller Thurgau in der Riede Pandkräften hatte 37° KMW bei der Lese. Der Wein davon, 1993 verkostet, hat mehr als 8 Promille Säure, ist voller Frucht und hat einen sehr hohen Zuckerrest, der sich im Abgang bemerkbar macht.
Die Straße führt den bescheidenen Namen Weinberggasse, sie führt aber nicht nur zu den östlich von Rust

gelegenen Weinbergen, sondern ist auch die einzige Verbindung nach Mörbisch. Links biegt man beim Conradplatz in die Altstadt ab, das Eckhaus, Weinberggasse 1, wird vom Winzer ***Rudolf Beilschmidt*** und seiner Familie bewohnt. Der Winzer bewirtschaftet seine sechs Hektar Weingarten streng nach organisch-biologischen Richtlinien. Das heißt, die Böden werden nur mit Kompost gedüngt, im Frühjahr wird zwischen den Weingartenreihen Wildkraut und Gräser eingesät, die verschiedenen Nützlingen und Kleinlebewesen als Lebensraum dienen. Pflanzenschutz und Schädlingsbekämpfung werden größtenteils mit deren natürlichen Feinden, wie Raubmilben, und Kompostauszügen für Spritzungen durchgeführt. Daß dies aber nicht in jedem Jahr so geht, wie es sich der umweltbewußte Winzer vorstellt, zeigen jährliche Ernteeinbußen bis zu 60 % gegenüber anderen ortsansässigen Weinbauern. „Das nehme ich aber gerne in Kauf, um dafür biologisch gewachsene Trauben ernten zu können," meint der Winzer, der seine Weine in gleich schonender und natürlicher Weise ausbaut. Mit seinem Blaufränkisch Kabinett 1987 war er im Österreichischen Weinsalon vertreten; der 91er Blaufränkisch Kabinett ist samtig-weich mit intensiven Kirscharomen und kräftigem Abgang, der Pinot Blanc 1992 besticht durch seine feine Würze und Fruchtigkeit. Vom Müller Thurgau wurde 1991 ein Ausbruch gekeltert, der zuerst durch seine Frucht besticht, im Abgang aber einen kräftigen Zuckerrest hat.

Drei Häuser weiter, im Haus Weinberggasse 7, wohnt Weinbaumeister ***Karl Leitgeb.*** Der Spezialist für Pinot Blanc und Chardonnay, die in der Ried Pandkräften wachsen, ist auch in der Prädikatsweinproduktion sehr erfolgreich. Im Herbst 1992 gelang es nur ganz wenigen Ruster Winzern, einen Ausbruch zu erzielen. Karl Leitgeb war einer davon. Sein Bouvier Ausbruch 1992, goldgelb und dickflüssig, überzeugt durch einen außergewöhnlich hohen Fruchtextrakt und harmonisch ausgewogener Säure, ein Wein, der in den nächsten Jahrzehnten noch für Aufsehen sorgen wird.

Den ältesten Chardonnay-Weingarten Österreichs bewirtschaftet ***Harald Tremmel*** in der Ried Greiner. Dieser Weingarten wurde kurz nach dem 1. Weltkrieg ausgepflanzt und steht noch heute im Ertrag. Die geernteten Mengen davon sind sehr gering, doch bringt der Wein eine intensive Fruchtkonzentration. Die Familie Tremmel verfügt über 4,5 ha Weingärten, die zum größten Teil mit Weißweinreben bestockt sind. Vom bekömmlichen Landwein über trockene Spätlesen bis zum Aus-

Bilder von oben nach unten:
Friedrich und Georg Seiler
Paul und Günther Triebaumer
Harald Kraft
Karl Leitgeb
Werner Fischl
Rechte Seite Rathausplatz in Rust
Innenhof des Seehofes, Sitz der Weinakademie

bruch reicht die Produktpalette dieses Weingutes in der Weinberggasse 19.

Am westlichen Rand des Stadtkerns liegt das Weingut von ***Friedrich Seiler***. Mit einigen Mühen sollte es möglich sein, die vom Zahn der Zeit arg in Mitleidenschaft gezogene Setzgasse bis zum Weingut zu bewältigen. Sehr zugänglich hingegen ist Fritz Seiler selbst. Die Familie Seiler zählt zu einer der ältesten von Rust; man hat sich aber nicht durchgehend nur mit dem Weinbau beschäftigt. Die heutigen Weingärten der Familie liegen ausnahmslos in den Ruster Rieden. Mit selbsthergestelltem Kompost oder Stallmist werden die Weingärten gedüngt; seit 1986 verzichtet man bei der Schädlingsbekämpfung auf jegliche synthetische Spritzmittel.
Fritz Seiler wird auch als „Mister Chardonnay" betitelt. Zu verdanken hat er dies seinem Chardonnay Jahrgang 1990. Bei einer Gärtemperatur von nur 20° C. im Tank vergoren und darin ausgebaut, entwickelte sich dieser Wein zu einem der ganz großen und wurde 1991 Salonsieger. Der 91er Chardonnay zeigt sich ebenfalls sehr fruchtbetont und erinnert im Duft an einen Strauß Wiesenblumen .
Daß es den in letzter Zeit wieder in Mode gekommenen Furmint in der Region noch gibt, ist Vater Viktor Seiler zu verdanken. Er und auch schon der Großvater pflegten den alten Furmintweingarten in der Ried Greiner. Als ein Großteil der Winzer diese Rebsorte schon lange gerodet hatten, glaubten die Alten weiter an ihren Furmint und ernteten Jahr für Jahr Trauben mit enorm hohen Reifegraden. Der Furmint 1991 ist halbtrocken ausgebaut und hat das für die Rebsorte typische Quitten-Duftbukett mit kräftigen Zitrustönen im Abgang.
Ein Drittel der jährlichen Ernte aus 10 Hektar Weingärten entfallen auf Blaufränkisch, Zweigelt und Cabernet Sauvignon, die teilweise in Holzfässern, aber auch in Barriques ausgebaut werden.
Georg, der 17jährige Sohn der Familie, besucht zur Zeit die Weinbauschule Klosterneuburg. Die Chefin des Hauses, Elisabeth, ist als Hauswirtschaftslehrerin tätig und veranstaltet in den Sommermonaten jeden Donnerstag Brotbackkurse mit Kellerführung und einer Degustation.

Die Trauben von 60 Hektar Weingärten, 30 davon in eigenem Besitz, werden jährlich von ***Johannes Holler*** im Weingut Elfenhof verarbeitet. Er ist mit dieser Erntemenge der größte Winzer der Region. Diese Größenordnung bedarf auch eines dementsprechenden Kellers. 350.000 Liter Wein reifen darin in Edelstahltanks und Holzfässern. Das oberste Ziel von Johannes Holler ist, natürlich gereifte, harmonisch bekömmliche Weine zu keltern. Er arbeitet dabei mit überlieferter Tradition und ergänzt mit zeitgemäßer Kellertechnologie. Jede Rebsorte und Qualitätsstufe wird individuell ausgebaut, wobei Rheinriesling, Weißburgunder, Chardonnay, aber auch der Gewürztraminer seine persönlichen Lieblingssorten sind.
Sohn Ernst ist für den Vertrieb zuständig; der Exportanteil des Elfenhofes liegt bei rund 60% der Gesamtproduktion. Hauptexportländer sind Deutschland, Belgien, Holland, Frankreich und Italien.
Zahlreiche erste Preise bei internationalen Weinmessen bestätigen die Elfenhof-Weinqualitäten: zuletzt 1992 bei der Wine Trade Fair in New York mit einem Weißburgunder TBA 1989. 1991 gewann die Ruländer TBA 1981 bei der London Wine Trade Fair, und 1985 gewann die Weißburgunder TBA 1981 auf der Vinexpo in Bordeaux den Champion.

Eine selbst für das Burgenland ungewöhnliche Sortenvielfalt pflegt das ***Weingut Marienhof*** von ***Gerhard Just*** in der Weinberggasse 16. Diese Sortenvielfalt schlägt sich auch in der Produktpalette nieder, da die Weine in sämtlichen Qualitätsbereichen ausgebaut werden. Der Weißwein wird aus leicht gepreßten Trauben bereitet, die ausgiebigen Schalenkontakt ausgesetzt und temperaturreguliert vinifiziert werden. Auszeichnungen durch den österreichischen Weinsalon erhielt das Weingut Marienhof 1989 mit einem Riesling x Sylvaner Kabinett 1988 sowie im Jahr 1990 mit einem Neuburger Kabinett 1988. Eine Gewürztraminer Auslese Jahrgang 1989 wurde in den Weinsalon 1992/93 gereiht. Helles Goldgelb im Farbton, sehr intensiver, würziger Geschmack, pikante, eingebundene Säure und harmonische Süße sind die herausragenden Eigenschaften dieses ausgezeichneten Weines.

Weinakademie Österreich

Die in Rust beheimatete Weinakademie Österreich versteht sich - abgesehen von ihrer Rolle als weinkulturelles Zentrum und Vinothek - vor allem als Schulungsinstitution für Kenner und Freunde des österreichischen Weines. Das Seminar- und Fortbildungsprogramm der Weinakademie Österreich steht dabei nicht nur der Weinwirtschaft im weiteren Sinn, der Gastronomie und dem Lebensmittelhandel zur Verfügung, sondern vor allem auch in- und ausländischen Weinliebhabern, die fundierte Kenntnisse über die Geschichte, Kultur und das Qualitätsspektrum der österreichischen Weine erwerben wollen.
Die Aus- und Weiterbildung ist in drei Stufen gegliedert und reicht vom „Basisseminar", in dem das ABC des Weines vermittelt wird, über ein diese Kenntnisse vertiefendes „Aufbauseminar" bis zum zweijährigen „Diplomseminar", in dem der Weinkenner quasi die höheren Weihen empfängt. Dieser Abschluß bestätigt professionelles Weinwissen über die Weine der Welt und ist international anerkannt.
Eine interessante Alternative zu diesem Seminarangebot stellen die speziell für urlaubende Weinfreunde attrakti-

Dr. Josef Schuller, Leiter der österreichischen Weinakademie

und „Austrian Wine Experience" dar. Im Rahmen des Wochenendseminares „Österreichisches Weintutorium" werden Weinbau und Weinkultur hautnah vermittelt; das Weinland präsentiert sich dabei von seiner schönsten Seite: In der Einleitung werden seine Historie und seine Weinbaugebiete vorgestellt. Aspekte der Weinsensorik und Weinsprache werden anhand der schönsten Weine aus Österreich behandelt. Anschließend werden dem Weinfreund von TOPWINZERN Weingartenarbeiten und die Sortenkunde ebenso nähergebracht wie die Methoden der Weinbereitung. Mehrere Verkostungen und Degustationsmenüs sowie Kellerführungen und Weingartenbegehungen runden diese umfassende Einführung in das österreichische Weingeschehen ab, an deren Ende eine theoretische und praktische Prüfung des erworbenen Weinwissens sowie die Verleihung eines Diploms stehen.

Eine Vertiefung dieser Kenntnisse ermöglicht die „Austrian Wine Experience", die in Form eines einwöchigen Seminars in alle Weinbauregionen Österreichs führt. Solche Reisen finden jährlich im Frühsommer bzw. Herbst statt.

Die Burgenland- Vinothek in den eindrucksvollen Kellergewölben umfaßt eine jährlich wechselnde Selektion der besten Weine des Landes. Für den interessierten Weinreisenden ist dies eine ideale Orientierungshilfe und weintouristische Informationsstelle.

Weinakademie Österreich
Hauptstraße 31
A - 7071 Rust
Telefon 02685/453

Weinkellerei Burgenland

Untrennbar mit dem Weinbau im Burgenland verbunden ist der Name Sándor Wolf. 1871 in Eisenstadt geboren, war er einer der führenden Weinkaufleute in Mitteleuropa. Er gilt als der Marketing-Pionier. Seine Handelsverbindungen reichten von Wien über Böhmen, Mähren, Schlesien und Süddeutschland bis nach Frankreich. Einer seiner prominentesten Kunden war der „Eiserne Kanzler" Fürst Otto von Bismarck. Selbst heute noch darf die Weinkellerei Burgenland das Haus Bismarck zu ihren Kunden zählen.

1959 wurde von dreizehn burgenländischen Winzergenossenschaften der „Burgenländische Winzerverband" mit Sitz in Rust gegründet. Nach und nach schlossen sich sämtliche Winzergenossenschaften diesem Verband an.

Die Weinkellerei Burgenland, 1990 aus dem Burgenländischen Winzerverband und der Winzerkellerei Pöttelsdorf hervorgegangen und neu organisiert, vermarktet heute Weine von rund 5.000 burgenländischen Winzern. Sie ist in der Lage, ein breites wie auch spezielles Sortiment an heimischen Weinen anbieten zu können. Ein Stab von Mitarbeitern ist das Jahr über unterwegs, um die einzelnen

Von links: Ing. Christian Bergmann, Önologe, Mag. Fritz Sommer, Geschäftsführer, Mag. Robert Hoffmann, Marketing, Stefan Migsich, Kellermeister Pöttelsdorf, Ing. Johann Zsulits, Betriebsleiter.

Weinbauern, die mit der Weinkellerei unter Vertrag stehen, zu prüfen und fachlich zu beraten.

Die Weinkellerei Burgenland hat sich durch ihre konsequente Qualitätspolitik zum führenden Bouteillenvermarkter in Österreich entwickelt. Sie ist Marktleader im Handel und Export. Zudem ist sie mit Abstand erfolgreichster Vermarkter von Prädikatsweinen sowohl in Österreich als auch auf den Exportmärkten.

Die Anlagen der Weinkellerei wurden 1959 errichtet und in den sechziger und achtziger Jahren erweitert. Die

gesamte Lagerkapazität der Weinkellerei Burgenland beläuft sich auf 27 Millionen Liter. Im Preßhaus werden jährlich eine Million Kilogramm Trauben verarbeitet.

Ein Großteil der von der Weinkellerei angebotenen Weine sind qualitätsorientiert bei den verschiedenen Winzergenossenschaften ausgewählt worden. Die Premiumlinien „Veritas" und „Edition" werden direkt in der Weinkellerei Burgenland in Rust ausgebaut. Ein wesentlicher Vorteil der Weinkellerei Burgenland liegt darin, von allen Weinbauregionen die idealen Rebsorten zu erhalten. Donnerskirchen hat für den Grünen Veltliner die besten Voraussetzungen. Die Urgesteinsböden, die sich nur in dieser Ecke des Leithagebierges finden, sind der beste Untergrund für spritzige und lebhafte Weine, welche die richtige Intensität des würzig-pfeffrigen Geschmackes aufweisen und der typisch für den Grünen Veltliner ist. Die Trauben für den Welschriesling kommen aus dem Seewinkel, wo dank des heißen Klimas ein fruchtiger und feinwürziger Typus dieser Rebsorte gedeiht. In Mönchhof, an den Südosthängen der Parndorfer Heide, wachsen in den besten Lagen die Rheinrieslingtrauben.

Die Trauben für die edelsüßen Weine kommen sowohl aus Rust als auch aus Apetlon und Illmitz. Eine Novität ist die Ruster Beerenauslese Jahrgang 1981. Die Reife des Weines, das Säure-Restsüßespiel und sein Botrytiston prägen das harmonische Geschmacksbild: reif und voluminös. Ein vornehmer Wein der höchsten Prädikatsstufe ist die Bouvier Apetloner Trockenbeerenauslese 1989. Ein Klassiker ist der 92er Ruster Ausbruch der Sorte Pinot Gris.

Die „Fürst Bismarck" Premiumweine sind Rotweine, die den hohen Qualitätsmaßstäben der Weinkellerei Burgenland entsprechen. Gekeltert werden diese Weine in der Weinkellerei Pöttelsdorf aus Blaufränkisch-Trauben. Rubinrot in der Farbe zeigt sich der Blaufränkisch Fürst Bismarck 1990. Er hat einen kräftigen Zwetschkenduft mit leicht erdigem Fruchtgeschmack.

Die Zukunft sieht Direktor Mag. Fritz Sommer in der Stärkung der Marktposition als Anbieter hochqualitativer Weine in der Gastronomie und im Lebensmittelhandel sowie eine Ausweitung des Markenweinsegmentes im In- und Ausland. Marketingleiter Mag. Robert Hoffmann sieht in der bestmöglichen Ausschöpfung des Potentials, das der Weinkellerei Burgenland durch direkte und indirekte Zusammenarbeit mit einzelnen Winzern zur Verfügung steht, eine Stärkung und Weiterentwicklung des Marktes. Damit zusammenhängend sollten auch bestehende Vorurteile gegenüber Großkellereien abgebaut werden. Daß dieser Weg nur über Spitzenweine führt, liegt dabei klar auf der Hand. Es sind Produkte wie die Trockenbeerenauslese 1981, der Blaufränkisch 1989 und 1990, die alle drei unter die 200 besten Weine Österreichs, in den Weinsalon, gewählt wurden.

Bild nächste Seite: Weingärten bei Mörbisch

Mörbisch

Hart an der Grenze zu Ungarn liegt der malerische Ort Mörbisch, einer der größten burgenländischen Fremdenverkehrsgemeinden. Aber was bringt einen nach Erholung Suchenden dazu, in Mörbisch neue Energien zu tanken? Es ist wohl diese pannonische Mischung an Gegensätzen, welche dieses Gebiet so beliebt macht. Geprägt durch den Neusiedlersee mit dem vorgelagerten Schilfgürtel steht Mörbisch im Einfluß der in sanften Linien gezogenen Weingärten auf der einen sowie den Ausläufern der „Kleinen Ungarischen Tiefebene“ auf der anderen Seite. Mit etwas Glück kann man heute noch einen Winzer beobachten, wie er mit Pferd und Pflug seinen Weingarten bearbeitet.

Der Kern des Ortes ist historisch gewachsen und vermittelt durch die vielen, nach hinten ausgedehnten Häuser und Höfe, seinen romantisch eingebundenen Hofgassen oder dem sehenswerten Heimathaus das Klischee einer zeitlosen Gemeinde. Das Ihre dazu tun die jährlich von Mitte Juli bis August stattfindenden Seefestspiele, die ausschließlich Operetten zur Aufführung bringen und so einen zusätzlichen Hauch von Nostalgie vermitteln.

Über eine Dammstraße, quer durch den Schilfgürtel, kommt man zum Neusiedlersee, Anlegeplatz für die Fähren nach Illmitz und Podersdorf. Kutschenfahrten in die Naturschutzgebiete des Neusiedlersees und des Nationalparks versprechen Erlebnisreiches für Aug und Ohr. Am See entspringt auch die „Carolina“-Wasserquelle. Ihr schreibt man Heilwirkung bei Gallen-, Leber- und Darmerkrankungen zu.

Der ungarische Einfluß auf den Weinbau im Burgenland spiegelt sich heute in der Unterteilung der Weingärten. Es ist nichts Ungewöhnliches, daß Winzer 40 und mehr Parzellen bewirtschaften. Durch das alte ungarische Erbrecht wurden Weingärten jeweils zu gleichen Teilen auf die Nachkommen aufgeteilt. Es kam zu größeren Splittungen der Weingärten. Bis heute hat sich daran kaum etwas geändert. Um Verwechslungen der einzelnen Rebstockreihen vorzubeugen, werden diese oft markiert. Vom Farbband über Strohfetzen bis zum Schuh werden die Grenzen gesetzt. Bei der Weingartenarbeit im Laufe des Jahres wird sich sicherlich niemand aufregen, wenn aus Versehen in der falschen Weingartenreihe gearbeitet wird. Nur im Herbst, während der Lese, dürfte es problematischer werden. Wenn man den Erzählungen so mancher Winzer Glauben schenken darf, ist es aber kein Einzelfall, daß ungewollt fremde Trauben geerntet wurden. Besitzungen mit größeren, zusammenhängenden Flächen sind in der Minderheit und großteils nur durch Zukäufe und Tausch von Nachbargründen entstanden.

Die Mörbischer Winzer setzten in den letzten Jahren auch auf eine eigene, gemeinsame Weinlinie. Den „Mörbischer Opernballwein“, einen fruchtig-spritzigen Welschriesling, der als junger, primeurhafter Wein und als gereifter Jahrgang angeboten wird. Weiters den „Ochs auf Lerchenau“, einen trockenen Blaufränkisch,

der nur aus den reifsten Trauben gekeltert wird und bei der Weinlese mindestens 19° KMW aufweisen muß. Jeder Mörbischer Weinbauer kann den „Opernballwein" und den „Ochs auf Lerchenau" produzieren, wenn er sich an die Richtlinien der Gemeinschaft hält.
Gaumenfreuden genießt man in Mörbisch im Hotel-Restaurant Schmidt in der Hauptstraße 71 und im Restaurant Sommer in der Seestraße. Aushängeschild der Hotellerie ist der Mörbischer-Hof. Das 4-Sterne-Hotel liegt direkt am Schilfrand des Neusiedlersees und wird als Familienhotel geführt.

Lagen und Rieden

Heute wird in Mörbisch auf einer Gesamtfläche von 700 Hektar Weinbau betrieben. Die beste Lage ist der Goldberg, in Richtung Rust gelegen, mit sehr unterschiedlichen Bodenstrukturen, vom sandigen Glimmerschiefer mit eingebunden Lehmanteilen bis zu totalen Lehmböden. Diese Riede zieht sich in größeren Terrassen dem Ruster Hügelland entlang. Nicht von ungefähr kommt dieser Name. Sowohl Weiß-, aber auch Rotweinreben finden hier ideale Wachstumsbedingungen. Die etwas kühlere Riede Altenberg ist für Blaufränkisch besonders geeignet. Oberhalb der Bundesstraße ist die Riede Seeacker, die teils sandig und teils lehmig ist. Die Rieden Satzäcker und Wasser schließen direkt am Schilfgürtel des Neusiedlersees an und sind ideale Lagen für Botrytis cinera, der Edelfäule.

Einen festen Platz in der Weinbaugeschichte von Mörbisch hat ***Franz Schindler*** in der Neustiftgasse 6. Gemeinsam mit Robert Jungbluth, einstiger Generalsekretär der Österreichischen Bundestheater, kreierte Franz Schindler den mittlerweile bundesweit bekannten Opernballwein.
Franz und Käthe Schindler bewirtschaften 13 Hektar Weingartenfläche, aufgeteilt in 65 (!) Parzellen. Als Franz Schindler Mitte der achtziger Jahre das Weingut von seinen Eltern übernahm - Vater Franz war 17 Jahre Bürgermeister von Mörbisch -, ging er es mit Feuereifer an. „Innovation als Grundsatz." Zwei Wörter, die für Franz Schindler das Um und Auf in der Entwicklung des Weinbaus bedeuten. Einen nachhaltigen Eindruck hinterließ 1985 die Vinexpo in Bordeaux. Dort kam er mit Weltklasserotweinen in Berührung. Nach seiner Rückkehr nach Mörbisch begann er seine Wünsche zu verwirklichen. Fünf Barrique-Fässer sollten 1986 der Start in eine neue Ära sein.
„In den sechziger Jahren hatte man fast nur kleine Gebinde, so zwischen 700 und 1300 Liter Inhalt. Dann wurden Mengenweine geerntet und dementsprechend große Gebinde, Tanks, in die Weinkeller gestellt. Heute zeichnet sich wieder der Trend zu kleinen Fässern ab", erzählt der Weinbauer. Seine Weiß- und Rotweine werden alle in Stahltanks vergoren, die Roten liegen bis zu zwei Wochen auf der Maische, bevor sie in Holzfässer zur weiteren Reifung kommen. Er produziert drei Rotweinlinien: einen normalen Qualitätswein, den extraktreichen „Ochs auf Lerchenau" und das Spitzenprodukt, die „Cuvée d´Or". 1985 war davon der erste Jahrgang. Es besteht meist aus 3/4 Blaufränkisch, der Rest ist Cabernet Sauvignon. Über 12 Monate reift der Wein in Barriques, bevor er in Flaschen gefüllt wird. Der 90er ist noch sehr verschlossen; sehr dunkles Granatrot, mit kräftigen Beerentönen am Gaumen und feinem Frucht-Kaffeearoma im Abgang.
Seit dem Jahrgang 1991 gibt es auch ein weißes Gegenstück, die Cuvée d´Argent, aus barriquevergorenen Chardonnay und Sauvignon Blanc. Ein rauchiger, fruchtig- komplexer und eleganter Wein, der internationales Format ins Glas bringt.
Im Keller von Franz Schindler reifen auch die Weine von ***Günter Schönberger***, Mitglied der Rockgruppe „Erste Allgemeine Verunsicherung" und burgenländischer

Neowinzer. Wenn er nicht gerade mit der Gruppe auf der Bühne steht, erholt er sich in Mörbisch. Nach jahrelanger Aushilfstätigkeit beim Lesen der Schindler´schen Trauben und der Liebe zum Wein wuchs auch der Wunsch, einen eigenen Wein zu keltern. Nun ist er im Besitz von eineinhalb Hektar Weingärten in Mörbischer und Ruster Lagen, die mit Sauvignon Blanc, Neuburger, Chardonnay, Welschriesling und St.Laurent bestockt sind. Der 92er St.Laurent liegt noch im Faß, zeigt aber schon seine intensiven, mit weicher Eiche unterlegten Kirschentöne, ein klassischer Vertreter dieser Rebsorte. Sauvignon, Neuburger und Chardonnay hatten zwischen 20 und 22° KMW bei der Lese, wurden nach Sorten getrennt in Barriques vergoren und ausgebaut, anschließend zu einer Cuvée 92 verschnitten, die im Duft leicht vom Neuburger dominiert wird. Am Gaumen weich und vollfruchtig, mit zarten Karameltönen im Abgang.

Ein Mann, der weiß, was er will. Seit Jahren liefert ***Martin Fiedler*** kontinuierlich Spitzenweine. „Vollkommenheit soll das Ziel eines jeden Winzers sein.“ Diese Abänderung eines Zitates ist auf Martin Fiedler maßgeschneidert. Martin Fiedler stammt aus einer alteingesessenen Winzerfamilie. Die Arbeit im Weingut „Eschenhof“ teilt er sich mit seiner Frau Elisabeth und seinem Sohn Manfred, ein Absolvent der Weinbauschule in Eisenstadt. Mit dem jungen Weinbau- und Kellermeister wird es auch in Zukunft für den „Eschenhof“ gut bestellt sein, dem vor allem der Bouvier am Herzen liegt: „Diese Sorte wird oft verkannt. Wir haben aber unsere Freude damit.“ Der Bouvier gedeiht bei den Fiedlers auf der Ried „Wasser“, die direkt an den Schilfgürtel des Neusiedlersees angrenzt. Die Trauben werden durch die ständig aufkommenden kühlen Winde aus der Wulkaebene, die ihren Weg durch eine tiefe Senke des Ruster Hügellandes finden, im Bukett stark beeinflußt. Vom herkömmlichen Bouvier unterscheidet sich jener aus der Ried „Wasser“ durch besonders feine Fruchtnuancen und eine unglaubliche kräftige, aber in keinem Fall aufdringliche Duftnote, an tropische Früchte erinnernd. Bei der 90er Bouvier Auslese wird selbst Vater Martin Fiedler poesievoll: „Bei einem Wein dieser Klasse heißt es bei uns ‚Er spricht'. Seine guten Eigenschaften und Aromen bringt er so zum Ausdruck, als ob er sprechen könnte.“
1991 wurde aus dem gleichen Weingarten eine Trockenbeerenauslese mit 37° KMW gelesen. Der Wein zeigt zarte Botrytistöne im Duft, hat eine frische Säure und viel Extrakt am Gaumen und im Abgang. Im Herbst ´92 wurde eine Spätlese, ebenfalls aus der Ried „Wasser“, gelesen. Dieser Bouvier zeigt wiederum die Qualitäten dieser Lage eindrucksvoll auf. Der Welschriesling 1992 mit seinem feinen, frisch-fruchtigen Bukett wurde als Opernballwein ausgesucht und unter diesem Namen in Flaschen gefüllt. Vom Neuburger wurden 1991 Trauben mit 22,5° KMW Lesegewicht geerntet, eigentlich schon eine Auslese, der Wein wird aber als Spätlese bezeichnet. Vollfruchtig am Gaumen, die 8,2 g/l Säure dominieren leicht, der Abgang ist sehr fruchtintensiv und langanhaltend. Dieser Wein wird erst in einigen Jahren seine volle Größe entfalten. Von der Riede Seeacker kommt der Blaufränkische, der 1992 mit physiologisch vollreif mit

Von oben nach unten: Manfred und Martin Fiedler,
Franz Schindler,
Günther Schönberger

Die Hofgasse des Heimathauses in Mörbisch

19,5° KMW geerntet wurde. Traditionell ausgebaut, überzeugt die feine Herbe und der kraftvolle, samtige Abgang.

In der Weinzeile 2 in Mörbisch, nur wenige Meter von der österreichisch-ungarischen Grenze entfernt, liegt das Weingut Grenzhof. Die Besitzer, die Familie ***Gerhard und Elfi Fiedler***, bearbeiten 9,5 Hektar Weingarten, aufgeteilt in 45 Parzellen.

„In den zwanziger Jahren hatte nahezu jeder Weinbauer einen Wirt als Abnehmer – ob in Wr. Neustadt, Gloggnitz oder anderswo. Regelmäßig kamen die Fuhrmänner, um den Wein in Holzfässern abzuholen. Bereits damals vermarktete das Weingut den Wein über Stammhäuser", holt Gerhard Fiedler weit aus. Der Ab-Hof-Verkauf macht heute den größten Teil der Vermarktung aus. Die Kellertechnik ist auf dem letzten Stand. Gerhard Fiedler, er ist Obmann des Weinbauvereines, läßt seinen Pinot Blanc, Welschriesling, Chardonnay und Neuburger in Edelstahltanks gekühlt vergären, wobei er aber den Lesezeitpunkt für diese Rebsorten bewußt früh ansetzt, um möglichst viel von der natürlichen Fruchtigkeit und Säure zu erhalten.

Seit dem Jahrgang 1989 werden auch Barriques zur Reifung eingesetzt. Im ersten Jahr war dies ein mit 35° KMW gelesener Neuburger Ausbruch, der 9 Monate darin ausgebaut wurde. Mit seiner schönen Fruchtnase und einer würzigen Frucht-Säureharmonie ausgestattet, ist der Zuckerrest von 150 Gramm harmonisch eingebunden. Die 1991 Chardonnay Spätlese, trocken ausgebaut, besticht durch ihre feine Säure, ist gehaltvoll und kräftig am Gaumen mit langem Zitrusfruchtabgang. Mit einem Teil des 92er Blaufränkisch wurde eine Cuvée mit der Cabernet Sauvignon-Ersternte gemacht. Die Trauben wurden gemeinsam vergoren und 12 Monate in Barrique ausgebaut. Obwohl der Cabernetanteil nur 1/3 der Gesamtmenge beträgt, kommt der typische Cabernetduft sehr stark zur Geltung. Ein leuchtendes Granatrot, mit einem kräftigen Beerenton und weichen Tanninen, eine schöne Balance von Frucht und Holz erfreuen den Gaumen. Mit seinem Pinot Blanc Kabinett 1991 ist Gerhard Fiedler auch im Österreichischen Weinsalon 1993 vertreten. Dieser feinfruchtige Burgunder ist ein ausgezeichnetes Beispiel für den Typus eines fruchtigen, eleganten Weines, wie er rund um den Neusiedlersee produziert werden kann.

Mit Weinbau- und Kellermeister ***Michael Rathmann*** und seinem Blaufränkisch stellte die Weinbaugemeinde Mörbisch 1992 den Landessieger mit dieser Sorte. Seine 6,5 Hektar großen Weinflächen sind in 40 Parzellen aufgeteilt. Ausgezeichnete Lagen sind die Rieden Goldberg, Vogelsang und Altenberg.

Oggau

Eingebettet im Ruster Hügelland liegt Oggau. In der ältesten Rotweingemeinde Österreichs gab es Funde aus der Stein- und Bronzezeit. Der Name des Ortes wurde erstmals in einer Urkunde des Jahres 1344 genannt. Die Barockkirche wurde 1727 an der Stelle einer wesentlich älteren Kirche erbaut. Heute wird neben den Oggauer Weinen sowohl der Neusiedlersee als auch der nördlich davon gelegene Weinwanderweg als Werbeträger genützt. Auf den 30 Stationen des mehr als 2 Kilometer langen Weges werden den Interessierten viele Weinbauinformationen nähergebracht.

Heute wird in Oggau auf einer Rebfläche von 380 Hektar Weinbau betrieben. Obwohl Oggau für seine Rotweinqualitäten berühmt ist, wird zur Zeit mehr Weißwein angebaut. Der Welschriesling ist führend, Neuburger, Weißburgunder und Traminer sind stark verbreitet. Bei den Rotweinsorten ist der Blaufränkische die Hauptsorte. Die Anbauflächen für Cabernet Sauvignon sind ständig im Steigen. Das Kleinklima ist geradezu ideal, 1850 Sonnenstunden stehen einem durchschnittlichen Niederschlag von 350 bis 400 mm gegenüber.

Bei den Weltausstellungen in Paris und London in den Jahren 1930 und 1932 wurde ein Oggauer Blaufränkisch, gekeltert von Andreas Kern, gegen härteste internationale Konkurrenz jeweils mit dem ersten Preis, dem Grand Prix, ausgezeichnet. Aufgrund dieser Erfolge schlossen sich vor ein paar Jahren Oggauer Winzer zu einer Gemeinschaft zusammen und bauen – strengen Richtlinien folgend – unter den Namen „Grand-Prix-Andreas-Wein" besondere Weine aus.

Aushängeschild der Gastronomie ist das Restaurant **„Dorfstube"** von Willi Reinprecht in der Hauptstraße 54, ein Vertreter der Weingasthöfe Burg-enland.

Die Lagen der Oggauer Weingärten

Die Ried Altenberg beginnt direkt am Ortsrand von Oggau und ist Süd-Ostlage mit sandigem Lehmboden, der einen hohen Kalk- und Schotteranteil aufweist. Es ist eine erstklassige Rotweinlage; Blaufränkisch, Cabernet Sauvignon und Blauburgunder gedeihen hier. Die vielen kleinen Hügel und Senken haben alle ein eigenes Mikroklima. Diese Riede geht in den Goldberg über, dessen höchster Punkt 225 Meter über dem Meeresspiegel liegt. Die Riede Humler-Mariental liegt östlich von Oggau und wurde durch einen Ruster Winzer berühmt. Die Gemeindehottergrenze verläuft durch diese Weingartenlage, wobei der größere Teil davon in Oggau liegt. Verschiedene Winzer teilen sich diese hervorragende Rotweinlage, die einen schottrig-sandigen Lehmboden mit hohem Kalkanteil aufweist. Die Riede Pratschen ist eine reine Ostlage und zum Neusiedlersee ausgerichtet. Der kalk-und sandhaltige Lehmboden eignet sich für den Chardonnay.

Als 1970 der damals 21jährige ***Franz Thometitsch*** als Praktikant bei Lafite Rothschild in Pauillac begann, konnte er noch nicht ahnen, wie sehr dieses halbe Jahr sein weiteres Winzerleben beeinflussen würde. „Vor allem das Denken, nicht nur von heute auf morgen, und das großzügige, auf Generationen bedachte Handeln imponierte mir", so Thometitsch. Und weiter: „Der geradlinige Weg sowie die Kunst, aus vielen Hunderten Fässern eine Cuvée, einen schönen, runden Wein zusammenzustellen, sollten mein zukünftiger Wegweiser für den Weinbau sein."

In der Ried Altenberg liegt ein Großteil der Rebflächen der Familie Franz und Gertrude Thometitsch. Wenn ein Weingarten besonders sorgfältig gepflegt, geradezu „aufgeräumt" ist, die Weinstöcke exakt dastehen, jeder Grashalm gekämmt und gleich lang, dann weiß man, hier ist Franz Thometitsch am Werk. Bekannt als Rotweinlage, die mit Sicherheit zu den besten dieser Region zählt, bringt die Ried Altenberg aber auch beim Chardonnay die ganze, für diese Hügellandschaft typische Kraft und Frucht zum Ausdruck. Ein Teil des Chardonnay wird gekühlt in Stahltanks vergoren, ein anderer in 600 Liter-Holzfässern mit anschließendem biologischen Säureabbau. Die beiden Vergärungsarten werden bewußt eingesetzt, um die für beide Methoden typischen Fruchtnuancen zu erzielen. Die Absicht ist, die Fruchtigkeit des Stahltankausbaus mit dem kräftigen Körper der Holzvergärung zu vereinen. Sensorisch wird mit den fertigen Weinen der jeweilige Anteil für die endgültige Cuvée bestimmt.

Der Chardonnay 1990 Barriqueausbau ist kraftvoll und reintönig, mit kräftigem Fruchtgeschmack, körperreich, mit einer jugendlich rauchiger Holznote und großem Potential. Der 91er Chardonnay Qualitätswein ist ein Paradebeispiel für die jugendlich, fruchtige Linie des Hauses. Intensiver Chardonnayduft, fein und pikant. Die Pinot Blanc Spätlese 1991 besticht durch die konzentrierten Fruchtaromen im Duft und am Gaumen.

„Für den Cabernet ist das Barrique wie geschaffen. Burgunder und Chardonnay soll man nur dann in den kleinen Fässern ausbauen, wenn man damit umgehen kann", ist Franz Thometitsch überzeugt. Sein Blauer Burgunder hat sich zu einem Geheimtip des Burgenlandes entwickelt. Bei internationalen Weinkosten würde dieser in Oggau gewachsene und vinifizierte Pinot Noir sicher den besten Vetretern der Burgund zugeordnet werden. Die 90er Pinot Noir Spätlese besitzt alles, um diesem Ruf gerecht zu werden: dunkelpurpur die Farbe mit konzentriertem Burgunderduft, mit einer feinen Eichennote unterlegt und einem anhaltend rauchigen Abgang.

Der Blaufränkische wird meist traditionell ausgebaut. So auch der Blaufränkisch Kabinett 1991, welcher 12 Monate in großen Holzfässern reifte und nun wie ein dunkler Rubin funkelt. Ein fruchtig-dichtes Aroma mit eleganter Struktur und kräftigen Tanninen und Würze zeichnet diesen Wein von Franz Thometitsch aus.

Franz Thometitsch

Als reiner Familienbetrieb wird das Weingut Marienberg in der Antonigasse 1 geführt. Die Gangart wird von ***Wilhelm Mad*** bestimmt. Der Jungfünfziger ist Absolvent der Weinbauschule in Klosterneuburg. Die Kompetenzen sind innerhalb der Familie aufgeteilt. Tochter Maria und Schwiegersohn ***Matthias Siess***, ein Weinbaumeister, kümmern sich um die Weingärten. Tochter Rafaela und ihr Mann ***Christian Händler*** sind für die Kellerwirtschaft verantwortlich. Gattin Maria und Tochter Elisabeth sind die ordnenden Hände im Haushalt.

Schon Mitte der 70er Jahre begann Wilhelm Mad sich über seine Umwelt Gedanken zu machen. Besonders die Düngung und der Pflanzenschutz in seinen Weingärten waren ihm ein Anliegen. Er begann auf Gründüngung umzustellen, die mit einer natürlichen Verkrautung zwischen den Rebreihen abwechselt, und hat sich schon recht früh mit integriertem Pflanzenschutz auseinandergesetzt. Es wurden auch alle Weingärten auf die Vertico-Erziehung umgestellt, die mehr Rebstöcke pro Hektar erlaubt und eine Schonung des einzelnen Rebstockes nach sich zieht. Insgesamt stehen heute 21 Hektar Rebfläche im Ertrag. Man legt großen Wert auf die sogenannte Punkternte. So wird zum Beispiel der Riesling früh gelesen, „um die Jugend mit ihrer Zartheit und allen ihren Finessen einzufangen", so Wilhelm Mad. Der Chardonnay und Pinot Blanc werden ab 19° KMW gelesen. „Da entwickelt der Chardonnay seine volle Mannhaftigkeit", erklärt Wilhelm Mad weiter. Überreifes und gesundes Traubenmaterial mit 20 bis 21°KMW wird für den Barriqueausbau verwendet. Dadurch gibt es von einer Rebsorte mehrere Qualitätsstufen. Der Chardonnay Classic 92 hat eine klare und saubere Fruchtfülle, und ist mit einer feinen Säure im Abgang ausgestattet. Der Chardonnay Barrique 92 wurde in Allier-Fässern vergoren, hat eine goldgelbe Farbe und einen kräftigen Zitrusduft. Ein kleiner Anteil Botrytistrauben geben dem Wein eine kräftig-elegante Fülle und ein würziges Bukett. Der Weiße Riesling 1992 hat einen feinen Pfirsichduft, ist klar und sauber vinifiziert, im Abgang aber etwas kurz.

Knapp ein Fünftel der Rebfläche ist mit Blaufränkisch bestockt. St.Laurent, Merlot, Cabernet Franc runden die Rotweinpalette ab. Auf der Ried Neugebirge wächst der Cabernet Sauvignon. Bei den Rotweintrauben wird eine rigorose Mengenbeschränkung verfolgt. Durchschnittlich werden bei den Roten 5000 kg /ha Trauben geerntet. Beim St. Laurent liegt der Ertrag gar nur bei 2500 l/ha. Je nach Qualität wird in großen Holzgebinden oder Barriques ausgebaut. Der Pinot Noir 1991 hat eine sehr schöne Fruchtbalance, ist weich und samtig und mit einem angenehm langen Abgang ausgestattet. Aus dem Blaufränkisch, St. Laurent und Pinot Noir wurde vom Jahrgang 1990 eine Cuvée zusammengestellt: Zur Zeit dominiert der Barriqueton im Bukett. Die Frucht ist noch sehr verschlossen, noch sehr jugendlich, aber mit Zukunft.

„Es geht nichts über sauberes Arbeiten." Dieser Leitspruch von ***Wilfried Wiesinger***, für jeden Weinbauern normalerweise eine Selbstverständlichkeit, wird bei den Wiesingers besonders genau beachtet. Im Jahr 1981 wurde der Betrieb übernommen. Es werden 5 Hektar Rebfläche auf 12 Parzellen bearbeitet. Zu den Rebsorten zählen Welschriesling, Weißburgunder, Grauer Burgunder, Blaufränkisch und Blauburger. Mit einer Traminer Spätlese, Jahrgang 1991, war die Familie Wiesinger im Weinsalon vertreten. Besonders stolz ist er auf eine Bouvier Trockenbeerenauslese Jahrgang 1989 mit unglaublichen 41,5° KMW. Mit sechs Personen hatten sie diesen Wein gelesen. Durch die strenge Selektion wurde nur 200 Kilogramm Traubenmaterial geerntet und vinifiziert. Der Weinbaubetrieb produziert weiters einen oxydativ ausgebauten Aperitifwein sowie einen eigenen Weinbrand.

Mehr als drei Viertel der 11 ha Rebflächen von ***Hans Reinprecht*** sind mit Weißweinreben bestockt. Die Hauptsorten sind Welschriesling und Weißer Burgunder. Der Blaufränkische wächst in der Riede Neufeldkräfte direkt hinter Oggau. Seit über 200 Jahren bewirtschaftet die Familie Reinprecht den Erbhof in der Hauptstraße 20.

Schon im Weingarten legt der Winzer großen Wert auf Ertragsbeschränkungen. Bei der Vinifizierung ist er bemüht, traditionelle Methoden mit moderner Kellertechnik zu verbinden. So werden schon seit dem Jahre 1986 einige Weine in Barriques ausgebaut. Seine Stärke ist aber die Weißweinproduktion. Mit der 1989er Weißburgunder Spätlese und dem Welschriesling 1990 war er schon zweimal bei den 200 besten Weinen Österreichs vertreten. Der Weißburgunder 1992 wirkt durch seine Frucht-Säureharmonie sehr elegant und gefällig. Der 92er Welschriesling hat ein ausgeprägtes Bukett mit viel Frucht und einen langen Abgang.

Als Weinraritäten gibt es noch zahlreiche Prädikatsweine seit dem Jahrgang 1961.

Die Jahresproduktion aus 5,7 ha Weingärten liegt bei ***Paul Fasching*** in der Hauptstraße 124 bei nur 300 hl. Er ist einer der Oggauer Winzer, die an der Ried Mariental Anteil haben. Allerdings hat er dort Welschriesling und Blauburger ausgepflanzt. Im größten Teil seiner Weingärten wachsen Weißweintrauben. Die Familie betreibt in Oggau schon seit dem Jahre 1707 Weinbau. Paul Fasching baut fast alle Weine in Holzfässern aus, und beim Blaufränkischen legt er auf eine längere Faßreife großen Wert. Mit der Weißburgunder Spätlese 1988 war die Familie 1989 im Weinsalon.

Schützen am Gebirge

Inmitten des Wulkatales und am Fuß des Leithagebirges liegt die kleine Gemeinde Schützen am Gebirge, ein typisches Schmalangerdorf mit einer kleinen barocken Pfarrkirche. Frühzeitliche Funde im Gemeindegebiet

schließen auf eine uralte Siedlung. Bereits in der älteren und jüngeren Eiszeit war die Gegend von Schützen am Gebirge bewohnt. Schon das Eisenstädter Urbar aus dem Jahre 1527 lobte die Qualitätsprodukte vom Schützener Weingebirg. Komponist Joseph Haydn besuchte, wenn er bei Fürst Esterházy weilte, gerne das nur 8 km von Eisenstadt entfernt gelegene Dorf und das Esterházysche Jagdschloß „Rendezvous". Es liegt inmitten eines über 500 Hektar großen Tiergartens und ist heute leider nur mehr als Ruine zu besichtigen.

Einen Betrieb der gehobenen Gastronomie ist das ***Restaurant Taubenkobel*** von Eveline und Walter Eselböck. Das Haubenlokal in der Hauptstraße 33 hat sich der pannonischen Küche verschrieben. Die Weinkarte ist auf burgenländische Weine abgestimmt. Eine Auswahl von Gerichten von Walter Eselböck finden Sie ab Seite 160.

Lagen und Rieden

Der oberen Teil des 225 Meter hohen Goldberg ist ein Naturschutzgebiet. Auf sehr kargem Schieferboden mit Ton und Lehm unterzogen wachsen hervorragende Blaufränkische. Die Süd-Ost-Kessellage des Seeberges ist nach Oggau ausgerichtet. Weißburgunder und Chardonnay gedeihen hier auf sandigem Lehm mit Kalkanteilen. Der Steinweingarten hat ebenfalls einen höheren Kalkanteil, sehr gut für alle Burgundersorten. Der Boden der Ried Ungerberg ist sehr sandig, der Cabernet Sauvignon erreicht hier immer um die 20 °KMW.

Heute wird auf 420 Hektar Weinbau betrieben. Allerdings sind es nur einige Winzer, die ihren Wein in Flaschen füllen und so vermarkten. Schützens Bürgermeister ***Gottfried Trucksitz,*** der in der Schulstraße 2 seinen Weinkeller hat, ist einer davon. Er hat alle im Burgenland beheimateten Rebsorten in seinem Programm, ist aber ein Weißburgunder und Muskat-Spezialist.

Der 30jährige ***Othmar Mollatz*** in der Hauptstraße 5 zählt zu den aufstrebenden Schützener Winzern. Er be-

wirtschaftet zehn Hektar Weingärten, die zu zwei Dritteln mit Weißweinreben bestockt sind. Welschriesling, Weißburgunder und Ruländer sind davon die Hauptsorten. Mit dem Weißburgunder 1991 kelterte er einen frucht- und säurebetonten Burgunder, der durch seine Frische beeindruckt.

Johann Kleinl in der Hauptstraße 139 gehört zur jungen Generation von Winzern, die sich mit radikaler Mengenbeschränkung im Weingarten rasch zu einem qualitätsbewußten Betrieb entwickelt haben. Rotweine und Prädikatsweine reifen in Holzfässern, alle Weißweine werden in Edelstahltanks ausgebaut. Eine Besonderheit des Hauses ist der „Dreikönigswein“, eine Rheinriesling Beerenauslese, die am 6.Jänner 1991 gelesen wurde.
Johann Platzer in der Eisenstädterstraße 69, der Weinbauobmann des Ortes, ist für seinen fruchtigen Grünen Veltliner bekannt.

Der oxydativ ausgebaute Traminer von ***Christine Lehner*** in der Rusterstraße 4 wird im Restaurant Taubenkobel als Aperitif empfohlen. Vom Traminer und Neuburger gibt´s es auch einige ältere Jahrgänge für Liebhaber oxydativer Süßweine.

Engelbert Prieler war einer der ersten in Schützen, der eine radikale Sortenbereinigung im Weingarten vorgenommen hat. Bei den Weißweinen ist er auf Welschriesling, Pinot Blanc und Chardonnay spezialisiert, und bei den Rotweinen auf Blaufränkisch, Cabernet Sauvignon und St.Laurent. Bei der Neuauspflanzung seiner Weingärten mit einer Gesamtfläche von 14 Hektar konnte er immer den besten Standplatz für die jeweilige Rebsorte auswählen. So gedeiht der Cabernet in der Ried Unterberg, einer Lage mit sehr sandigem Boden, in der immer ein leichter Wind weht. Um die Bodenwärme besser nützen zu können, wurde eine niedere Erziehungsform

Bild oben: Die geschnitzten Fässer des Weinkellers im Leisserhof in Donnerskirchen
Unten: Engelbert Prieler

gewählt. Gesunde Trauben mit einer optimalen Reife von 20° KMW werden alle Jahre dort geerntet - oder der Blaufränkische, der hoch oben am Goldberg wächst. Von dort hat man einen idealen Blick über den Neusiedlersee nach Illmitz und Apetlon. Es ist ein sehr karger Schieferboden; die Reben müssen tief wurzeln, um zu Wasser und Nährstoffen zu kommen. Dementsprechend kräftig und extraktreich sind auch die Weine. Außerdem sind alle seine Weingärten in einem Ring zum Betrieb in der Hauptstraße 181 angeordnet. „So kann ich ideal von einem Weingarten zum anderen fahren und diese bearbeiten", meint der innovative Winzer. So wie den Weingarten hat er auch die Kellertechnologie auf den letzten Stand der Erkenntnisse gebracht. Die Vergärung der Moste erfolgt in temperaturgesteuerten Edelstahltanks. Alle Rotweine werden einem biologischen Säureabbau unterzogen. Seihmost und Preßmost werden streng getrennt ausgebaut. Ein Teil wird in traditionellen Holzfässern ausgebaut, die gehobene Qualität kommt in Barriques. Der Chardonnay 1992 wurde mit 20° KMW gelesen, zur Gänze in neuen Barriques vergoren und reifte auf der Hefe weitere 6 Monate. Ein gelungenes Beispiel eines kräftigen Burgunders: gehaltvoll, bukettreich, trocken und doch von üppiger Fülle. Der Pinot Blanc 1990 beeindruckt durch seine frische Säure und seine Fruchtigkeit.

Von den Rotweinen wird ein Teil des Blaufränkischen, Cabernet Sauvignon und eine Cuvée aus beiden in 300 Liter Barriques ausgebaut. Der 1990er Cabernet ist noch verschlossen, hat aber einen frischen Cassisduft mit kräftigen Tanninen und einer exzellenten Fruchtkonzentration. Der Blaufränkische des gleichen Jahrganges ist rund, samtig und harmonisch mit würziger Blaufränkischfrucht am Gaumen. Die Cuvée 1991 besteht zu 60 Prozent aus Cabernet und zu 40 Prozent aus Blaufränkisch. Diese Weinkomposition wurde 12 Monate in Barriques ausgebaut und ist noch tanninbetont. Sein komplexes Bukett und sein intensiver Fruchtcharakter treten schon recht deutlich hervor.

„Die Weinbereitung ist eine Kunst für sich. Jedes Jahr ist unterschiedlich. Es beginnt schon im Weingarten bei der Traubenreife. Jedes Jahr hat seine kleinen Unterschiede in bezug auf Frucht, Säure und Zuckerwert - alles kann man später im fertigen Wein herausschmecken. Der

Gaumen jedes Weinfreundes ist der Kritiker eines jeden Jahrganges. Er beurteilt und genießt."
Mit seinem Pinot Blanc 1988 und dem Welschriesling 1990 war Engelbert Prieler schon zweimal im Weinsalon unter den besten 200 Weinen Österreichs vertreten. Mehr als 60% der Jahresproduktion wird in der gehobenen Gastronomie Österreichs verkauft.

Donnerskirchen

Mächtig stemmt sich die Kirche von Donnerskirchen an den Rücken des Leithagebirges. Mit ihrer strahlend-gelben Farbe ist sie ein sichtbares Wahrzeichen in diesem Winkel des Burgenlandes. Funde im Gemeindegebiet aus dem 5. Jahrhundert vor Christus sind Zeugen der frühen Besiedlung von Donnerskirchen. Zwei davon, das Mondidol und die Stierkopfurne zählen zu den besterhaltenen und schönsten Bodenfunden des Burgenlandes. Urkundlich erwähnt wurde die Weinbaugemeinde erstmals 1285, zum kaiserlichen Markt erhoben 1659. Die Esterházys wiederum bauten bis 1875 alle ihre Gutsweine im Keller des heutigen St.-Martinus-Winzerkellers aus.
Heute ist Donnerskirchen eine dem Zeitgeist aufgeschlossene Gemeinde. Mit einem breiten Veranstaltungsreigen setzt man touristische Akzente. Konzertzyklen wie der musikalische Weinsommer widmen sich vor allem Joseph Haydn, dem großen Burgenländer.
Man muß in Donnerskirchen auch nicht Mitglied des Golfklubs sein, um diesen Sport auszuüben. Auf der 18-Lochanlage können sich auch Anfänger versuchen. Die nötige Ausrüstung kann man sich ausleihen.
Einen wahren Blütenrausch erlebt man jedes Frühjahr zur Kirschblüte. Über weite Landstriche zieht sich ein Blütenteppich schönsten Ausmaßes.
Ein Mythos in Donnerskirchen ist der ***Leisserhof***. Und nicht nur deshalb, weil dort die burgenländischen Weinritter regelmäßig ihr Welschrieslingturnier bestreiten. Es war Freiherr Christoph Leisser, welcher 1611 dieses architektonisch wertvolle Kulturgut erbauen ließ. Joseph Haydn wiederum war es, der in diesen Mauern des öfteren „seine Seele baumeln" ließ.
Mit dem Wein war der Leisserhof von jeher behaftet. Das revitalisierte Gebäude ist heute Sitz des Burgenländischen Weinforums. Im Weindom werden ausgewählte burgenländischen Weine präsentiert sowie zum Verkosten und Verkauf angeboten. Mehr als 100.000 Flaschen lagern in der Weinbörse. Seminare, Symposien und Ausstellungen ergänzen das umfangreiche Angebot im Weinforum Leisserhof. Stilvoll wird in den Restaurants „Rotisserie" und „Vinarium" Kulinarisches dem feinen Gaumen angeboten. Das Vinarium ist dabei ein führendes Mitglied der Weingasthöfe Burgenlands. Einen festen Platz sollte die Kirschblütenweinkost im Leisserhof bekommen, wo junge, zukunftsorientierte Weinbauern einmal jährlich ihre exzellenten Produkte gesammelt vorstellen.

Leopold Sommer

Lagen und Rieden
Die Ried Bergweingarten liegt zwischen Donnerskirchen und Purbach an den Abhängen des Leithagebirges wachsen auf Glimmerschieferböden Grüner Veltliner, Chardonnay und Rheinriesling. Die Ried Hofsatz mit dem Urgesteinsboden hat ebenfalls ideale Voraussetzungen für den Grünen Veltliner. Die Riede Wolfsbach zieht sich am Waldrand in Richtung Schützen dahin; Sauvignon Blanc, Chardonnay und Blaufränkisch gedeihen hier sehr gut.

Viel Klasse zeigt das Weingut ***Leopold Sommer*** in der Johannesstraße 26 in Donnerskirchen - und das nun schon seit Jahrzehnten. Die „Handschrift" hat Leopold Sommer von seinem Vater übernommen. Die Linie der Weine wurde im Detail verfeinert, innovativ waren die Sommers aber von jeher. Es war im Jahr 1990, als der junge Leopold Sommer den seit 1698 in Donnerskirchen ansässigen Familienbetrieb übernahm. „Mein Anliegen war und ist es, den Weinen aus Donnerskirchen internationale Anerkennung zu verleihen", so Leopold Sommer. „Wenn jemand an einen Grünen Veltliner denkt, dann sieht er meist ein ganz bestimmtes Bild vor sich: die Wachau." Es ist den Südhängen des Leithagebirges mit seinem Urgestein zu verdanken, daß hier in Donnerskirchen, und nur hier, so fruchtig-elegante, finešreiche Weine wie ein Veltliner oder Riesling produziert werden, die man sonst im ganzen Burgenland nicht vorfindet und selbst in der Wachau Staunen und Begeisterung hervorrufen. „Bei gedeckten Kosten in renommierten Wiener Restaurants finden sich unsere Weine immer an der Spitze", freut sich der junge Weinbauer. In der Reihe der unzähligen Auszeichnungen seien besonders die Spitzenplazierungen im österreichischen Weinsalon erwähnt: Mit einem Riesling Kabinett 1988 und einem Rheinriesling Kabinett 1990 gab man sich im Salon 1989 und 1991 die Ehre. Mit einem Welschriesling Kabinett 1987 und einem Muskat Ottonel Kabinett 1989 stellte man in den Jahren 1988 bzw. 1990 den Salonsieger. Beim Aperitifwettbewerb kam er 1990 ins Finale. Im Weinsalon 1993 ist Leopold Sommer wieder mit seinem in der Zwischenzeit berühmten Grünen

der mit seinem in der Zwischenzeit berühmten Grünen Veltliner Jahrgang 1991 vertreten. Helles Goldgelb mit grünen Reflexen, im Duft das für den Veltliner typische feinduftige Pfefferl; trocken, leicht, mit eleganter Würze und spritziger Fruchtsäure, so präsentiert sich dieser Wein.
Leopold Sommer darf zu Recht stolz sein auf seine Produkte. „Der Urgesteinsboden und das pannonische Klima, begünstigt durch den Neusiedlersee, schaffen optimale Bedingungen. Diese werden durch naturnahen Pflanzenschutz, nützlingsschonend, mit viel Handarbeit sowie natürlicher Nährstoffzufuhr und Humusaufbau vervollkommnet", schildert der engagierte Winzer.
Die Sortenvielfalt variiert von traditionell leichten, klassischen bis hin zu oxidativ ausgebauten Weinen und wird von Zweigelt, Chardonnay und Sauvignon Blanc bereichert. Mehr als 80% seiner Weine baut der dynamische Winzer ganz trocken aus. Für ihn sind nicht die Zuckergrade ausschlaggebend, sondern die Fruchtfülle des Weines. Der Rheinriesling Kabinett 1990 hat ein reifes und kräftiges, an Pfirsich erinnerndes Bukett, mit einer rassigen Säurestruktur, elegant und nobel.

Hans Neumayer

Eine Schlüsselrolle im österreichischen Weinsalon spielt jedes Jahr der Weinbaubetrieb von ***Hans Neumayer*** in der Johannesstraße 32. Ohne Unterbrechung ist er seit 1988 Stammgast im Salon. Im ersten Jahr gleich mit zwei Weinen, einem Welschriesling und einem Chardonnay Qualitätswein. 1989 wieder mit einem Welschriesling Kabinett und im Jahre 1990 mit seinem Chardonnay Kabinett 1989. Im Weinsalon 1991 war es ein Grüner Veltliner Kabinett und zuletzt ein Riesling Sylvaner Qualitätswein Jahrgang 1991. Das feinblumige Sortenbukett des 91er wird durch einen leicht muskierenden Geschmack unterstützt, fruchtig und mild zeigt er sich am Gaumen. Mit seinen duftigen Grünen Veltlinern aus den Rieden Hofsatz und Bergweingarten, mit Sauvignon Blanc und Chardonnay hat er bisher seine größten Erfolge verzeichnen können. Diese Weine sind auch immer sehr schnell ausverkauft.
Als knapp 30jähriger übernahm Hans Neumayer 1985 den Betrieb von seinen Eltern. Der Obmann des Absolventenvereins der Weinbauschule in Eisenstadt machte 1979 seine Meisterprüfung. Das Eingehen auf die Natur spiegelt sich bei Hans Neumayer besonders im integrierten Pflanzenschutz wider. Biologisch arbeiten sind für den mit Leib und Seele dem Weinbau verschriebenen Winzer keine leeren Worte „Der Wein ist und bleibt ein Produkt der Natur. Er braucht viel Zeit und Liebe, um vollkommen reifen zu können", hört man aus der Lebensphilosophie von Hans Neumayer. Ein Spiel der Natur war wohl auch der Bouvier von Vater Johann Neumayer, der im Jahr 1969 zu unglaublichen 56° KMW reifte.
Bedingt durch seine naturbetonte Einstellung sind auch die Erträge im Hause Neumayer relativ gering. Beim Welschriesling liegen sie um die 6.000 l/ha, beim Chardonnay noch weit geringer, da werden nur 3.800 l/ha geerntet. Bei diesen geringen Lesemengen wundert es nicht, daß von 8 ha Rebfläche nur 25.000 Flaschen jährlich produziert werden. Gelesen werden alle Trauben händisch, und dabei wird noch genau selektioniert, um nur optimal reife und gesunde Trauben zu ernten. Wenn die Trauben zur Vinifizierung in den Keller kommen, wird zuerst sehr schonend gepreßt, der Jungmost sofort stark entschleimt, bevor er recht kühl in temperaturgesteuerten Edelstahlgebinden vergoren wird. Ausgebaut werden die Weine aber rund 8 Monate in traditionellen Holzfässern. Um die Fruchtigkeit der Weißweine zu erhalten, werden sie möglichst früh in Flaschen gefüllt. Der 92er Chardonnay besticht durch seine feine fruchtige Würze und dem ausgewogenen Frucht-Säurespiel. Er ist sehr ausdrucksvoll und ausgewogen. Dieser klassische Chardonnay wird sich in den nächsten Jahren sicherlich zu einem der ganz Großen dieser Region entwickeln.
An Rotweintrauben wurden erst kürzlich Blaufränkisch, Zweigelt und Cabernet Sauvignon ausgepflanzt, die aber erst in Vollertrag kommen werden.
Hans Neumayer leitet auch eigene Weinseminare. Zum Programm gehören dabei genauso das Verkosten von Vinothekraritäten als auch das Begehen und Studieren der verschiedenen Weingärten.

In der Hauptstraße 50 ist seit dem Jahre 1741 der Erbhof der Familie Bayer beheimatet. ***Josef Bayer*** bewirtschaftet zur Zeit 15 Hektar Weingärten mit Welschriesling, Grünem Veltliner, Pinot Blanc und Chardonnay bestockt. Ein Viertel der Fläche ist mit Blaufränkisch und Zweigelt bepflanzt, der zu einem Teil traditionell und zum anderen in Barriques ausgebaut wird. Die Barrique-Blaufränkischen reifen zwei Jahre, bevor sie in den Verkauf kommen. Der Schwerpunkt der Produktion liegt aber bei den trockenen Weißweinen; mit dem Muskat Ottonel 1987 und dem Pinot Blanc Kabinett 1989 war er schon zweimal im österreichischen Weinsalon vertreten. Mit dem Jahrgang 1989 wurde auch erstmals ein Blaufränkisch im Barrique ausgebaut, der zwei Jahre

Während sich die Frauen anscheinend um die wichtigen Arbeiten kümmern, genießen die Herren das Nachmittagsplauscherl.

in den kleinen Fässern reifte. Er ist mit kräftigen Brombeertönen ausgestattet, kraftvoll-fruchtig am Gaumen und mit weichen Tanninen im Abgang. Eine weitere Spezialität des Hauses ist der Erbhof Aperitif, eine kräftige Welschriesling Auslese, die im Holzfaß oxidativ ausgebaut wurde.

Seit 1789 lebt die Familie Liegenfeld in Donnerskirchen und betreibt seit damals Weinbau. ***Andreas Liegenfeld*** bewirtschaftet das Familienweingut in der Bergstraße 5. Auf knapp einem Viertel seiner 11,5 ha Weingärten, auf den Urgesteinsböden am Südhang des Leithagebirge wächst sein Welschriesling . Die Urgesteinsböden sind für fruchtbetonte und säurereiche Weißweine besonders geeignet. Mit dem Welschriesling 1990 war er schon unter den besten 200 Weinen Österreichs vertreten. Er konnte diesen Erfolg mit dem Welschriesling 1991 wiederholen. Der 91er hat einen extrem fruchtigen Duft und einen pikant, prickelnden Geschmack. Während die Weißweine temperaturkontrolliert vergoren werden, bevorzugt der junge innovative Winzer beim Blaufränkisch die offene Maischevergärung und den Ausbau in heimischen Eichenfässern. Besonders reife und fruchtige Pinot Blanc und Blaufränkische läßt er auch in Barriques reifen.

Etwas außerhalb des Ortskernes von Donnerskirchen liegt auf einer kleinen Anhöhe in der Badgasse 18 das Haus von ***Julius Karner***. Die Familie bewirtschaftet 13 ha Weingärten mit Welschriesling, Rheinriesling und Grünem Veltliner. Seit Beginn des österreichischen Weinsalons im Jahre 1988 ist die Familie Karner jedes Jahr mit einem anderen Weißwein darin vertreten. Zuerst war es ein Grüner Veltliner, dann ein Welschriesling 1989, und 1990 wurde er mit einem Rheinriesling Kabinett Salonsieger. 1992 war es wieder ein Welschriesling Kabinett, der die Weinehre des Burgenlandes bei diesem österreichweiten Weinbewerb vertrat. Dieser zartgelbe, reintönige und fruchtige Welschriesling ist ein Paradebeispiel für die Donnerskirchner Urgesteinsweißweine.

Purbach

Keine Berührungsängste mit den Türken hat die Gemeinde Purbach, zwischen den sonnigen Hängen des Leithagebirges und dem Neusiedlersee gelegen. Der Purbacher Türke, eine guterhaltene uralte Steinstatue auf einem Schornstein, soll an einen türkischen Krieger er-

innern, welcher den Abmarsch seiner Truppe im Rausch verschlief. Ein Gedicht ist dieser Skulptur gewidmet: „Als Purbach von dem Feind befreit,/ verschlief ein Türk' die Abmarschzeit. Voll Angst und edlem, schwerem Wein,/ kroch in den Rauchfang er hinein!"

Die dicken Wehrmauern oder das Türkentor sind weitere Zeugen der bewegten Vergangenheit von Purbach. In Purbach wird seit der Römerzeit Weinbau betrieben, aus dem Jahr 1272 stammt die erste urkundliche Erwähnung. Nach 1350 blühte der Weinbau durch die Zisterzienser-Mönche auf. Sie bepflanzten etwa 20 Joch Grund an den Hängen des Leithaberges. Das war auch der Grundstock für die heutigen Weinbauflächen.

Nostalgisch reihen sich in der Kellergasse die alten Weinkeller der Purbacher Winzer aneinander. Sie üben noch heute die ihnen zugedachte Funktion aus. Die Keller wurden in den Jahren 1870 bis 1875 erbaut. Sie sind großzügig gestaltet und wurden tief in die Erde getrieben.

Ein eigenes Kapitel schreibt die ***Nikolauszeche*** von Uwe Kohl, ein Haubenlokal in der Bodenzeile 3. Küchenchef Ewald Zarfl fühlt sich besonders der regionalen Küche verpflichtet. Die Nikolauszeche diente einst als Bethaus der Katholiken und Evangelisten. Ein weiteres gutes Haus ist der ***„Purbacherhof"*** der Familie May. Es bietet mit seiner gediegenen Atmosphäre jeden Komfort eines modernen Beherbergungsbetriebes.

Rieden und Lagen

Derzeit verfügt Purbach über rund 400 Hektar Rebflächen; die besten Rieden liegen zwischen Purbach und Breitenbrunn. Der Boden dieser 80 Hektar großen Parzelle besteht aus stark muschelkalkhaltigen Schichten.

Man kann sich bei **Reinhold Schwarz** von der ersten Begegnung an nicht dem Gefühl entziehen, es mit einem Weinfan zu tun haben, der von seinen Vorfahren die Liebe und Ausdauer geerbt hat, diesen harten Lebensweg zu beschreiten. Mit großer Übersicht führt er sein Weingut Kloster am Spitz und das angeschlossene Restaurant, mit dem Purbach über ein weiteres weingastronomisches Zentrum verfügt. Der enthusiastische Winzer ist für seine perfekte Organisation bekannt. Sein Anwesen umfaßt zehn Hektar Weingärten, die zu 80 Prozent oder acht Hektar mit Rotweinsorten bestockt sind. Im Ertrag stehen Blaufränkisch, Zweigelt, Cabernet Sauvignon und Blauer Burgunder. Den Hauptanteil bei den Weißweinsorten hält der Chardonnay.

Die Weingärten stehen in den Rieden Eisner, Heide und Goldberg, zwischen Purbach und Breitenbrunn. Der größte Teil seiner Lagen befindet sich an den Abhängen des Leithagebirges. „Unsere beste Riede weist einen Höhenunterschied von zwei Kirchturmhöhen auf. Das entspricht etwa 70 bis 80 Meter. Das Interessante dabei ist, daß es zwei verschiedene Reifegradationen im selben Weingarten gibt", weist so Reinhold Schwarz auf die schwierigen Bedingungen in seinen Weingärten hin.

„Am oberen Punkt haben die Trauben bis zum Zeitpunkt der Lese einen überdurchschnittlich hohen Säurewert von 8‰. Extrem süß werden die Trauben im unteren Teil des Weinberges." Der Zeitpunkt der Lese ist unter solchen Voraussetzungen sehr wichtig. Ein Teil des Chardonnays wächst in einer besonders seltenen Lage. Der Untergrund besteht aus einer Schicht verwitterten Muschelkalkbodens. „Wir bezeichnen unseren besten Chardonnay auch als Muschelkalk-Chardonnay", erklärt uns Reinhold Schwarz und fährt sofort weiter: „Der Boden besteht praktisch nur aus Felsbröckerln. In trockenen Jahren bereitet der Boden manchmal Probleme. In feuchten Jahren spielt diese Lage alle ihre Vorteile aus. Das Ergebnis sind dichte, fruchtige und säurebetonte Weine, – aber mit weichen Säuren. Erzeugt werden traditionelle und barriquesausgebaute Weine. Die handgelesenen Trauben werden in geschlossenen Edelstahltanks vergoren. Bei den Rotweinen erfolgt ein biologischer Säureabbau. Herausragend in der Produktpalette ist eine

Rotwein-Cuvée aus den Sorten Blaufränkisch, Cabernet Sauvignon und Merlot, welche alle in Barriques ausgebaut werden. Reinhold Schwarz ist einer der begabten Winzer, die über exzellente, technische Fähigkeiten verfügt. Er ist auch einer, der ständig an sich arbeitet. „Profitiert habe ich sicherlich auch von meinen unzähligen Reisen in die verschiedenen Weinbauländer Europas und auch nach Kalifornien", sagt der Winzer.
Reinhold Schwarz ist auch ein exzellenter Koch. Auf der Speisenkarte seines Restaurants stehen eine Reihe von pannonischen Gustostückerln. Der Bogen der Gaumenfreuden reicht vom Fischsülzchen mit Paprikavinaigrette auf Blattspinat über Terrine, vom Kapaun mit Früchten bis hin zu Räucheraal mit Toast, glacierte Kalbsleber mit rosa Pfeffer und Risotto oder Rostbraten mit Rotweinzwiebeln, Zwetschken und Schupfnudeln. Dazu werden die hauseigenen Weine angeboten. Lobenswert soll erwähnt werden, daß man im Weingasthof Am Spitz Weine auch glasweise aus der 0,7-l-Flasche ordern kann. So eine Welschriesling-Spätlese 1988, die ganz trocken ausgebaut wurde und ein intensives Fruchtbukett ins Glas bringt. Der Chardonnay 1991 gefällt mit seiner noblen Duftnase, seine Zitrustöne im Bukett mit der feinen Textur verschaffen ein Trinkvergnügen.

„A Goasfuida mit an Schofkas" oder „a Balatschingn mit a Fleischfü und a Babrigaramsous." Schmunzelnd hält man die originell gestaltete Speisekarte mit all ihren bodenständigen Gerichten im Restaurant von ***Paul*** und ***Maria Braunstein*** in der Hand. Der kulinarischen Thematik scheinen in Pauli's Stuben keine Grenzen gesetzt zu sein. Bei der Menügestaltung wird darauf geachtet, daß das Essen mit den Weinen harmoniert. Zu empfehlen sind die gebundene Weinsuppe sowie der ausgezeichnete Bohnenstrudel. Dazu passend der eigene Welschriesling. Den Restaurantbetrieb leitet Maria Braunstein gemeinsam mit Sohn Paul. Es ist berühmt für seine bodenständige Küche, besonders für die verschiedenen Strudelarten. Die Chefin des Hauses verrät uns ihr Rezept für den Bohnenstrudel.

Zutaten für den Bohnenstrudel:

Teig:	*½ kg Mehl*
	¼ l Wasser
	5 dag Öl
	eine Prise Salz
Füllung:	*1 kg gekochte, weißeBohnen*
	1 Zwiebel
	15 dag geschnittene Semmeln
	Salz, Pfeffer, Majoran

Die Zutaten vermengen, den Teig gut durchkneten und rasten lassen, in der Zwischenzeit die Füllung zubereiten.
Zwiebel klein schneiden und anrösten; geschnittene Semmeln und Bohnen (ohne Wasser) dazugeben, mit den Gewürzen abschmecken.
Den Strudelteig dünn ausziehen, die Füllung auf dem Teig verteilen und einrollen. Es sollen handgroße Stücke abgedrückt

Maria und Paul Braunstein und Paul Junior

und die Enden wieder mit Teig zusammengeklebt werden. Diese Stücke dann im schwimmenden Fett herausbacken.

Die Gangart im Weinbau bestimmt Paul Braunstein sen. Unterstützt wird er dabei von Tochter Birgit. 10 Hektar umfaßt die Rebfläche, die je zur Hälfte mit Weißwein- und Rotweintrauben bepflanzt sind. „Unsere Weine werden aus Überzeugung und aus Prinzip ausschließlich trocken ausgebaut", so Paul Braunstein. Die Weißweine werden von der fruchtig-frischen Säure dominiert. Es wird immer darauf Bedacht genommen, den besonderen Charakter der einzelnen Rebsorten zu erhalten und zu forcieren. Die Rotweine werden in geschlossenen Stahltanks vergoren. Diese vollen, dichten Weine erzielen ihre Reife durch eine einjährige Holzfaßlagerung.

„Gehaltvolle und besonders extraktreiche Weine werden bei uns ein Jahr lang in Barriquefässern, Allier und Limousin, ausgebaut. Dadurch erhalten die Weine den typisch weichen Vanilleton", setzt Paul Braunstein fort. Mit dem Welschriesling konnte der Purbacher Winzer schon mehrmals auf sich aufmerksam machen. Er gewann das alljährlich stattfindende Welschriesling-Turnier der Burgenländisch-Pannonischen Weinbruderschaft genauso, wie er mit seiner Paradesorte schon zweimal im Österreichischen Weinsalon damit vertreten war. Der 92er Welschriesling hat eine zartgrünlich-gelbe Farbe mit einer würzigen, fruchtig-grasigen Note. Er ist vollmundig und mit einer feinen Säure ausgestattet. Der Pinot Blanc Jahrgang 1992 mit 12 Vol.% Alkohol ist sehr gehaltvoll und fruchtbetont. Die pikante Säure ist harmonisch integriert. Der sehr fruchtige Abgang hält lange an.

Der typische burgenländische Langstreckhof, in dem der Weinkeller untergebracht ist, wurde von der Familie geschmackvoll restauriert. Der ehemalige Heustadel wurde ausgebaut und ist nun ein idealer Rahmen für pannonische Feste.

Am Beginn der Kellergasse ist das ***Weingut Sandhofer***. Eingebettet zwischen den alten Kellern, wird das Gut als Familienbetrieb geführt. Seit mehr als 300 Jahren im Besitz der Familie Sandhofer, bewirtschaftet Ing. Michael Sandhofer gemeinsam mit seinem Sohn Hubert 11 Hektar Weingärten mit einem durchschnittlichen Ertrag von 60.000 Liter. Die Basis für den heutigen Betrieb setzte der Großvater, welcher in den zwanziger Jahren nach Amerika auswanderte, dort nicht Fuß fassen wollte und 1927 in Purbach einen Weingarten anlegte. Dieser Weingarten, ein alter Mischsatz, steht noch heute im Ertrag. In den sechziger Jahren wurde ein Weißburgunder ausgepflanzt, der sich später als Chardonnay entpuppte. Die Weine der Familie Sandhofer werden in den Kellern der alten Kellergasse gelagert, welche mit dem Weingut unterirdisch verbunden sind. Als Besonderheit pflegt Ing. Michael Sandhofer auch den Ausbau eines Hubertusweines, zu dem er sich als Jäger besonders verpflichtet fühlt. Es ist eine Cuvée aus 50 Prozent Neuburger und Chardonnay, die zum Hubertustag am 3. November gelesen und süß ausgebaut wird. Die Rebsorten zu dieser Cuvée sind nicht jedes Jahr gleich. Die grundsätzliche Linie der Sandhofer Weine ist leicht auf einen gemeinsamen Nenner zu bringen: feine Frucht mit einem klar und sauber definierten Sortenbukett. Der fruchtige Welschriesling-Jahrgang 1991 ist ein typischer Vertreter dieser Linie. Der 91er Traminer ist sehr fruchtintensiv am Gaumen, ganz trocken ausgebaut und mit einem langanhaltenden Abgang ausgestattet. Wenn es das Jahr erlaubt werden auch Eisweine geerntet. So wurde am 27. Dezember 1991 bei -12° Celsius Außentemperatur die Trauben für einen Goldburger Eiswein mit 34° KMW gelesen. Über sechs Wochen dauerte die Gärung; jetzt beeindrucken die intensiven Birnenduftaromen besonders. Dieser Eiswein ist überaus frisch und harmonisch und wird schön langsam bis zum Jahr 2005 zu seinem Höhepunkt reifen.

An der Vorderseite des alten Hauses der ***Familie Weiß*** in der Schulgasse 9 erkennt man schwer, was einem hinter dem großen Tor erwartet. Der romantische Innenhof mit seinen Stiegenaufgängen, Arkaden, einer alten Holzpresse und das Grün der Bäume und Sträucher sind Zeugen des Lebensstils der Brüder Johann und Paul Weiß. Am Dach des Hauses begegnet man dem Wahrzeichen des Ortes, dem Purbacher Türk'. Der müde Krieger hatte sich einst vor den Ortsbewohnern in den Kamin dieses Hauses verkrochen. Die Purbacher ließen damals den Türken am Leben und bekehrten ihn zum Christentum. Die Steinstatue am Dachkamin erinnert noch an diese Geschichte.

In den alten Mauern ist weiters ein Restaurant untergebracht, welches Paul Weiß führt. In den Gasträumen haben sich auch Schwalben eingenistet und ziehen dort ihre Jungen groß. Regelmäßig gibt es im Heurigenrestaurant Hausmusik mit Geige und Harmonika.
Johann Weiß und seine Familie kümmern sich um den Weinbaubetrieb. Es werden sieben Hektar Rebfläche, aufgeteilt auf 13 Parzellen in den Purbacher Rieden Finkenberg, Eisner und Prinzen bearbeitet. Der Schwerpunkt der Produktion liegt am Weißweinsektor. Der Grüne Veltliner macht fast ein Viertel der Gesamtproduktion aus, gefolgt vom Welschriesling und Chardonnay. Kleinere Parzellen sind mit Traminer, Ruländer, Neuburger und Müller Thurgau bestockt. Mit dem Grünen Veltliner war Johann Weiß schon dreimal im österreichischen Weinsalon vertreten. Einmal mit dem Jahrgang 1988 und zwei Jahre später mit dem Veltliner Qualitätswein 1990. Mit dem Muskat Ottonel Kabinett 1991, ein hellgoldgelber fein-würziger Wein, der einen fruchtig-eleganten Muskatton hat, ist er im Weinsalon 1992/93 vertreten. Damit die Weißweine ihre Frische und Eleganz erhalten, werden diese schon recht früh, meist gegen Ende des Winters in Flaschen gefüllt. Obwohl Johann Weiß mit seinen Weißweinen viel Erfolg hat, gilt seine eigentliche Liebe seinen Roten, dem Blaufränkisch und St. Laurent. Beide Rebsorten werden in traditioneller Art in Holzfässern ausgebaut.

Was in Kalifornien gang und gäbe ist, praktiziert in Purbach ***Dr. Hans Bichler***. Der gebürtige Tiroler und Rechtsanwalt in Wien kultiviert seine rund 2,5 Hektar großen Weingärten, während die geernteten Trauben von Josef Leberl in Großhöflein gekeltert werden. Verarbeitet wird nur hochwertiges Traubengut.
Die Lagen des Weingutes befinden sich in den Rieden Haussatzen und Heide. Kultiviert werden die Sorten Blaufränkisch, Blauer Burgunder, Cabernet Sauvignon sowie Pinot Gris, Chardonnay und Weißburgunder.
Bei der Weingartenarbeit wird auf exakte Laubarbeit hohen Wert gelegt. Das Ausdünnen nimmt Dr. Bichler selbst vor. Für diese Arbeit ist es schwer, jemanden zu engagieren. Das Argument der alten Winzer „Was der Herrgott hat wachsen lassen, soll man hängen lassen" ist noch zu stark verwurzelt. Der Zeitpunkt der Lese wird auf die Zuckergradation und Säurewerte der Trauben abgestimmt. Der durchschnittliche Ertrag pro Hektar liegt zwischen 3000 und 3500 Liter.
Der Ausbau der Weine erfolgt durch den Önologen Josef Leberl. Weißweine werden seit Beginn der 90er Jahre in Barriques vergoren. Verwendet wird das Holz der Allier-Eiche. Die Jahrgänge 1988 und 1989 wurden in großen Gebinden vergoren und anschließend in Barriques ausgebaut. Seit 1992 wird auch bei Weißweinen ein biologischer Säureabbau durchgeführt. Die Pinot Gris Spätlese 1991 ist intensiv bernsteinfarben; kräftig und säurebetont mit hoher Extraktsüße, zur Zeit noch verschlossen, aber mit großer Zukunft. Der Blaufränkisch

1991 ist ein schlanker, charmanter und fruchtiger Typus, mit harmonisch eingebundenen Tanninen; mit sehr fruchtigem Abgang. Die Weine des Rechtsanwaltes haben in den besten Restaurants Eingang gefunden. Eines der vielen Restaurants, die Bichler-Weine führen, sind die „Drei Husaren" in Wien.
In der Sätzgasse 13 ist der Weinhof von ***Josef und Purgi Leidl*** die mit ihrem Neuburger Qualitätswein 1991 in den Kreis der besten 200 Weine Österreichs im Jahre 1992 vertreten ist. Goldgelb; mit einem zart fruchtigen Spätlesecharakter und intensivem Mandelgeschmack ausgestattet. Die Säure ist dezent eingebunden.

Breitenbrunn

Weit sichtbar ist das Wahrzeichen von Breitenbrunn, der mehr als 30 Meter hohe weiße Wehrturm aus dem 17. Jahrhundert. Im Volksmund nennt man ihn „Türkenturm" oder „Pranger". Diente er einst als Bollwerk gegen die vielen kriegerischen Einwirkungen, so ist heute im Wehrturm ein Museum untergebracht. Eine Reihe von alten Bauwerken läßt erahnen, welchen Stellenwert Breitenbrunn einst einnahm. Neben sakralen Bauten wie der barocken Pfarrkirche aus dem Jahre 1674 oder einer einfachen Kreuzkapelle aus dem Jahr 1725 stehen in Breitenbrunn noch viele Häuser, deren Ursprung bis ins 16. Jahrhundert reicht. Im Gesamtbild dürfen natürlich die idyllischen „Kellergassen" nicht unerwähnt bleiben. Breitenbrunn entwickelte sich in den letzten Jahren zu einer gut ausgebauten Fremdenverkehrsgemeinde, die ihren Gästen am Neusiedlersee vieles zu bieten hat.

Die Kellergasse von Breitenbrunn

Winden

Inmitten eines Landschafts- und Naturschutzgebietes liegt Winden. Hier wurde die älteste römische Weinpresse Österreichs gefunden. Weit über die Landesgrenzen hinaus bekannt wurde der Ort, als man Mitte der zwanziger Jahre am nahen Zeilerberg eine Naturhöhle entdeckte, in der man ein mehr als 30.000 Jahre altes Skelett eines eiszeitlichen Höhlenbären fand.
In Winden gibt es zwei markante Kellerviertel, die „Lehmgrubenkeller" und die „Kirchbergkeller", auch „Bergkeller" genannt. Einer der sehenswertesten Keller dieses Viertels ist der Herrschaftskeller des Stiftes Heiligenkreuz. Von hier aus haben schon die Zisterzienser während der Zwischenkriegszeit ihren Wein bis nach Amerika exportiert.

Leo Hillinger

Jois

Eine alte Weinbaugemeinde mit einer bewegenden Geschichte ist Jois. Im Laufe der Jahrhunderte wechselt die Schreibweise des Ortes. Über Nyulas, Jews, Nywlas, Geusz, Joss, Gyös bis zum heutigen Jois reicht der Bogen der Namen. Wie Rust und Neusiedel bekamen auch die Weinbauern von Jois von Königin Maria von Ungarn 1524 das Privileg zugesprochen, in ihre Fässer ein „G" zu brennen (Jois hieß damals Geusz) um sich dadurch die Durchfuhrzölle für ihre Weinexporte nach Schlesien, Böhmen, Mähren, Polen oder Bayern zu ersparen.

Lagen und Rieden

Die Ried Jungenberg ist ein Hügel nach dem Ortsbeginn von Jois in Richtung See ausgerichtet mit Schieferuntergrund. Ein großer Teil der Joiser Weingärten befindet sich über der Bundesstraße an den Abhängen des Leithagebirges, die Böden sind dort eine Kalk-Lehm-Mischung mit stark lehmigem Untergrund, der sehr gut die Bodenfeuchtigkeit speichert.

In der Weinbauregion von Jois sorgt ein junger Weinbauer immer wieder für Aufsehen: ***Leo Hillinger*** aus der Unteren Hauptstraße 35. Mit Jazz-Brunch und klassischen Konzertzyklen bringt er etwas Kultur in sein altes Weingut. Angeschlossen an den Weinbetrieb ist ein Heuriger, den seine Schwester Martha Weissgerber führt. Für Nichtraucher wurde eine eigene Stube eingerichtet. Wie in früheren Zeiten ging der junge Winzer auf die „Walz". Der Weg führte ihn über verschiedene Betriebe in der Bundesrepublik bis nach Kalifornien, wo er bei Walter Schug im Napa Valley arbeitete. Mit 25 Jahren übernahm dann Leo Hillinger 1992 das Weingut. Insgesamt werden die Trauben von 15 ha Weingärten verarbeitet. Bei den Weißweinen hat der Chardonnay den größten Anteil, gefolgt von Pinot Blanc, Sauvignon Blanc und Welschriesling. An Rotweinen werden Blaufränkisch und St. Laurent gekeltert. In seinem alten Weinkeller, einst im Besitz von Erzherzog Johann, finden sich ideale Bedingungen für das Keltern der Weine, die er auch als Cuvée vermarktet. So gibt es eine geglückte Vereinigung des 92er Chardonnay. Die Trauben wurden mit zwei verschiedenen Reifegraden gelesen. Einmal mit 15° KMW, das andere Mal mit 21° KMW; die Cuvée aus beiden Weinen ist eine Symbiose von Kraft, Frucht und unterstützender Säure. Bei der Vinifizierung der Rotweintrauben ist Leo Hillinger von der Ganzbeerenvergärung überzeugt. Etwa 20 % der Erntemenge wird so vergoren, der Rest vier Wochen in einem Rototank. Durch diese teilweise Ganzbeerenvergärung erhalten die Weine eine intensivere Fruchtfülle, wie der St. Laurent Barrique 1990, der eine intensive Fruchtnase mit einem eleganten, fruchtigen Körper und integrierten Tanninen aufweist. Der Blaufränkisch 1990 besticht durch seine Fruchtherbe und seinem kräftigen Körper.

Le Figaro" heißt es auf der Etikette eines Cabernet Sauvignon Jahrgang 1990 von ***Ernst und Veronika Winter***. Während der Charakter dieses Weines aus jedem Blickwinkel leicht erkennbar ist, liegen die Gründe in der Namensgebung dieses Weines auf einer anderen Ebene. Der Urgroßvater von Ernst Winter war Taglöhner. Mit dem Weinbau am Rande zu tun hatte der Vater von Ernst Winter. Er war ein gelernter Frisörmeister mit einem eigenen Geschäft in Jois. An seinen freien Tagen bearbeitete Josef Winter aber regelmäßig zwei bis drei Weingärten. Ernst Winter erlernte nicht nur wie sein Vater den Beruf eines Frisörs, er erbte auch die Liebe zum Weinbau. Und als Josef Winter in den Ruhestand trat und das Geschäft seinem Sohn übergeben wollte, sperrte dieser den Frisörladen kurzerhand zu und widmete sich fortan nur mehr dem Weinbau. Die Rieden der Familie Winter liegen allesamt an den Hängen des Leithagebirges. Die Hälfte der 7,5 Hektar Weingärten sind mit Rotweinreben bestockt. Blaufränkisch, Zweigelt, Cabernet und Pinot Noir gedeihen in der Ried Jungenberg, Lange Ohn und Freudshofer. Die Rotweine wurden bis zur Ernte 91 klassisch in offenen Bottichen vergoren, ab 1992 kamen sie in gekühlten Edelstahltanks zur Vinifikation. Ausgebaut wird in Holzfässern und gebrauchten Barriques. Der Zweigelt 1990 ist fruchtig, samtig und mild. Der Cabernet Sauvignon wurde 1990 reinsortig ausgebaut, die Jahrgänge 1991 und 1992 als Cuvée. Mit seinem Zweigelt-Rosé war Ernst Winter schon zweimal im Österreichischen Weinsalon vertreten. 1991 schaffte er auch mit dem Grünen Veltliner diese Auszeichnung. Alle Weißweine, wie Neuburger, Welschriesling, Grüner Veltliner, und der Müller Thurgau kommen prinzipiell zur kontrollierten Vergärung in Edelstahltanks. Wert legt der jetzt weinbautreibende Figaro auf fruchtige Weiß- und kräftige Rotweine.

Hinter der Haydngasse 1 in Jois verbirgt sich ein großzügig gestalteter Innenhof, das Zuhause der Familie ***Willi und Erika Kiss***. Die Weinbauschule Krems besucht derzeit Sohn Ronald. Mit einem ungewöhnlichen Geburtstagswunsch trat vor einiger Zeit der Junior an seine Eltern heran. „Er wollte unbedingt mit dem Ausbau von Barrique-Weinen beginnen und wünschte sich Barrique-Fässer. Heute sind wir glücklich darüber, daß wir ihm seinen Geburtstagswunsch erfüllten", lacht Erika Kiss. Die in Barriques ausgebauten Weine zeichnen sich durch eine große Fruchtkonzentration und weichen Tanninen aus. Der Weinlinie der Familie Kiss wird durch Sohn Ronald in der nächsten Zeit wohl eine neue Handschrift bekommen. Der Blauburger 1991 ist ein leichter, fruchtiger Vertreter dieser Rebsorte.

Der Edelhof auf dem Hauptplatz 6 wird von ***Leonhard Wetschka*** geführt. Auf einer Rebfläche von fünf Hektar werden fast ausschließlich Weißweinsorten kultiviert. Die Hauptsorten sind Welschriesling, Grüner Veltliner, und Muskat-Ottonel. Den Einzug unter die besten 200 österreichischen Weine schaffte der Edelhof 1991 mit einem Müller-Thurgau Jahrgang 1990.
Eine reine Familienangelegenheit ist der Weinbau für die Familie ***Werner Auer*** in der Unteren Hauptstraße 63. Das Vater-Sohn-Gespann bewirtschaftet rund neun Hektar Weingartenfläche an den Südhängen des Leithagebirges. Der überwiegende Teil der Anbaufläche ist mit Traminer bestockt. Als Weinspezialität wird ein weiß gekelterter Blaufränkisch Jahrgang 1991 angeboten. In der breiten Produktpalette finden sich zahlreiche Prädikatsweine. Im österreichischen Weinsalon 1991 war das Duo mit einem Rheinriesling Qualitätswein Jahrgang 1990 vertreten.
Das Weingut von ***Andreas Steurer*** besitzt bestens gelegene Weinberge in verschiedenen Lagen vom Neusiedlersee-Hügelland. Der Weinbaubetrieb in der Unteren Hauptstraße 6 bewirtschaftet eine Weingartenfläche von rund acht Hektar. Es war im Jahr 1989, als ein Muskat Ottonel Qualitätswein Jahrgang 1988 unter die besten 200 Weine Österreichs gereiht wurde. Zartgelb, fruchtig, duftig, mit ausdrucksvollem Muskat-Bukett, elegant mit schöner Frucht-Säurebalance.

Neusiedl am See

Der Ort, der dem Neusiedlersee seinen Namen gab, liegt am Beginn der Seewinkel-Weinstraße. Urkundliche Nennungen Neusiedls finden sich im Jahre 1209 als „villa Sumbotheil" und 1282 als „Nuisidel". Neben Rust und Jois erhielten auch die Neusiedler Winzer am Beginn des 16. Jahrhunderts das Recht, ihre Fässer zu kennzeichnen. Die mit einem „N" eingebrannten Holzgebinde fanden damals den Weg bis an die britische Hoftafel. 1926 wurde Neusiedl auf Grund seiner wirtschaftlichen Stellung zur Stadt erhoben. Sehenswert ist die katholische Pfarrkirche mit ihrer bemerkenswerten Fischerkanzel und einer Darstellung der Seepredigt.
Neben dem Weinbau spielt der Fremdenverkehr eine große Rolle. Durch den Neusiedlersee, den man über eine 2 km lange Dammstraße durch den Schilfgürtel erreicht, sind natürlich viele Wassersportmöglichkeiten gegeben. Fauna und Flora des Neusiedlersees kann man im Seemuseum näher kennenlernen.

Rieden und Lagen

Die Ried Lange Ohn ist ein 500 m langer Südhang östlich von Jois in Richtung Neusiedlersee gelegen. Der Boden besteht teilweise aus Urgestein mit starken Lehmanteilen. Dort gedeihen alle Rebsorten, Chardonnay und Welschriesling erzielen überdurchschnittliche Reife. Die Ried Stümpfl schließt an die Lange Ohn direkt an und hat einen steinreichen Lehm-/Lößboden. Tiefer findet sich Urgestein. Durch einen Feldweg sind die Riede Stümpfl und Neuberg getrennt. Die 50 Hektar große Riede ist die älteste Neusiedler Weingartenfläche. Die großflächige Steigung bietet sowohl für Rotals auch Weißweintrauben optimale Bodenbedingungen. Traminer, Rheinriesling, Blaufränkisch und Zweigelt reifen optimal aus.
Nördlich des Ortszentrums liegt die 20 Hektar große Ried Kirchberg; der Oberboden ist fast reine Braunerde, der Unterboden Lehm, der gut feuchtigkeitshaltig ist. Blaufränkisch und Burgundersorten schätzen diesen Standplatz.
In Richtung Wien liegt die Ried Zuckermandl, die einst ein Steinbruch war. Weißburgunder und Welschriesling fühlen sich auf diesem warmen Boden sehr wohl. Nördlich von Neusiedl auf einem Abhang der Parndorfer Schotterplatte liegt die rund 25 Hektar große Ried Lehmgruben. Weißburgunder, Welschriesling und Neuburger entwickeln auf diesen reinen braunen und weißen Lehmböden, die bis vier Meter tief sind, ein sehr feines Bukett.

Auf einem hohen Niveau steht die Weinproduktion von ***Michael Kast*** in der Oberen Hauptstraße 39. Unterstrichen wird diese Aussage besonders durch die Serienplazierungen im österreichischen Weinsalon in

Joiser Weingärten

Bild oben: Anton Stefan Ochs mit Sohn Johannes
Bild unten: Hans und Ulrike Preschitz

den Jahren 1988, 1989, 1990 und 1991, die jeweils mit einer anderen Sorte erreicht wurde, erstmals mit einer Traminer Spätlese 1987. Es folgten ein Chardonnay Kabinett 1988, ein Rheinriesling Kabinett 1989 und ein Weißburgunder Kabinett 1990.
In der Ried Prädium auf der Parndorfer Schotterplatte steht eine 30jährige Rheinriesling-Anlage im Ertrag. „Das ganze Jahr muß man mit Leib und Seele bei der Arbeit sein, um das Beste zu erreichen", erzählt Michael Kast. Mit Gattin Maria bewirtschaftet er 12 Hektar Weingartenfläche, auf denen nicht weniger als zehn Rebsorten ausgepflanzt sind. Bei Michael Kast wird auch deutlich, daß die Weintechnologie und die Natur keine Gegensätze bilden. Durch den Anbau von Roggenwicke-Gründecken in den Weingärten wird der Boden sehr natürlich gehalten. Auch die Schädlingsbekämpfung ist auf ein Minimum reduziert.
Die Trauben werden sortenrein geerntet, gerebelt, gepreßt und der Most mit Reinhefe vergoren. Dadurch sind die Weine reintönig und natürlich. Die Kast-Weine werden teilweise in Holzfässern ausgebaut, Rotweine kommen auch in Barriques. Der Rheinriesling 1991 hat einen feinen, charaktervollen Sortenduft, ist elegant. ausdrucksvoll und fruchtig. Der 91er Weißburgunder hat einen feinen charaktervollen Burgunderduft und ist feinfruchtig mit ausdrucksvoller Säure.

Der Neusiedler Winzer ***Heinrich Haider*** in der Franz Lisztgasse 15 schaffte 1992 mit seinem Weißburgunder Qualitätswein 1991 den Sprung unter die besten 200 Weine Österreichs, dem Weinsalon. Hellgelb; reintönig, würzig und fruchtig, vollmundig und sortentypisch mundet dieser Wein . Der Betrieb umfaßt eine Fläche von 10 Hektar und wird als Familienbetrieb geführt.

Weiden am See

Im Weinzehentregister aus dem Jahre 1547 des Raaber Domkapitels werden die ersten Weinbauern namentlich genannt. Es sind auch die Erträge in Hektolitern genau aufgelistet. Mit 99,2 Hektolitern konnte im Jahre 1547 Lehensbauer Michael Gogrer eine Spitzenernte nach Hause bringen. Insgesamt wurden von 58 Winzern 1.690 Hektoliter eingebracht. Damals reichte der Verkauf von 10 bis 13 Hektoliter aus, um einen 5-Personen-Haushalt ernähren zu können. Auf die Lese von Ausbruch-Weinen, vorwiegend Furmint, gibt es bereits direkte Hinweise in den Jahren 1617, 1624, 1626, 1634, 1635, 1636, 1637 und 1638. Der Dezimator vermerkte 1635: „in prima collectura uvas putrescentes excerperunt", was soviel heißt wie „Bei der ersten Lese haben sie die überreifen Trauben ausgelesen". 1635 war das am 5. September! Im Tokayer Weinhügelland erzeugte man auch aus dem Furmint Weine besonderer Leseart, deren erste Erwähnung in das Jahr 1655 fällt, also um Jahrzehnte später als in Weiden am See. Damit wird urkundlich bewiesen, daß die Ausbruch-Weine in Weiden eine viel längere Tradition aufweisen. Im 17. Jahrhundert zahlten die „oberländischen" Weinfernhändler für normalen Wein im Schnitt 1,5 bis 2 Gulden, für Ausbruchweine wurden hingegen 4 bis 6 Gulden bezahlt.

Eine alte Sitte in Weiden am See ist der „Sesselmarkt". Landwirte bieten vor ihren Haustoren auf Holzstühlen ihre Produktpalette an: Obst und Gemüse, Strohgeflechte oder Wein. Eine reiche Vergangenheit hat in Weiden das Korbflechten. Mit viel Fingerspitzengefühl werden kunstvolle Dinge des täglichen Gebrauchs erzeugt.
Die Landschaftsstriche um Weiden sind vielfältig. Auf der einen Seite der Steppensee mit all seinen Facetten, auf der anderen Seite laden die weiten Felder und Wiesen der Parndorfer Platte sowie die harmonisch verlaufenen Weingärten zu ausgedehnten Wanderungen und Radfahrtouren ein. Einmal wöchentlich findet in Weiden am See eine Lehrweinkost statt, um so aus Weinliebhabern Weinkenner zu machen.
Sehenswert ist die Barockkirche in Weiden mit dem vom berühmten Baumeister Lukas von Hildebrandt entworfenen Hochalter. Auf Halbinseln stehen im Seepark Weiden die im pannonischen Stil erbauten Ferienhäuser. Neben dem einzigartigen Naturerlebnis bietet der Seepark alle Einrichtungen für einen erholsamen Urlaub. Erstklassige pannonische Küche findet man im Restaurant ***Zur blauen Gans***.

Bild oben: Weiden am See mit Weingärten
Bild unten: Barocker Weinkeller hinter Weiden

Lagen und Rieden

Die 15 Hektar große Rebfläche der Ried Ungerberg liegt zwischen Weiden und Gols, und hat eine starke Hangneigung. Neuburger, Ruländer, Traminer erreichen auf diesem sandig-lehmigen Boden sehr hohe Gradationen. Regelmäßig werden hier auch Ausbruchweine und Trockenbeerenauslesen geerntet. Hinter der

Ortschaft liegt die Ried Neuneuberg, die sich bis zur Kellerhöhe hinzieht. Dort wurden hauptsächlich Müller Thurgau und Burgundersorten ausgesetzt. Auf der gegenüberliegenden Seite, zwischen Weiden und Neusiedl, sind die Rieden Aussatz und Satz. Liebhaber von Süßweinen sind die Kunden von ***Anton Stefan Ochs*** aus der Rosenberggasse 20. Er gilt als der Spezialist für Stroh- und Eisweine. Als Familienbetrieb geführt, bearbeiten Gattin Elisabeth, Sohn Johannes und Tochter Marlies, sie wurde auch zur Gebietsweinkönigin gekürt, sieben Hektar Rebfläche. Seit mehr als 300 Jahren ist die Familie Ochs in Weiden am See beheimatet.
Eine jahrhundertealte Tradition hat der Strohwein. Bereits 1891 wurde im Weinbaukalender die Erzeugung dieser Rarität beschrieben. Unbestritten zählen Anton Stefan Ochs und sein Sohn Hans zu jenen Winzern, die dem Reiz unterliegen, Jahr für Jahr diese Weinraritäten zu keltern. Sie verwenden dafür lockerbeerige Sorten wie Grüner Veltliner und Blaufränkisch im Kabinett- und Spätlesenbereich um die 19° KMW. Ausschließlich gesundes Traubenmaterial wird dafür herangezogen. Unmittelbar nach der Lese, Ende September, wird das Traubengut auf Strohmatten locker ausgelegt und anschließend in einem durchzugsintensiven Raum vier bis fünf Monate getrocknet. Auf der Strohmatte verlieren die Trauben einen Großteil ihrer Flüssigkeit. Dafür erhöht sich der Reifegrad der Trauben auf 25° KMW. Aus 1.000 Kilogramm Traubengut werden nur rund 250 Liter gepreßt. Nach dem Pressen im März bleibt der Wein drei Monate im Holzfaß, ehe er in die Flasche gefüllt wird, um so den Säurespiegel optimal zu halten. Ideal sind 80g Restzucker mit 13 Vol.% Alkohol. Erst ab dem dritten Jahr der Flaschenfüllung beginnt sich der Wein zu beruhigen, die Süße wird harmonischer, die Rauhheit runder. Die Haltbarkeit von Strohweinen beträgt unglaubliche 40 bis 50 Jahre. Dazu Anton Stefan Ochs: „Sollte man jetzt 25 Flaschen Strohwein kaufen und jedes Jahr nur eine öffnen, hat man nicht nur lange Zeit seine Freude mit ihm. Man wächst mit dem Wein und kann den Ausbau zur vollen Harmonie hautnah verfolgen." Und weiter: „Der Strohwein kann keine Trockenbeerenauslese und kein Eiswein sein. Zu verschieden sind die einzelnen Typen. Der Strohwein besticht vor allem durch seinen Rosinencharakter. Beim Eiswein hingegen bleibt der Sortencharakter der Traube erhalten."
1990 wurde ein Welschriesling Eiswein Jahrgang 1989 im österreichischen Weinsalon gewürdigt, und 1991 stellte die Familie Ochs mit einem Muskat Ottonell Eiswein Jahrgang 1990 den Salonsieger. Der 91er Eiswein vom Welschriesling kam 1992/93 in den Salon, den besten 200 Weinen Österreichs.
Am 5. November 1988 wurde in der Ried Hausweingärten ein Grüner Veltliner Eiswein mit 28,5° KMW gelesen: mit 136,2 g Zuckerrest und 6,8 Promille Säure perfekt ausbalanciert, strahlendem Gelb, zartblumigem Duft und leichtem Pfefferl, von reifen Aromen geprägt, vollmundig und edelsüß. Bei minus 11° Celsius wurde der Blaufränkisch Eiswein am 9. Dezember 1991 mit 33°KMW geerntet. Er hat ein intensives Blaufränkischbukett mit schönem Duft, frischer Säure und ist kraftvoll-süß im Abgang.

Als Bürgermeister bestimmt ***Tobias Denk*** seit Jahren die Gangart in der Weinbaugemeinde von Weiden am See. Als Winzer kelterte er als einer der ersten Weinbauern dieser Region sortenreine, fruchtige Weine. Schwiegersohn ***Hans Preschitz*** kümmert sich gemeinsam mit seiner Gattin Ulrike nicht nur um sein Weingut in Neusiedl, sondern auch um jenes in Weiden. Gemeinsam bewirtschaften sie rund 8,5 Hektar Rebfläche. Mehr als die Hälfte der Jahresproduktion von rund 550 Hektoliter sind Weißweine, die mit Blaufränkisch und Zweigelt in den Rieden Ungerberg, Gaiten, Aussatz, Neumahd und Neuneuberg gepflanzt sind.
Beim Zweigelt versucht Ing. Hans Preschitz mindestens Spätlesegrade von 19° KMW zu erreichen und den Wein trotzdem trocken auszubauen. Um dieses Ziel zu erreichen, werden die Trauben bei der Lese genau selektioniert. Exakt viermal ging man 1990 in den Weingarten, um jenes Traubenmaterial zu ernten, das den Vorstellungen von Hans Preschitz entsprach.
Besonders interessant ist eine Ruländer Trockenbeerenauslese 1981, welche Schwiegervater Denk im November 1981 mit 32° KMW vom Stock schnitt. Der Reifeprozeß vollzieht sich extrem langsam. Sehr frisch und säurebetont zeichnete sich dieses Spitzengewächs in den ersten sechs Jahren aus. 9 bis 10 ‰ Säure geben diesem Wein das nötige Rückgrat. Während dieser ersten sechs „Lebensjahre" hatte der Wein einen langen, fruchtigen Abgang. Ab dem sechsten Jahr entwickelte der Wein nach und nach den typischen Ruländer-Charakter. Nach wie vor säurebetont, begann die Süße zu dominieren. Heute zeichnen die Botrytistöne das starke Bild dieser Trockenbeerenauslese. Die rauchigen, nussigen Töne vom Ruländer entwickeln sich stärker. Die Süße ist harmonisch eingebunden. Mit großer Freude verfolgen Tobias Denk und Schwiegersohn Hans Preschitz die Entwicklung dieses großen Weines. „Weine dieser Qualitätsstufen reifen bis mindestens 30 Jahre", zeigen sich die Winzer begeistert. In den nächsten Jahren werden die Botrytis- und Nußtöne stärker, die sich in den nächsten Jahrzehnten zu weichen Karameltönen wandeln werden.

Die 10 Hektar Weingärten des ***Weingutes der Gemeinde Weiden*** sind in sogenannter Drittelpacht vergeben. Das heißt, die Pächter dürfen zwei Drittel der Ernte selbst vermarkten, ein Drittel müssen sie an den Gemeindekeller abliefern. Kellermeister Anton Gangl entscheidet, aus welchem Weingarten das Traubengut abzuliefern ist: „Wir wechseln die Zeilen jedes Jahr, damit nicht der Eindruck entsteht, wir würden uns nur die besonders guten Lagen sichern", erklärt Gangl, um gleich fortzufahren, daß er aber sehr wohl darauf besteht,

Podersdorf am See

daß die Trauben für den Gemeindekeller separat gelesen werden. „Wir streben in jedem Jahr leichte Kabinett-Qualitäten an. In guten Jahren wird vor der Haupternte gelesen, und in schwächeren Jahren bleiben die Trauben länger am Stock." Der Welschriesling Qualitätswein Jahrgang 1991 ist ein gutes Beispiel für die fruchtig-elegante Linie der Weine des Gemeindekellers Weiden.

Emmerich Habersack übernahm Mitte der achtziger Jahre das Weingut in der Unteren Hauptstraße 35 von seinen Eltern. Unterstützt von seiner Gattin, bearbeitet der Winzer sechs Hektar Rebfläche mit einem Weißweintraubenanteil von rund 70 Prozent. Der Klosterneuburger Absolvent legt großen Wert auf die natürliche Bearbeitung seiner Rebflächen. „Trotz aller Faszination der Kellertechnik spielt bei der Entwicklung eines großen Weines die Arbeit im Weingarten doch noch die wichtigste Rolle." Durch Gründüngung und Strohmulch wird eine Reduzierung des Mineraldüngers erreicht. Sie sind Basis für gutes Traubenmaterial. Neben Prädikatsweinen werden Spezialitäten wie Spätlesen, Auslesen und Eisweine erzeugt. Die Rotweinsorten Zweigelt und Cabernet Sauvignon werden auch in kleinen Fässern ausgebaut. Im österreichischen Weinsalon war der Weinbaubetrieb von Emmerich Habersack im Jahr 1991 mit einer Weißburgunder Spätlese 1990 vertreten.

Podersdorf

Podersdorf – ein Ort mit vielen Gesichtern. Liegt auch die Gemeinde auf geschichtsträchtigem Boden, bietet man heutzutage das Nonplusultra einer modernen Fremdenverkehrsgemeinde.

Die Weingärten in Podersdorf wurden in den letzten Jahren immer mehr vergrößert und weisen heute eine Gesamtfläche von rund 1200 Hektar auf. Es gibt in Podersdorf kaum eine Familie, die sich nicht mit dem Weinbau beschäftigt. 230 Mitglieder zählt dabei der bereits 1921 gegründete Weinbauverein.

Eine Mischung aus Wehmut und Attraktion ist die noch guterhaltene Windmühle, die einzige ihrer Art im Burgenland. An der Mühlstraße Richtung Illmitz gelegen, ist sie mit ihren mächtigen Flügeln ein beliebtes Fotomotiv.

Auf mehr als hundert Auszeichnungen kann ***Tobias Fuhrmann*** aus der Seestraße 17 stolz sein. Neben Serienauszeichnungen im österreichischen Weinsalon seit 1988 wurde der Winzer 1992/93 mit einer Welschriesling Spätlese Jahrgang 1991 Salonsieger. Das Kapital des Weingutes sind zweifellos die hervorragenden Lagen, in denen die besten Weine kultiviert werden. Das außergewöhnliche Mikroklima verwöhnt den Weinbaubetrieb von Tobias Fuhrmann mit außergewöhnlichem Trau-

Die Windmühle von Podersdorf

benmaterial. Spezialitäten sind Spätlesen von Rotweinen. Den Salonsieger von 1992/93, die Welschriesling Spätlese 1991, prägt eine blumig-duftige Überreife mit merklichen Botrytistönen.

Im Haus 46 in der Seestraße betreibt die Familie ***Lorenz Ettl*** den Weinbau. In den Rieden Großfeld, Lüß und Mühlsatz werden rund viereinhalb Hektar Rebfläche kultiviert. Herausragend ist die Sortenvielfalt dieses Weingutes. Mehr als zwei Drittel der Produktion entfallen auf Weißweine. Mit einem Ruländer Eiswein Jahrgang 1986 und einem Müller Thurgau Ausbruch Jahrgang 1988 wurde der Weinbaubetrieb Ettl bei der internationalen Weltweinmesse in Laibach mit zweimal Großem Gold ausgezeichnet.

Einen weiteren Salonwein findet man in der Seestraße 66. ***Silvia*** und ***Rudolf Steiner*** bewirtschaften zirka sieben Hektar Rebfläche in den Rieden Großfeld und Fürstliches Prädium. Vom Qualitätswein bis zur Prädikatsstufe spannt sich der Bogen der Weine von Rudolf und Silvia Steiner. Mit einem Welschriesling Qualitätswein Jahrgang 1990 schaffte die Familie Steiner 1991 den Einzug in den österreichischen Weinsalon.

Der Name Steiner bürgt für Qualität. Denn sowohl das ***Weingut Hölle*** von ***Urban Steiner*** in der Mühlstraße 3 als auch der Weinbaubetrieb von ***Josef Steiner*** in der Seeufergasse 5 sowie der ***Steiner Franz*** aus der Neusiedlerstraße 23 sind mit ihren Produkten im österreichischen Weinsalon vertreten. Das Weingut Höller schaffte diese

Auszeichnung mit einem Welschriesling Kabinett Jahrgang 1988 im Jahr 1989, Josef Steiner mit einer Bouvier Trockenbeerenauslese 1989 zwei Jahre später. Salonsieger wurde 1991 eine Trockenbeerenauslese Pinot Gris 1988 von Franz Steiner. Auf einer Rebfläche von rund fünf Hektar kultiviert Franz Steiner großteils Weißweinsorten. Angeschlossen an das Weingut ist die „Weinschenke Steiner". Im breiten Sortiment des Weingutes finden sich nicht nur eine Reihe von Prädikatsweinen, man fühlt sich auch der Linie des „Pannonischen Reigens" verpflichtet.

In der Seezeile 2 liegt ein weiterer Steiner-Betrieb. Weinbau- und Kellermeister ***Julius Steiner jun.*** hat rund zehn Hektar Rebfläche im Ertrag, aus denen er mehr als die Hälfte Weißweine keltert. Die Eltern Katharina und Julius Steiner haben das Weingut 1955 gegründet und Jahr für Jahr vergrößert. Die Entscheidungen, immer mehr Weinflächen zu kaufen, sorgte für Aufsehen. Die Rieden Großfeldäcker, Triftäcker, Haidehof und Haide sind Gebiete, die mit Sicherheit zu den besten Lagen dieser Region zu zählen sind. Sie bringen die ganze für diese Landschaft typische Kraft zum Ausdruck. So schön sie auch anzusehen sind, so arbeitsintensiv sind sie zu kultivieren. Aus ihnen gewinnen Julius Steiner und seine junge Frau Mariella seit Jahren Weine bester Qualitäten. Es wäre zu mühsam, alle Auszeichnungen aufzuzählen. Stellvertretend sei hier eine Chardonnay Beerenauslese Jahrgang 1990 erwähnt, welche 1991 bei der internationalen Weltweinmesse in Modra zum Worldchampion gewählt wurde.

Am Strandplatz 2 ist ***Herbert Tauber*** zuhause. Seine Rebflächen im Ausmaß von rund sieben Hektar werden organisch, also unter Verwendung natürlicher Dünger, kultiviert. Mit einer Ruländer Spätlese Jahrgang 1988 war der Winzer im Jahr 1989 im Salon österreichischer Weine vertreten.

Gernot Heinrich bei der Kellerarbeit

Das Weingut Lentsch in der Neusiedler Straße 40 wird von ***Franz Lentsch*** geführt. Zum einen besitzt der Winzer Spitzenlagen mit einem besonders günstigen Mikroklima, zum anderen wird er von seiner ehrgeizigen Gattin Hildegard unterstützt, welche maßgeblich am Erfolg des Betriebes Anteil hat. Kellermeister Franz Lentsch und sein Team bewirtschaften zehn Hektar Weingartenfläche, auf denen eine große Sortenvielfalt kultiviert wird. Ein Teil der Rotweine wird in Barriquefässern ausgebaut. Zu den Spezialitäten des Weingutes zählen Prädikatsweine ebenso wie der weiß gekelterte Blaufränkisch. Eine Traminer Auslese Jahrgang 1988 wurde 1989 als Salonwein ausgezeichnet. Die gleiche Auszeichnung erhielt 1992/93 ein Muskat Ottonel Qualitätswein Jahrgang 1991. Zartgelb in der Farbe, fruchtig-duftig das ausdrucksvolle Muskatbukett und eine elegante Säure. Von der Prämisse ausgehend, daß guter Wein gut präsentiert werden sollte, werden Lentsch-Weine in speziellen Flaschenformen und mit entsprechend kreativ gestalteten Etiketten vermarktet.

In eigener Verantwortung betreut ***Michael Gisch*** seinen Weinbaubetrieb in der Parzelle 94. Er beschränkt sich auf das Wesentliche, nämlich auf Qualität. Die rund acht Hektar Weingartenfläche sind mit Welschriesling, Grünem Veltliner, Sämling 88 und Zweigelt bestockt, die sowohl im Qualitäts- als auch im Prädikatsbereich ausgebaut werden. Mit einer Welschriesling Trockenbeerenauslese Jahrgang 1981 sowie mit einem Zweigelt Qualitätswein 1990 wurde der Betrieb 1989 und 1991 mit je einem Salonwein ausgezeichnet.

Das ***Weingut Sandperle*** in der Mittelstraße 11 wird von der Familie ***Lang-Kummer*** geführt. Aus einer Gesamtrebfläche von acht Hektar wurden schon viele prämierte Weine gekeltert: Zweimal gab es Großes Gold bei der internationalen Weltweinmesse 1989 in Laibach. Eine Cuvée Trockenbeerenauslese Jahrgang 1981 wurde 1991 als Salonwein ausgezeichnet. In die breite Produktpalette ist auch ein Meßwein eingebunden.

Gols

„Tschardaken", die für den Seewinkel so typischen Maisspeicher aus hohen, überdachten Lattenkästen, prägen den Dorfanger von Gols. Der am Ostufer des Neusiedlersees gelegene Ort ist mit seinen rund 1800 Hektar Rebfläche die größte weinbautreibende Gemeinde Österreichs. 640 Winzer, davon 230 im Vollerwerb, bearbeiten diese Fläche. Es werden rund 70 Prozent Weißweinsorten, wie Welschriesling, Neuburger, Müller Thurgau, Grüner Veltliner, Traminer, Rheinriesling und Weißburgunder, sowie rund 30 Prozent Rotweinsorten wie Zweigelt, Blaufränkisch, St. Laurent und Cabernet Sauvignon geerntet.

1217 erstmals urkundlich erwähnt, wurde Gols 1582 zum Markt erhoben. Daß die Golser Weinbauern auch schon vor mehr als vierhundert Jahren mit den gleichen Problemen zu kämpfen hatten wie die heutigen Winzer, kann man in der Ortschronik von Gols eindrucksvoll nachvollziehen. Sie beginnt mit den Aufzeichnungen im Jahre 1551:

1551 Fruchtbares Jahr, Reben teilweise erfroren, Hagel im Mai; dennoch viel und guter Wein.

1552 Frühes, trockenes Jahr, große Mengen unbekannter Vögel und Spatzen durchziehen das Land; schöner warmer Herbst, viel und guter Wein.

1553 Grimmige Kälte, Pest, 3 Jahre lang; Sommer günstig, Herbst kalt, Reben erfroren, aber ziemlich guter Wein, mittlerer Ertrag.

1554 Früh- und Spätfrost, Fastnacht haushoher Schnee; wenig, aber guter Wein.

1555 Regen während der Blüte, Reif im Frühjahr; wenig und saurer Wein; viel Frucht.

1556 Große Trockenheit, viel und guter Wein, auch viel Obst.

1557 Nasser Sommer, späte Rebenblüte, Wein ziemlich schlecht; gutes Obstjahr.

1558 Gutes, fruchtbares Jahr, heißer Sommer, viel Schädlinge; viel und guter Wein.

1559 Kaltes, spätes, nasses Jahr; wenig und saurer Wein.

1560 Sehr kalter Winter und nasser Sommer, ziemliche Teuerung; viel, jedoch geringer Wein.

Wie viele andere Orte Burgenlands wurde auch Gols mehrmals von den Türken geplündert und gebrandschatzt. Eine große Brandkatastrophe im Jahr 1818 vernichtete zwei Drittel des Ortes.

Der Markt Gols führt in seinem Wappen einen Turm mit einer ihn umschlingenden Weinrebe. Die ältesten Rieden wie Altenberg, Goldberg, Ungerberg, Schafleiten und Gabarinza befinden sich an den Südwestabhängen der Parndorfer Platte, die ganz flachen Rieden wie Edelgrund, Pahlen, Fürstliches Prädium und Hochluß reichen bis an die Ufer des Neusiedlersees. Die Bedeutung der alten Riedbezeichnung „Gabarinza" ist zwar nicht geklärt, jedoch gibt es keine Zweifel über die ausgezeichneten Weine aus dieser Lage. In der Weinbaublütezeit des 17. Jahrhunderts wurde der beliebte „Seewein", der sich in der Österreichisch-Ungarischen Monarchie größerer Wertschätzung als der Tokayer erfreute, bis nach Mähren und Schlesien geliefert. Der Reblausbefall vernichtete Ende des 19. Jahrhunderts neun Zehntel der gesamten Rebfläche. Paul Vetter, ein Weinbauinspektor aus Ödenburg, zeigte den Weinbauern die Verwendung reblausresistenter amerikanischer Unterlagsreben. Dafür wurde ihm 1932 in Gols ein Denkmal gesetzt.

Über die Geschichte und Arbeit in den Weingärten und Weinkellern informiert ein 2,8 Kilometer langer Weinwanderweg. Verschiedene Weinsorten werden durch beschilderte Rebstöcke beschrieben. Für die Besucher tut sich ein herrlicher Ausblick auf Gols und den Neusiedlersee auf.

Die Winzer von Gols bezeichnen ihren Ort auch gerne als größte Vinothek Österreichs. Denn die rund 230 Vollerwerbsbetriebe sind reine Selbstvermarkter. Einen repräsentativen Querschnitt der Golser Weine bietet die Ortsvinothek in der Kellergasse. Von Juli bis September ist sie jeden Freitag und Samstag von 16 bis 20 Uhr geöffnet. Die Golser wissen auch richtig zu feiern. „Gols – wo die Messe ein Fest ist." Unter diesem Motto gibt es in Gols alljährlich Mitte August ein mehrtägiges Volksfest. Ausgesuchte Betriebe laden zu einem Degustationsforum ein. Hochprämierte Weine aus der Ortsvinothek können dort verkostet werden.

Zum Heiligen Martin, dem Landespatron des Burgenlandes, am 11. November gibt es das Martiniloben. Die 60 Weinbaubetriebe öffnen für alle Gäste die Kellertüren und laden zur Verkostung des jungen Weines ein. Am folgenden Tag erfolgt die Streckenlegung des erlegten Wildes von der Martinijagd mit Jagdhornblasen. Auftritte der Volkstanzgruppe, des Weinlandchores und der Blasmusikkapelle sowie ein Kurzprosawettbewerb runden das zweitägige Veranstaltungsprogramm ab.

Die Golser Rieden und Lagen

Der größte Teil der Golser Rieden liegen an den Abhängen der Parndorfer Platte. Die Weingärten beginnen bei Weiden und ziehen sich über einige Kilometer hin.

Die Rieden Ungerberg und Altenberg sind solche Hanglagen mit durchschnittlich 20 Meter Höhenunterschied. Es sind eher warme Böden mit sandigem Lehmuntergrund, der sehr gut Feuchtigkeit speichert. Beide Lagen sind sehr gut für Blaufränkisch geeignet. Am Altenberg gedeiht auch erstklassiger Sauvignon Blanc. Die Ried Ungerberg hat einen Schotter-Sandboden mit lehmigem Untergrund, Cabernet Sauvignon- und Blaufränkischtrauben reifen hier sehr gut aus. Zwischen Podersdorf und Gols liegt die Ried Zwerchäcker. In der letzten Zeit haben vor allem Weine aus der Ried Gabarinza für Aufmerksamkeit gesorgt.

Die Golser Wendelins

Kein leichtes Amt dürfte der Briefträger in Gols haben. Nicht weniger als 48 (achtundvierzig) Familien mit dem

Mit eigenen „Starfighter-Staffeln" werden riesige Vögelschwärme von den Weingärten ferngehalten. Tausende Stare fallen im Herbst in die Weingärten ein und können binnen Minuten die Ernte eines Jahres vernichten.

Namen Wendelin gibt es in dieser Gemeinde. Fünf Wendelins haben den Vornamen Paul und beschäftigen sich mit dem Weinbau. Einer davon, ***Paul Wendelin***, ist in der Paul-Vetter-Gasse 11 zu Hause. Er bearbeitet rund neun Hektar Rebfläche. Mit seinem Sauvignon Blanc Kabinett Jahrgang 1987 wurde er im Weinsalon 1989 in der Kategorie Aperitif Sieger. Seine Reben wachsen in den Rieden Ungerberg, Goldberg, Altenberg und Zwergäcker.

Ein weiterer ***Paul Wendelin*** bearbeitet mit seiner Gattin ***Gerlinde*** und Sohn Norbert rund 10 Hektar Weingartenfläche. Die Familie ist in der Quellengasse 29 daheim und war 1990 mit einem Sämling 88 Auslese Jahrgang 1983 im Österreichischen Weinsalon plaziert.

Im ersten Haus am Hauptplatz 15 liegt der Betrieb von ***Paul und Andrea Wendelin***, der aber nach den alten Hausnummern der „9er-Wendelin" genannt wird. Seit 250 Jahren im Familienbesitz, bearbeiten sie zirka 11,5 Hektar Weinbaufläche. Weinbauobmann Paul Wendelin sieht die derzeitige Situation im Weinbau aus seinem eigenen Blickwinkel: „Der Weinbau geht zur Zeit zwei Wege. Der eine führt steil bergab, der andere bergauf."

In den Weingärten rund um Gols finden sich die besten Voraussetzungen zur Erzeugung von erstklassigen Weißwein- und Rotweintrauben. „Jedes Produkt soll einzigartig und unverwechselbar für sich da sein. Grundbedingung dafür sind heute modernste Kellertechnologie und sauberes Arbeiten."

Paul Wendelin hat seinen Betrieb von den Eltern übernommen und Zug um Zug ausgebaut. Schon sie erkannten den richtigen Weg. „In unserem Betrieb wurden bereits in den 50er Jahren die Weine in Flaschen abgefüllt. Dies war zu dieser Zeit nicht üblich."

Die Familie Wendelin am Hauptplatz 15 baut ihre Weine von trocken bis süß aus. Es werden unter anderem Welschriesling, Grüner Veltliner, Rheinriesling, Neuburger, Weißburgunder, Ruländer, Riesling x Sylvaner sowie Zweigelt, Blaufränkisch und St. Laurent gekeltert. Die Spezialitäten sind im Hause Wendelin die Ruländer. Mit einem Kabinett Jahrgang 1987 und einer Spätlese Jahrgang 1989 war man bisher zweimal im Weinsalon vertreten.

Die Jahrgänge seit 1986 zeichnen sich durch verschiedene Charaktere aus. 1986 war ein außergewöhnlicher Rotweinjahrgang. 1987 gab es einen hohen Säurewert sowohl bei Rot- als auch Weißweinen. 1988 wurden überdurchschnittliche Mengen geerntet. 1989 verregnete es vor allem die Leseperiode. 1990 war wie 1986 ein gutes Rotweinjahr. 1991 erzielten die Weine einen höheren Säurespiegel. 1992 gab es einen sehr heißen, trockenen Sommer. Volle, ausgereifte Rotweintrauben waren das Ergebnis. Die weißen Rebsorten hingegen entwickelten sich sehr unterschiedlich. Der Rheinries-

ling Kabinett 1992 ist gehaltvoll, frisch und fruchtig. Der intensive Fruchtduft und die kräftige Säure runden diesen Riesling harmonisch ab. Der Ruländer 1992 ist eine trockene Spätlese, die im Edelstahltank ausgebaut wurde. Der Blaufränkisch und der St. Laurent 92 sind sehr kräftige Rotweine mit schöner Farbe, und beide sind sehr tanninbetont.
Die Familie ***Helga und Matthias Nittnaus*** führt in der Oberen Hauptstraße 34 ihren Betrieb, der exzellente Weine erzeugt. Er befindet sich seit Generationen im Familienbesitz. Es war Ende des 17. Jahrhunderts, als die Nittnaus aus dem Fränkischen nach Westungarn zogen. Nach dem letzten Türkeneinfall 1683 begannen die „Neusiedler" mit dem Aufbau dieses Landstriches rund um den See. Vor allem protestantische Einwanderer sorgten für den Wiederaufbau. Noch heute überwiegt der evangelische Anteil in der Bevölkerung.
Die Weingärten der Familie Nittnaus liegen in den Rieden Altenberg und Edelgrund an den Hängen der Parndorfer Heide. In einem kleinen Weingarten findet sich noch ein alter Gemischter Satz. Matthias Nittnaus: „Chardonnay wurde früher immer als Feinburgunder bezeichnet. In den Gemischten-Satz-Anlagen waren häufig solche Stöcke. Die alten Winzer bezeichneten sie immer als Grobburgunder. Auch in unserer Anlage finden sich solche alten Stöcke."
Der Anteil von Rotweinen macht ein Viertel der Gesamtproduktion aus. Der Welschriesling ist die Hauptsorte unter den Weißen. In den Reigen der 200 besten Weine wurde 1988 ein Neuburger Kabinett Jahrgang 1987 mit der Auszeichnung des österreichischen Weinsalons plaziert.

Das Gefühl für Komposition und Harmonie ist bei ***Ing. Hans Nittnaus*** nicht nur beim Wein vorherrschend. 1955 geboren, maturierte er 1974 in Klosterneuburg, studierte Komposition und Musikpädagogik, ehe er 1985 gemeinsam mit Gattin Anita den traditionsreichen Weinbaubetrieb übernahm. Gleichzeitig leitete er einen umfangreichen Modernisierungsprozeß ein. „Mitte der achtziger Jahre hat es noch nicht soviel Weinkultur gegeben. Was zählte, war die Menge. Meine Onkeln haben meinen Vater noch ausgelacht, weil sie die dreifache Menge aus ihren Weingärten herausholen konnten", erzählt Hans Nittnaus. Und weiter: „Zu Weihnachten 1985 hat mir meine Gattin einen Mondavi Cabernet Reserve Jahrgang 1978 geschenkt. Augenblicklich dachte ich daran, daß bei uns im Burgenland nicht richtig ausgepflanzt wurde. Die Roten wurden in die falschen, kühlen Regionen gesetzt. Ich habe sofort

Bilder von oben nach unten:
Hans Nittnaus
Georg und Axel Sttiegelmar
Gernot und Heike Heinrich
Matthias Beck und
Paul Wendelin, der „9er-Wendelin"

gehandelt und die Roten in die richtigen, warmen Lagen gesetzt. Bei uns in den Ebenen, in den heißen Schotterböden, erreichen die Cabernet-Trauben 19° bis 20° KMW und haben durch die Trockenheit ideale Voraussetzungen, Basis für einen großen Wein zu sein."
Eine weitere Herausforderung für Ing. Hans Nittnaus war die Kritik von Rudolf Kellner vom Altwienerhof in Wien: „Was wollt´ ihr Seewinkler. Ihr sollt besser Gansl züchten und nicht Wein machen." Dies ging tief unter die Haut und war Ansporn zu weiteren, besonderen Leistungen. Nittnaus investierte zuerst in die Weingärten und pflanzte rund 8 bis 9 Hektar radikal um. „1989 haben unsere Toplagen das erste Mal ordentlich getragen", erinnert er sich.
Zum Weingut Nittnaus in der Unteren Hauptstraße 49 gehören rund 12,5 Hektar Rebfläche. Zwei Drittel davon sind Rotweinlagen. Die tragenden Säulen des Rotweinsortiments sind Cabernet Sauvignon, Blaufränkisch und St. Laurent. Gemeinsam werden sie als Barrique-Cuvée „Pannobile" ausgebaut. Eine Cuvée aus Cabernet Sauvignon und einem Blaufränkisch von der Ried Ungerberg wird als Premiumwein vermarktet. Die jährliche Jahresproduktion beträgt um die 60.000 Flaschen. Reiches Wissen in das Weingut bringt auch Gattin Anita ein. Sie studierte bis zur Diplomarbeit an der Universität für Bodenkultur. Unter Beachtung ökologischer Kriterien erzeugen Anita und Hans Nittnaus heute Weine hoher Qualität und langer Lagerfähigkeit. Darunter auch Sauvignon Blanc. Der Jahrgang 1990 ist sehr bukettintensiv mit zarten Spargel- und Paprikatönen. Der lange fruchtbetonte Abgang bleibt in Erinnerung. Der Jahrgang 1991 wurde mit 19,5° KMW gelesen, und er hat den für den Sauvignon typischen Paprikaschotenduft. Das 91er Jahr war sehr niederschlagsreich, dadurch haben die Trauben sehr vegetabile Fruchttöne entwickelt. Dieser Fruchtton ist auch im Bukett intensiv vorhanden. Mit dem 92er Sauvignon beginnt ein neuer Weißweinstil im Hause Nittnaus, die Barriquevergärung. Mehr als 60 % dieses Jahrganges wurden darin vergoren und ausgebaut. Der Wein ist von feiner, weicher und runder Konsistenz mit einem harmonischen Abgang. Der Chardonnay 92 besticht durch seine fruchtbetonte, knackige Säure. Der Comondor 1990 besteht zu 60 % aus Cabernet und zu 40 % aus Blaufränkisch. Volle Frucht mit kräftigen Beerenaromen, weichen Tanninen und großer Zukunft, so präsentiert es sich im Glas. Der dunkelgranatrote 91er ist noch konzentrierter als sein Vorgänger. Mit seiner intensiven und ausgewogenen Frucht-/Tanninharmonie ist dies sicherlich der bisher beste Wein des Betriebes. Der 92er zeigt auch in diesem noch sehr verschlossenen Stadium schon sehr schön seine Finesse.
„Anfänglich wußte ich nicht, ob meine Entscheidung, mehr Rotweinsorten auszusetzen, richtig war. Geglaubt habe ich an das günstige Klima", meint Hans Nittnaus. „Heute weiß ich, daß ich mich nicht getäuscht habe."

Durch viele Generationen gewachsen ist das Weingut der Familie Beck in der Unteren Hauptstraße 108. Den Rollenwechsel gab es 1974, als ***Matthias Beck*** im Alter von 21 Jahren den Betrieb übernahm. „Das Gut stand auf wackligen Beinen. Die Weingärten wie das Haus und die Geräte waren allesamt veraltet", zieht heute Matthias Beck ein Resümee. Kritisch setzt sich der Winzer mit der damaligen Situation auseinander. „Im Weinbau ging ich zuerst die falsche Richtung. So setzte ich einen Müller Thurgau, den ich wenig später wieder rodete."
Die Weingärten umfassen heute rund neun Hektar. Sie liegen in unterschiedlichen Lagen und Böden. Im Norden an den Hängen der Parndorfer Platte zum Seewinkel, im Süden in den Ebenen zum See hin. Der Aufbau der Böden reicht vom trockenen Schotter mit flacher Humusauflage über leichte, sandige, trockene Böden mit geringem Humus bis hin zu „fetten" Schottern mit großem Lehmanteil. Etwa 30 Prozent sind mit Rotweinsorten bepflanzt. Die besten Weine der Sorte Zweigelt werden in Barriquefässern in einem getrennten Rotweinkeller ausgebaut. Vorwiegend Allier und Manhartsberger Eiche. Alle Rotweine werden im Gärtank oder auf herkömmliche Art im Bottich vergoren, wobei die durchschnittliche Maischestandzeit 14 Tage beträgt. Der 91er Zweigelt verfügt über einen intensiven Wildkirschenduft, ist extraktreich und geschmeidig.
Weißweine vergären je nach Sorte in Akazienfässern und in Edelstahltanks, welche während der Vergärung durch Wasserberieselung gekühlt werden. Der Welschriesling 1992 ist fruchtig, trocken und mit einer frischen Säure ausgestattet. Die Weißburgunder Spätlese wurde ganz trocken ausgebaut, vollfruchtig und gehaltvoll. Im Jahre 1989 wurde vom Neuburger und Weißburgunder ein Ausbruch gelesen. Die Trauben wurden gemeinsam verarbeitet und in der ersten Ausbauphase bewußt oxidativ ausgebaut. Dieser ganz zarte Ton verleiht dem Wein eine besondere Note, das Bukett wird verstärkt und die Gesamtharmonie gewinnt dadurch eine eigene Stilistik.

Seinen ersten öffentlichen Auftritt hatte der Jungwinzer ***Gernot Heinrich*** als 24jähriger auf der Vinova im Jahr 1988. Er zählt zu jenen Weinbauern der jungen Generation, die als Wegweiser ins nächste Jahrhundert gepriesen werden. In der Wassergasse 2 zuhause, bilden sieben Hektar Rebflächen die Grundlage seines Wein-

gutes am Nordostufer des Neusiedlersees, welche vorwiegend mit regionaltypischen Sorten bepflanzt sind. Neben seiner Ausbildung in Klosterneuburg studierte Gernot Heinrich noch an der Wiener Hochschule für Bodenkultur. Nachhaltig beeinflußt wurde der junge Winzer 1985 nach einer Reise durch das kalifornische Weinland vom Weingut Beringer im Napa-Valley und den beiden großen Franzosen, Mouton-Rothschild und Chateau Margaux.
Seine Vorliebe gilt aber auch den alkoholreichen, fruchtigen Weißweinen. So sprechen seine fruchtbetonten, eleganten Weine wie der Welschriesling, Chardonnay, Weißburgunder oder Pinot Gris für sich. Die Weichheit und die Fülle großer Burgunder vereinen sich in den barriques-gelagerten Neuburgern und Weißburgundern. „Die kontinuierlichen Spitzenqualitäten sind keineswegs selbstverständlich. So sind die wünschenswerten Qualitäten von so vielen Faktoren abhängig, daß man übers Jahr gesehen kein Auge vom Wein lassen darf", so Gernot Heinrich. Neben dem klassich ausgebauten Blaufränkisch und Zweigelt, gibt es eine barriquesgelagerte Cuvée aus Zweigelt, Blaufränkisch und St. Laurent, der so heißt wie die Riede, in der er gewachsen ist, nämlich „Gabarinza." Der 90er verfügt über eine kräftigen, fruchtbetonten Körper und einen rauchigen Abgang. In einer mehr als 30 Jahre alten Anlage wächst ein Roter Riesling. Es ist dies eine Mutation des Rheinrieslings. Der 92er davon überzeugt durch seine Frische und Feinheit. Der Welschriesling Kabinett 1992 verfügt über ein klares, intensives Fruchtbukett mit kräftiger Säure. Der zart-säuerliche Abgang erfrischt. Ein Drittel des Chardonnay 1992 wurde ohne Säureabbau in Barriques ausgebaut. Diese Cuvée verfügt nun über beide Vorzüge der unterschiedlichen Ausbaumethoden: einerseits weich und fruchtig, anderseits kräftig, von Tanninen unterstützt.

An die Wurzeln seines früheren Schaffens zurückgekehrt ist Matthias Leitner. Seit zwei Jahren bearbeiten ***Melitta und Matthias Leitner*** rund fünf Hektar Rebfläche im Vollerwerb. „Im Weingut meiner Eltern aufgewachsen und mit dem Weinbau großgeworden, suchte ich mir als Zwanzigjähriger einen anderen Beruf. Den Weinbau betrieb ich so nebenbei", erklärt Matthias Leitner. Seine Hanglagen Schafleiten, Salzberg und Ungerberg zählen zu den besten Rieden in Gols. Weißweine werden großteils im Kabinettbereich ausgebaut. Eine Spezialität des Hauses ist der oxydativ ausgebaute „Traminer Pannonia". In den Kellern lagern weiters trockene Spät- und Auslesen. Nach der traditionellen offenen Methode werden die Rotweine vergoren. Mit einem Weißen Burgunder Kabinett Jahrgang 1987 und Jahrgang 1988 schafften die Leitners zweimal den Einzug in den Weinsalon. Und mit einem Welschriesling Eiswein Jahrgang 1989 wurde 1991 in Bordeaux eine Goldmedaille erzielt.

Den Generationswechsel erkennt man beim Weinbaubetrieb der Familie ***Lorenz und Manfred Limbeck*** in der Oberen Hauptstraße 62 zur Zeit am besten bei den Weinen. Das Vater-Sohn-Gespann hat seine Arbeit aufgeteilt. Während Vater Lorenz in den Weingärten nach dem Rechten sieht, ist Sohn Manfred als Kellermeister für die Linie der Limbeck-Weine verantwortlich. „Die Gangart im Weinbau wird meist von der Jugend bestimmt, so ist es auch bei uns", meint Vater Lorenz Limbeck. Mit einem Welschriesling Qualitätswein 1987 und einem Blaufränkisch Qualitätswein 1990 war die Familie Limbeck in den Jahren 1988 und 1991 im österreichischen Weinsalon vertreten. Der Chardonnay 1991

Der Faßkeller von Georg Stiegelmar

zeigt sich strohgelb, ist frisch-fruchtig und duftet intensiv nach vollreifen Erdbeeren. Der Neuburger Kabinett 1991 hat einen ausgeprägten, an Nüsse erinnernden Duft, ist vollfruchtig und harmonisch und mit einer schönen Säure ausgestattet. Beide Weine sind im Weinsalon 1992/93 vertreten.

Das Weingut von ***Georg Stiegelmar*** in der Unteren Hauptstraße 60 zählt zu den angesehendsten im Burgenland. Angeschlossen an das Gut ist auch ein Heuriger. Auf einer Rebfläche von rund 10,6 Hektar sind in den Rieden Ungerberg, Altenberg, Reitäcker, Wiesäcker und Zwergäcker zwei Drittel Weißweine bepflanzt. Wie kein anderer versteht es der Hausherr, die Qualitäten seiner Produkte ins rechte Licht zu stellen. Würde er nicht so ausgezeichnete Weine produzieren, könnte er auch ohne weiteres „Productmanager" eines großen Konzernes sein. Gespannt lauscht man seinen Erzählungen. Georg Stiegelmar weiß, wovon er spricht. Ob im österreichischen Weinsalon, auf der Vinexpo in Bordeaux, auf der Wine Trade Fair in England oder auf der Vinitaly in Verona: Der Reigen der Auszeichnungen ist nahezu unübersehbar geworden. Die Weine besitzen internationalen Ruf und werden auch in Londons exklusiven Kaufhäusern Harrods und Selfridges angeboten. Mit Sohn Axel, Tochter Eva und Gattin Theresia sind die Stiegelmars ein ideales Team. Am Beispiel von Georg Stiegelmar wird auch ersichtlich, wie man als engagierter Mensch innerhalb von wenigen Jahren Spitzenleistungen im Weinbau erbringen kann. Begonnen hat alles vor mehr als 20 Jahren. Georg Stiegelmar betrieb eine Gemischtwarenhandlung und beschäftigte sich damals nur im Nebenerwerb mit dem Weinbau. Anfang der siebziger Jahre sperrte er sein Geschäft zu und widmete sich fortan nur mehr dem Weinbau. Startbasis waren vier Hektar Weingartenfläche. Seinen ersten großen Wein erntete der damals junge Weinbauer im Jahr 1976 mit einer Welschriesling Trockenbeerenauslese, die sich zu einem Spitzengewächs entwickelte und 1989 in Bordeaux mit dem Weinoscar gekrönt wurde.

Innovativ und experimentierfreudig suchte sich Georg Stiegelmar seinen Weg. Seinem Ideenreichtum scheinen keine Grenzen gesetzt zu sein. Mit viel Idealismus verfolgt er die Idee, alten Keltermethoden neues Leben einzuhauchen. Das Resultat sind Süßweine nach der Tokajer-Methode, die Escencia und Maßlach, sowie der Strohwein. Für die Gewinnung von Strohwein ist eine besonders schonende Lese erforderlich. Die unverletzten Trauben werden auf Strohmatten am Dachboden ausgelegt, so daß sie in den folgenden drei Monaten in ständiger Durchzugsluft trocknen. Strohweine der Jahrgänge 1982, 1983, 1990 und 1991 wurden teilweise auch in Barriques ausgebaut.

Bei einer Reise in die Burgund kam der Winzer 1983 erstmals intensiv mit französischen Weinen in Berührung. „Nach der Devise ‚Das ist mein burgenländischer Wein, so müßt ihr ihn trinken' wurde bis Anfang der achtziger Jahre im Burgenland Wein produziert", stichelt heute Georg Stiegelmar. Fasziniert lernte er damals in Frankreich die Methode der Eiweißschönung kennen. Es war ein Jahr nach dieser Reise, als im Hause Stiegelmar mit dem Ausbau von Rotweinen mit Barriques begonnen wurde. Wiederum ein Jahr später kamen die ersten Weißen in Barriquefässer.

Wer Georg Stiegelmar kennt, weiß, daß er noch lange nicht am Zenit seiner Ziele angekommen ist. Und mit seinem Sohn Axel hat er einen Partner, der mit besten Voraussetzungen im Betrieb mitarbeitet. Neben seiner Ausbildung in der Weinbauschule Klosterneuburg sah er den besten „Winemaker" der Welt über die Schulter: bei Robert Mondavi in Kalifornien ebenso wie im Chateau Canon-la-Gaffelière in Bordeaux.

Im Jahr 1992 wurden 1,3 Hektar gerodete Weingärten mit St. Laurent und Pinot Noir neu bepflanzt. Seit 1990 wird fast die gesamte Ernte in temperaturgesteuerten Edelstahltanks vergoren. Und rechtzeitig zur Lese 1992 wurde eine extrem schonend arbeitende Presse angeschafft. Vater und Sohn sind sich über die Investitionen einig: „Die neue Presse und die Edelstahltanks sind ein weiterer Mosaikstein in Richtung höherer Qualität."

1993 wird das Neuauspflanzungsprogramm fortgesetzt. Cabernet Sauvignon und Merlot kommen auf tiefwurzelnde Unterlagsreben aus dem südfranzösischen Mittelmeerraum, um eine Trockenheit wie im Sommer 1992 besser durchzustehen.

Von der großen Palette der Weißweinproduktion sind die Chardonnay und die Weißburgunder besonders erwähnenswert. Sie werden teilweise traditionell und teils in Barriques ausgebaut. Sauvignon Blanc, Welschriesling, Neuburger, Rheinriesling, Gewürztraminer und Bouvier runden das Angebot ab. Die Eleganz der Rotweine verkörpert der St. Laurent 1987 genauso wie Pinot Noir 1988 , die beide von einer intensiven Fruchtigkeit, mit weichen Tanninen unterlegt und gut ausbalanciert sind. Die Nachfrage nach dem Cabernet Sauvignon ist so groß, daß der Winzer die ganze Ernte verkaufen könnte, bevor die Trauben im Keller zu Wein werden.

Viele Hände bewirken mehr. Getreu diesem Motto wird das Weingut ***Heinrich Lunzer*** in der Oberen Hauptstraße 6 geführt. Im Familienbesitz befindet sich außerdem noch ein Textilgeschäft.

Heinrich und Elfriede Lunzer teilen sich die Arbeit mit Sohn Heinrich und Schwiegertochter Franziska. Gemeinsam bewirtschaften sie 14 Hektar Weingärten, davon befinden sich rund sechs Hektar in idealer Hügellage. „Die Golser sind sehr fleißige Leute, die bereits im Weingarten frühstücken, während die anderen erst hinausfahren", läßt uns Sohn Heinrich wissen. „Wir legen besonders Wert auf die naturnahe Pflege der

Oberes Bild: Manfred Limbeck
Unteres Bild: Hans Georg Achs und Familie

Weinstöcke. Sparsamer Einsatz von mineralischem Dünger ist für uns selbstverständlich. Arbeitsintensiver Einsatz im Weingarten wird auch ständig belohnt", ergänzt er. Die regelmäßigen Plazierungen im österreichischen Weinsalon scheinen seine These zu bestätigen. 1988, 1989 und 1990 war das Weingut Lunzer mit je einem Welschriesling dort vertreten. Ein Pinot Blanc und St. Laurent Rosé waren im Jahr darauf im Weinsalon.

Die Weißweine werden in kühlbaren Edelstahltanks vergoren und je nach Sorte im Tank oder Holzfaß ausgebaut. Die Rotweine der Familie Lunzer werden nach der klassisch offenen Maischevergärung hergestellt und nach biologischem Säureabbau sowohl in traditionellen großen Holzfässern als auch in Barriques mindestens ein Jahr lang gelagert.

Terra Galos. Das lateinische Wort Terra für Erde und der ursprüngliche Name von Gols aus dem 13. Jahrhundert „Galos" stehen für die Weingüter der Familie ***Achs-Tremmel***. Unter der Leitung von ***Hans Georg Achs*** werden rund 20 Hektar Rebfläche bewirtschaftet. 16 Lagen davon befinden sich in Gols in den Rieden Ungerberg, Altenberg und Hofacker. Vier weitere Lagen stehen auf der anderen Seite des Sees in Rust im Ertrag. Der Anteil an Weißweintrauben überwiegt derzeit noch im Weingut Terra Galos. Davon werden rund 25 Prozent Welschriesling und 20 Prozent Weißburgunder geerntet. Raritäten sind die oxydativ ausgebaute Traminer Reserve und ein Neuburger Barrique Ausbruch. Im Rotweinsortiment finden sich St. Laurent, Merlot, Blaufränkisch und Blauburgunder, welche teilweise in Barriques ausgebaut werden. Im Jahresdurchschnitt erzeugt das Weingut Terra Galos rund 1000 Hektoliter. Der Neuburger Kabinett 1992 ist ein feiner, schlanker Typus mit fruchtigem Abgang. Die Welschriesling Spätlese 1991 aus der Golser Ried Ungerberg verfügt über ein gehaltvolles Bukett und einen sehr fruchtigen Duft. Die höhere Säure wird von der kräftigen Frucht gut eingebunden und harmonisiert. Die 91er Chardonnay Auslese hat einen feinen Botrytisduft und ein harmonisches Frucht-Säure-Alkohol-Verhältnis. Im Abgang erfrischend und langanhaltend.

Den Grundstock im Sinne des Wortes setzte der ***Stiegelmar***-Großvater, als er 1915 am Goldberg in einer der besten Lagen von Gols das heutige Weingut am Goldberg gründete. Sohn Johann übernahm 1945 den Betrieb und begann bereits 1960 mit genauen Bodenuntersuchungen. Er arbeitete auf nach genauen Nährstoffbilanzen abgestimmten Anbaumethoden. In dritter Generation wird das Goldberg-Weingut seit 1985 von den Brüdern ***Hans, Gerhard und Walter*** geführt. Während sich der älteste Stiegelmar-Sohn, Hans, als Kellermeister um den Wein kümmert, führt Bruder Gerhard die kaufmännischen Belange und den angeschlossenen Heurigen. Der dritte und jüngste im Bunde, Walter Stiegelmar, ist für die rund 27 Hektar umfassenden Weingärten verantwortlich. Die jährliche Erntemenge beträgt zirka 2500 Hektoliter. Die Lagerkapazitäten umfassen 9700 Hektoliter. Angeboten werden neben einer Zweigeltrebe Spätlese, einem Sämling-88-Eiswein und einem Goldberg-Sekt weitere Raritäten. Mit einer kräftigen Fruchtnase im Glas zeigt sich die Zweigelt Spätlese 1986 und einer intensiven Fruchtfülle. Im Abgang herrschen die intensiven Schwarz- kirscharomen vor. Der Zweigelt Jahrgang 1990 funkelt in einem dunklen Granatton, ist voll, samtig und weich.

In Gols reihen sich gleich mehrere gute Häuser in einer Straße. Eines davon ist der Weinbaubetrieb und die Kellerei von ***Birgit und Helmut Renner*** in der Oberen Hauptstraße 95. Sie bewirtschaften rund 10 Hektar Rebfläche, aufgeteilt in 14 Lagen in den Rieden Altenberg, Salzberg, Unterberg und Setzlust. Der Anteil von Weiß- und Rotweinen hält sich die Waage. Mit rund 25 Prozent dominiert aber der Chardonnay. Die Weine werden ausschließlich in Holzfässern gelagert. Die Rotweine Blaufränkisch, Zweigelt und Cabernet Sauvignon werden zum Großteil im traditionellen großen Holzfaß und in kleinen Mengen auch in Barriques ausgebaut.
1988 übernahm Helmut Renner den Betrieb. Seine Liebe gilt der Ernte und der Produktion. „Jedes meiner Produkte soll einzigartig und unverwechselbar für sich da sein", betreibt der Winzer Werbung in eigener Sache. Wie viele andere Golser Winzer sind auch Birgit und Helmut Renner Stammgäste im österreichischen Weinsalon und anderen internationalen Bewerben. Neben „süßen" Raritäten produziert Helmut Renner auch einen Welschriesling-Sekt. Es ist ein Jahrgangssekt mit erfrischender Frucht und elegantem Mousseux.

Eine Brigade von Würdenträgern gibt es in der Weinbaugemeinde Gols. Im österreichischen Weinsalon ist die Repräsentanz Golser Winzer schon ein gewohntes Bild. Mit einem Grünen Veltliner Kabinett Jahrgang 1986 waren ***Inge und Lorenz Preisinger*** von der Oberen Hauptstraße 33 im Jahr 1988 im Salon vertreten. Sie bewirtschaften ihren Betrieb mit einer Rebfläche von rund 4,5 Hektar im Nebenerwerb. 75 Prozent sind Weißweinsorten.
Weinbauern vom alten Schlag mit modernen Methoden sind ***Hans und Matthias Gsellmann***. Ihr Weingut liegt in der Oberen Hauptstraße 38 und 28. Auf einer Rebfläche von 18 Hektar erzeugen Gsellmann & Gsellmann im Jahresdurchschnitt 1100 Hektoliter. Ihre Weingärten liegen in den Rieden Altenberg, Goldberg und Ungerberg. In den Jahren 1990, 1991 und 1992 gab es eine Berufung in den Weinsalon mit einem Zweigelt Qualitätswein Jahrgang 1986, einer Malvasier Auslese Jahrgang 1983 und einem Zweigelt Qualitätswein 1990, welcher granatrot, mit feiner Frucht an Vanille und Kirsch erinnernd, tanninreich und elegant ist.
Am Hauptplatz 23 befindet sich der Weinbaubetrieb von ***Paul Schmelzer*** zuhause. Die 10 Hektar Rebflächen liegen in den Rieden Ungerberg, Fürstliches Prädium und Keller. Der Großteil der Produktion wird über die Gastronomie vermarktet. Als Rarität wird ein 85er Traminer Eiswein angeboten. 1990 gab es eine Plazierung im Weinsalon mit einem Welschriesling Kabinettwein Jahrgang 1989, welcher mit seiner feinen Säure und seiner feinen Frucht oftmals mit einem Steirischen Welschriesling verwechselt wurde.
Weinraritäten bis ins Jahr 1942 gibt es in der hauseigenen Vinothek des Weinbeubetriebes von ***Herbert Gmall*** in der Unteren Hauptstraße 129. Angeschlossen an das Weingut ist auch eine Buschenschenke. Der Familienbetrieb von Herbert Gmall bearbeitet 10 Hektar Weingartenfläche. Gesetzlich schützen ließ sich der Winzer seine Weinserie „Weinfestspiele", unter deren Namen seine Spitzengewächse vermarktet werden. Den Hattrick schaffte Herbert Gmall in den Jahren 1988, 1989 und 1990, als er dreimal hintereinander im Weinsalon vertreten war. Mit seinem Welschriesling Eiswein 1988 war er 1989 plaziert. Die große Fülle dieses Eisweines, seine klare Frucht und die harmonisch eingebundene Säure zeigen schon jetzt das lange Leben, das diesem Wein noch bevorsteht, an.
Ein Mitgliedsbetrieb des Verbandes „Pannonischer Reigen" ist das Weingut von ***Ilse und Georg Preisinger*** in der Neubaugasse 26. Bereits seit dem Jahr 1955 leitet das Ehepaar den Betrieb. Seine Auszeichnung erhielt die Familie Preisinger mit einer Weißburgunder x Ruländer

Auslese Jahrgang 1987, die 1988 im Weinsalon ihre Würdigung fand.

In der Goldbergstraße 2 liegt das Weingut Sonnenmulde von ***Hans Schreiner***. Auf einer Rebfläche von 13,5 Hektar wurden von der Familie Schreiner vorwiegend Weißweine ausgesetzt. Mit 40 Prozent Anteil dominiert der Welschriesling. Die roten Sorten Blaufränkisch und Zweigelt werden auch in Barriquefässern ausgebaut. Es werden unter anderen Beeren- und Trockenbeerenauslesen und je nach Jahrgang Eisweine produziert. Der Chardonnay Kabinett 1988 plazierte sich im Jahr 1989 im österreichischen Weinsalon.

Der Weinbaubetrieb der Familie ***Elfriede und Werner Achs*** in der Feldgasse 7 bearbeitet seine 10 Hektar Weingartenfläche in den Rieden Ungerberg, Hoher Altenberg sowie Goldberg, wo sich auch der Keller des Weingutes befindet. Eine Rarität ist ein süßer Neuburger Eiswein Jahrgang 1983. Das Sortiment des Weinbaubetriebes wird von Weißweinen beherrscht. Blauer Zweigelt, Blaufränkisch und St. Laurent machen ein Viertel der Rebfläche aus. Der Welschriesling Kabinett 1988, im Jahr 1989 im österreichischen Weinsalon, ist ein typischer Vertreter seiner Sorte.

Eine eigene Art der Vermarktung betreibt die Familie ***Helmut und Hilde Beck*** in der Festwiese 14. So wurde ein Grüner Veltliner Jahrgang 1991 unter dem Namen „Heckengleschler" markengeschützt. Die rund 6,5 Hektar Rebflächen liegen großteils in den Rieden Ungerberg, Zwergäcker, Altenberg. Der Weinbaubetrieb ist schon seit Generationen im Besitz der Familie. Mitte der sechziger Jahre übernahm Kellermeister Helmut Beck den Betrieb von seinem Vater. Er vereinigt in seiner Person eine seltene Kombination: Führender Winzer und Gastronom. Der rührige Gastwirt hatte großen Anteil am qualitätsorientierten Weg der Golser Winzer. An das Weingut angeschlossen ist der Gasthof „Birkenhof". Sein Birkenhof ist Mitglied der Gruppe der Weingasthöfe und ist ein Musterbeispiel für die Harmonie von regionaler weingastronomischer Kultur.

Der Weinhof am Altenberg wird von der Familie ***Hans und Emilie Schuhmann*** geführt. Im Jahresdurchschnitt erzeugt man von den sechs Hektar Rebfläche zirka 350 Hektoliter. Die Weine werden traditionell in Eichenfässern gelagert. In den Weinsalon 1988 kam ein Neuburger Qualitätswein Jahrgang 1987.

Das Ehepaar ***Reinhard und Edith Göschl***, ihr Weingut liegt Am Kanal 4, bearbeitet eine Rebfläche von 12 Hektar. Die Weißwein- und Rotweinsorten halten sich in etwa die Waage. Der Jahrgang 1990 brachte eine Welschriesling Spätlese, die im Weinsalon 1991 präsent war. Alle Eigenschaften eines ausgezeichneten Weines besitzen weiters eine Pinot Blanc Auslese und ein St. Laurent Jahrgang 1987. Die Angebotspalette besticht durch ihre Sortenvielfalt. Die Welschriesling Spätlese 1990 ist überaus gehaltvoll und fruchtbetont und mit einem sehr langen Abgang ausgestattet.

Mit einer Neuburger Spätlese 1990 war das Weingut von ***Gerald Pittnauer*** im österreichischen Weinsalon. In der Zeile 15 zuhause, werden sieben Hektar Weingärten bearbeitet. Im Rotweinbereich bestechen der Blaufränkisch Barrique der Jahrgänge 1990 und 1991.

Serienplazierungen im österreichischen Weinsalon gab es für das „Vinum Pannonia" der Familie ***Gerhard Allacher*** aus der Neubaugasse 5 jeweils mit einem Welschriesling. Seit Generationen im Familienbesitz, werden vor allem auf den Rieden Kurze Gabarinza, Lange Altenberg, Lange Salzberg und Altenbergäcker die Rebsorten Welschriesling, Pinot Blanc, Grüner Veltliner, Neuburger, Müller Thurgau, Blauer Zweigelt und Blaufränkisch kultiviert. Mit einer Welschriesling Trockenbeerenauslese 1981 wurde das Allacher Vinum Pannonia burgenländischer Landessieger 1988.

Das Weingut von ***Georg Allacher*** - es liegt in der Neustiftgasse 48 - ist eines der ältesten von Gols. Die 18 Hektar Rebfläche sind vorwiegend mit Welschriesling, Weißem Burgunder und Grünem Veltliner bestockt. Chardonnay, Zweigelt, Blaufränkisch und Cabernet machen zusammen ein Drittel der Jahresproduktion aus. Besonders stolz ist man im Haus von Ökonomierat Georg Allacher auf eine Traminer Beerenauslese aus dem Jahr 1969. Im Sortiment findet man neben den Süßweinen wie Eiswein und Strohwein, Blaufränkisch Beerenauslese Spezialitäten wie Blaufränkisch Beerenauslese Barrique 1989 und einen Blaufränkisch Kabinett 1986 Barrique. Die Rieden des Weingutes sind Altenberg, Zwergäcker, Edelgrund, Pahlen. Fünfmal kam man in den österreichischen Weinsalon: 1988 mit einer Bouvier Beerenauslese 1984, im Jahr 1989 mit einem Zweigelt Kabinett 1986 und 1991 mit einem Chardonnay Kabinett 1990. Mit einem Zweigelt Kabinett 1989 schaffte man auch 1992 wieder den Einzug unter die besten 200 Weine Österreichs. Aperitif-Sieger wurde eine Blaufränkisch Beerenauslese Jahrgang 1981. Und mit dem Weißburgunder Qualitätswein 1991 war wieder ein Allacherwein im Salon 1993 vertreten.

In der Neubaugasse 13 liegt der Weinbaubetrieb von Vater und Sohn Paul Achs. Sie bearbeiten in den Rieden Ungerberg, Edelgrund und Spiegel rund 10,5 Hektar Weingartenfläche. Als Dünger werden nur Stallmist und Stroh ausgebracht. Unter dem Motto „Es gibt mehrere aktuelle Trends in der Weinbautechnologie. Die eigenständige Innovation sollte aber der Wegweiser für Beständigkeit sein" verfolgt der Junior den Weinbau. Seine Erfahrungen nach einem monatelangen Praxisaufenthalt in Kalifornien versucht Paul Achs im elterlichen Weingut einzugliedern. Die Rotweine werden offen vergoren und in großen Eichen- und Akazienholzfässern gelagert, die Reifung in Barriquefässern bleibt den gehobenen Qualitäten vorbehalten. Die Sortenvielfalt der Barriques wird einer klaren Linie vorgezogen. So werden Nevers, Allier, Limousin, Slawonische ebenso eingesetzt wie Manhartsberger Eiche.

Weißweine werden bei Paul & Paul Achs in temperaturgesteuerten Edelstahltanks vergoren, einige davon kommen zur weiteren Vinifizierung ebenfalls in Barriques. Ein Welschriesling Kabinett 1987 erhielt seine Auszeichnung im österreichischen Weinsalon 1988. Mit dem St. Laurent Barrique 1990 wurde das Weingut Achs Salonsieger 1992/93. Dieser Wein wurde zehn Monate in Barriques gelagert. Der reife, dunkelrubinrote, mit dezenten Holzaromen versehene Wein entfaltet sich rasch und zeigt eine gute Fruchtkonzentration, Ein runder, sanfter St.Laurent mit einen schönem Abgang.

Frauenkirchen

Zu den jüngsten Städten Österreichs zählt der Wallfahrtsort Frauenkirchen. In den letzten Jahrzehnten entwickelte sich dieser 1982 zur Stadt erhobene Ort zu einem Handelszentrum des Heidebodens, wie man hier den erweiterten Seewinkel nennt. Frauenkirchen hatte es wahrlich in der langen Geschichte nicht leicht. Immer wieder wurde es von einfallenden Türken gebrandschatzt und zerstört. Die Pest, Feuersbrünste und die Franzosenkriege zogen eine weitere blutige Spur durch die Geschichte von Frauenkirchen.
Schon 1334 war Frauenkirchen ein beliebter Wallfahrtsort. Als die Türken während der Belagerung von Wien 1529 den Ort und die Kirche niederbrannten, blieb nur das Bild der Muttergottes erhalten und wurde dadurch Ziel zahlreicher Pilgergruppen. Als Frauenkirchen 1622 in den Besitz der Grafen Esterhàzy gelangte, war der Ort noch immer eine öde Stätte. Erst nach der Errichtung eines Meierhofes und eines kleinen Landschlosses nahm die Besiedlung zu. Die Grundsteinlegung der heutigen zweitürmigen Barockkirche erfolgte im Jahre 1695. Diese sehenswerte Wallfahrtskirche ist zu einem Wahrzeichen des Seewinkels geworden. Ein weiterer Zeitzeuge ist ein jüdischer Friedhof mit seinen alten Grabsteinen. Er erinnert heute noch an die versunkene Kultusgemeinde mit eigenem Rabbiner und eigener Synagoge.
Am Kirchenplatz 27 wurde von Annemarie und Sepp Sailer die Vinothek Kaisergarten eingerichtet. Angeboten werden sämtliche Weine der Produzentenvereinigung „Pannonischer Reigen". Eingebunden in die Vinothek ist auch eine Galerie. Kulinarisches vom Feinsten mit bodenständigen Gustostückerln führt das Restaurant „Altes Brauhaus" gegenüber der Kirche, gleich neben der Vinothek.

Rieden und Lagen

Die Ried Hallebühl ist die beste Lage von Frauenkirchen und liegt drei Kilometer Luftlinie vom Neusiedlersee entfernt. Die Weingärten liegen westlich des Ortes, die Ried Hallebühl ist ein Teil davon. Der Boden ist trocken und durchlässig. Mit vielen Kieselsteinen und einem hohen Magnesiumanteil, die dem Wein eine schöne Säurestruktur mit markanten Fruchtaromen verleihen.

Karl Lass

Niemand bestreitet, daß der Weinbau fest in Männerhänden liegt. Daß es aber auch weiblicher Charme schafft, in diese Domäne einzudringen, ist im Burgenland kein Einzelfall. Das Weingut der ***Familie Lass*** in der Josefistraße 8 ist ein gutes Beispiel. Dort wird die Linie der Weine auch von Tochter Margarethe Promintzer mitbestimmt, einer Weinbau- und Kellermeisterin. Vater Karl Lass bringt seine jahrelange Erfahrung in den Betrieb ein. Seit 1946 führt er das Weingut gemeinsam mit seiner Gattin Elisabeth. 70 Prozent der sieben Hektar großen Rebflächen sind mit Weißweinsorten ausgepflanzt, die sich vor allem auf den Rieden Hallebühl, Apetlonerweg, Mönchhoferweg befinden. Vor jeder Lese wird in bestimmten Abständen mehrmals von jedem Weingarten und Rebsorte auch ein Sample aus rund 200 Beeren gemacht, um die einzelnen Zucker-, Säure- und pH-Werte zu bestimmen. So kann man Jahr für Jahr für jede Rebsorte den idealen Lesetermin feststellen. Egal welche Rebsorte und Qualitätsstufe, Karl Lass vinifiziert sie immer zu etwas Besonderem. So auch den Welschriesling und Rheinriesling, die als Qualitätsweine ausgebaut sehr intensiv ihre sortentypischen Merkmale zeigen. Vom Sämling 88 wurde im Jahre 1989 eine Beerenauslese geerntet. Diese verfügt über alle Attribute eines gehobenen Prädikatsweines: ganz zarter Botrytisduft, Säure und Zuckerrest sind harmonisch vereint; ein kräftiges, vollmundiges Bukett und ein wuchtiger Abgang, bei dem der Fruchtgeschmack überwiegt. Wenn es das Jahr erlaubt, werden im Hause Lass Süßweine produziert. „Der Sämling und der Ruländer eignen sich besonders für die Süßweinproduktion, sie sind auch jene Traubensorten; an denen der Edelpilz als erster auftritt", meint der Winzer. Für ihn waren die Jahre 1981, 1983, 1987 und 1991 die besten Jahre für edelsüße Weine. Eine weitere Rarität ist der bei −10°C im Winter 1991 mit 38° KMW gelesene Eiswein der Sorte Grüner Veltliner . Von dieser Ernte wurden lediglich 130 Liter erzeugt. Reihenauszeichnungen im österreichischen Weinsalon sowie den Preis der „Goldenen Traube" 1988, die höchste Auszeichnung im Burgenland, sind der stolze Beweis für die hervorragende Qualität der Lass-Weine. 80 Flaschen Welschriesling Kabinett Jahr-

Die Basilika von Frauenkirchen

gang 1983 wurden unter anderem im Klosterneuburger Weindenkmal eingemauert.

Der junge Winzer ***Josef Umathum*** ist zur Zeit wohl der erfolgreichste Weinbauer in Frauenkirchen. Er pflegt seine Weingärten mit großer Sorgfalt. Von 11 Hektar Rebfläche stehen 9 Hektar im Ertrag. Zu nahezu gleichen Teilen werden Rot- und Weißweinsorten kultiviert. Der Entwicklung im heutigen Weinbau Rechnung tragend, arbeitet der Winzer derzeit an der Erweiterung der Rotweinanbaufläche.
Den Grundstock für die heutige Größe und den guten Ruf des Weingutes legten die Eltern von Josef Umathum, Elisabeth und Johann. In den späten fünfziger Jahren gründeten sie ihren Weinbaubetrieb. Das Ehepaar erkannte schon sehr früh die Bedeutung der richtigen Sortenwahl auf dem richtigen Boden. Durch das Auspflanzen von Ruländer, St. Laurent, Zweigelt trafen die Winzer bereits vor Jahrzehnten die richtige Entscheidung. Bis 1992 arbeiteten die Söhne Hans und Pepi gemeinsam an der Weiterentwicklung des Weingutes. Hans

Johann und Josef Umathum
Bild rechts: Der Faßkeller der Familie Umathum

Umathum absolvierte in Klosterneuburg die Weinbauschule und studierte Theologie. Eine heimtückische Krankheit riß 1992 diesen Idealisten allzu früh aus dem Leben. Sein Bruder Josef setzt seither den eingeschlagenen Weg fort.
Pepi Umathum eignete sich großes Wissen bei seinen Studienaufenthalten in Frankreich an. In den Jahren 1984 und 1985 arbeitete er im Elsaß, Burgund und in der Provence. René Lambert aus Bordeaux öffnete Josef Umathum eine neue Welt, brachte ihn mit den dortigen bedeutendsten Kellermeistern zusammen. „Der Umgang der französischen Kellermeister mit dem Wein und ihre Philosophie beeindruckten mich tief", erinnert sich Pepi Umathum. Der burgenländische Winzer lernte damals auch hautnah die Praktiken des Weinausbaus in Barriquefässern kennen.
Diese Weinbauphilosophie praktiziert Pepi Umathum auch in Frauenkirchen. Wichtig für ihn ist vor allem die Weingartenarbeit. In seinen Weingärten stehen nicht nur Rebstöcke, sondern auch viele Grünpflanzen. „Wo alles blüht, wird es interessant. Und wenn es dem Schmetterling in seinem Lebensraum gut geht, geht es auch dem Winzer gut. Es sind Zeichen der Vollkommenheit, die es gilt, sie zu erkennen und zu deuten. Deshalb praktiziere ich aus Überzeugung den biologisch-organischen Weinbau", denkt Pepi Umathum laut weiter. Genauso sieht er sich selbst: „Ich bin nur ein Baustein im ganzen; meine Aufgabe ist es, die mir zugedachte Aufgabe möglichst gut zur Entfaltung zu bringen."
Der Wert des Weingutes sind zum Teil die guten Lagen seiner Weingärten. Die bedeutendste Lage ist die Ried Hallebühl mit kiesigem Sandsteinboden und in kleinen Flächen auch mit Mergelboden. Dort wachsen Zweigelt, Blaufränkisch und Cabernet Sauvignon. Erweitert wurde das Rotweinsortiment kürzlich um den Zweigelt vom Haidboden. Haidboden ist die alte Bezeichnung für den Landstrich um Frauenkirchen.
Der Zeitpunkt der Lese wird nach den Zucker-, Säure- und pH-Werten festgelegt. Die handgelesenen Trauben werden bereits vom Stock weg selektioniert. Die Lese erfolgt in mehreren Arbeitsdurchgängen.

Die Trauben werden schonend gepreßt, und der Most vergärt in temperaturgeregelten Stahltanks. Umathum arbeitet nur mit Naturhefen. Bei Rotweinen betragen die Maischestandzeiten 10 bis 14 Tage. Seihmost wird abgelassen, und einige Prozent Preßmost werden wegen der höheren Tannine zugesetzt. Der Wein wird sowenig wie möglich bewegt. Der Most aus den Toptrauben von den alten Rebstöcken wird in Barriques ausgebaut. Normale Jungweine werden in großen Holzgebinden weiter vinifiziert.
Charakteristisch für den Stil des Hauses sind die Cuvées. Aus den Sorten Zweigelt, Blaufränkisch und Cabernet Sauvignon gestaltet Josef Umathum seine Rotwein-Kreationen. Bei den weißen Sorten wird vor allem mit den Burgundern mit Holzeinsatz und biologischem Säureabbau gearbeitet. Damit beschreitet das Weingut einen neuen Weg, der weichere, bekömmlichere und letztlich lagerfähigere Weine hervorbringt. Pepi Umathum: „Wir orientieren uns dabei an den alten, bewährten und einfachen Methoden der Weinverarbeitung." Und weiter: „Aber erst das harmonische Zusammenspiel von Klima, Boden und menschlichem Tun bringt große Weine hervor." Nach diesem Grundsatz arbeitet und lebt der Weinbauphilosoph, der 1990 zum „Winzer des Jahres" gewählt wurde. 1992 erhielt er die „Trophée Gourmet" für den besten Winzer des Landes. Das Weingut Umathum gehört weiters zu den 20 Top-Weingütern Österreichs. Seine Weine genießen weit über die Landesgrenzen einen hervorragenden Ruf. Nationale und internationale Auszeichnungen unterstreichen die Qualität dieses Hauses. Zu den besten Jahrgängen zählen der reinsortige Zweigelt von der Ried Hallebühl 1987 sowie die Cuvées aus den Jahren 1988, 1989 und 1990.
Gute Qualitäten erreichte generell der 1990er Jahrgang, herausragend dabei der Pinot Gris 1990 und Sauvignon Blanc 1990. Hervorragende Rotweinqualitäten brachte das Jahr 1991. Es sind dies der Zweigelt klassisch 1991, der St.Laurent 1991, der Zweigelt Haidboden, Barriqueausbau 1991, der St. Laurent vom Stein-Barrique 1991, der Hallebühl 1991, eine Cuvée aus Zweigelt, Blaufränkisch und Cabernet Sauvignon Barrique.

Mönchhof

Am Ortsanfang von Mönchdorf wird der Besucher mit einer Tafel und der Aufschrift „älteste Weinbaugemeinde Österreichs" willkommen geheißen. Der Ort liegt im Süden der Parndorfer Platte und verdankt seinen Bestand den Zisterziensern von Heiligenkreuz, die 1217 eine Grangie, einen Klosterhof und ein Bauerndorf gründeten. Die Ordensbrüder waren es, die zu dieser Zeit französische Rebsorten nach Mönchhof brachten. In der Schenkungsurkunde von König Andreas II. von Ungarn an die Abtei Heiligenkreuz wurde der Ort „Ledinthov" genannt. Wie viele andere Gemeinden des Burgenlandes wurde auch Mönchhof von den zahlreichen kriegerischen Auseinandersetzungen nicht verschont, 1529 verwüsteten zum Beispiel die Türken die Gegend. Dem Türkenansturm standgehalten hat der Wehrturm.
Auf einer erhöhten Anlage beherrscht die barocke Pfarrkirche zur Heiligen Magdalena den Ort. Den dörflichen Charakter prägen unter anderem die alten Kellergassen.
Ende der fünfziger Jahre wurde in Mönchhof das Kloster Marienkron ins Leben gerufen, ein Priorat der Zisterzienserinnen. Die Ordensschwestern managen heute ein modernes Kurhaus und Entspannungszentrum mit sämtlichen Kneippeinrichtungen.

Er war erst 27 Jahre alt, als sein Vater die „Zügel" des Weingutes aus der Hand gab und ihm die Führung anvertraute. ***Josef Pöckl*** ging es mit Feuereifer an, seine Vorstellungen in die Tat umzusetzen. „Während meiner Ausbildung stieß ich bei meinem Vater mit meinen Ideen immer wieder auf offene Ohren. Vieles konnte ich schon damals in den Betrieb einbinden", erklärt der Winzer. Und weiter: „Ein großes Anliegen von mir war die rigorose Umstellung auf mehr Rotweinerzeugung." Josef Pöckl bewirtschaftet heute elf Hektar Weingartenfläche. Rund zwei Drittel davon sind mit Rotweinsorten bepflanzt. Das Gros dieser Rebstöcke sind Zweigelt, Cabernet Sauvignon und Pinot Noir, Merlot und Blaufränkisch. Wurden die Rotweine bis Ende der achtziger Jahre noch alle traditionell ausgebaut, kommen heute die besten Qualitäten in Barriques. „Mit 30 kleinen Eichenfässern begann ich 1989. Die ersten Faßproben wurden mit Begeisterung aufgenommen, und ein Großteil meiner Barriqueweine wurden bereits vor der Flaschenabfüllung vorbestellt." Alle Rotweine werden geschlossen im Rototank vergoren. Es wird grundsätzlich ein biologischer Säureabbau durchgeführt.
Die Entwicklung des Pöckl-Weingutes läßt der Winzer gerne Revue passieren: „Die Entwicklung im Weinbau geht unaufhörlich weiter. Wir sind stolz, in unserem Betrieb kellertechnisch einen zeitgemäßen Standard aufgebaut zu haben." Auf die Weingartenarbeit bezugnehmend meint der Winzer: „Die ultimative Qualität des Weines wird diktiert von der Qualität der Trauben. Niemand kann aus minderen Trauben guten Wein machen." Pöckl spielt vor allem auf die idealen klimatischen Voraussetzungen, bezugnehmend auf die Rotweinproduktion, an. „Wir besitzen in diesem Land die besten Komponenten, um große Rotweine zu produzieren," sagt der Winzer, um sofort anzuschließen: „Das soll aber nicht heißen, daß Weißweine bei uns stiefmütterlich behandelt werden. Mit einem Welschriesling Kabinett Jahrgang 1989 waren wir 1990 im österreichischen Weinsalon vertreten." Weißweine werden im Pöckl-Weingut in temperaturkontrollierten Edelstahltanks ausgebaut. Er achtet auf eine frische Frucht mit einer eleganten Säurestruktur und einem duftigen Bukett. Durch die Selektion der Traubenqualitäten im Weingarten und das gewissenhafte Handwerk von Josef Pöckl bei der Vinifizierung werden unheimlich dichte und volle Rotweine produziert. Da sie noch mit kräftigen Tanninen ausgestattet sind, gibt es bezüglich der Haltbarkeiten und der längeren

Flaschenreife keinerlei Probleme. Im Gegenteil, die Pöckl-Rotweine benötigen bei traditionellem Faßausbau drei bis fünf Jahre Reifezeit. Die in Barriques gereiften Cuvées, der Admiral und der Cabernet Sauvignon, benötigen mindestens drei bis vier Jahre bis zur ersten Trinkreife und entwickeln sich dann in den nächsten fünf Jahren zur vollen Harmonie.

Der Admiral 1990 ist eine Cuvée aus Cabernet Sauvignon, St. Laurent, Zweigelt und einem kleinen Anteil Blaufränkisch. Zur Zeit ist der Wein noch sehr verschlossen, doch hat er ein volles, fruchtintensives Bukett mit kräftigen Tanninen und ist sehr komplex und vielschichtig. Der St. Laurent 1990 entwickelt sich langsamer als der Admiral, wogegen der 90er Zweigelt schon jetzt sehr weich und zugänglich ist. Mit seinem vollen Weichselduft und dem würzigen, nuancenreichen Körper und den harmonisch eingebundenen Tanninen wirkt er sehr ausgeglichen.

Apetlon

Umgeben von einer einzigartigen Naturkulisse ist die Nationalparkgemeinde Apetlon im Seewinkel. Zeitlose Momente scheinen an diesem Ort an der Tagesordnung zu stehen. Viele der alten Landhäuser haben ihren ursprünglichen Charakter bis heute erhalten, wie jenes im Ortskern mit einem davor gelagerten Ziehbrunnen. Tschardaken nennt man die alten Maiskolbenspeicher, deren Schilfrohrdächer oft bis zum Erdboden reichen.

Ein Juwel ist das Naturschutzgebiet „Lange Lacke" vor den Toren von Apetlon. Auf zirka 1000 Hektar kann man eine einmalige Tier- und Pflanzenwelt beobachten. Die Ufer von Salzseen, umgeben von der stillen Weite der Pußta, sind Brutstätten von unzähligen Vogelarten. Im Schilf brüten Graugans, Rohr- und Zwergdommel oder das Bläßhuhn, auf den Hutweiden der Kibitz und die Rotschenkel. Löffler, Möwen, Seeschwalben oder Silber-, Purpur- und Graureiher sind Gäste der „Langen Lacke". Ein Naturereignis ist der „Gänse-" oder „Gansl-Strich" im Herbst. Tausende und Abertausende von Graugänsen, aber auch Bläßhühner und Saatgänse kehren täglich bei Sonnenuntergang von ihren Nahrungsgründen auf das Wasser der „Langen Lacke" zurück und bilden so ein unvergeßliches Naturereignis.

Schon vor mehr als 200 Jahren wurde das Weingut von ***Rudolf Payer*** in der Sportplatzgasse 17 erstmals urkundlich erwähnt. Auf einer Gesamtrebfläche von rund 10 Hektar kultiviert der Winzer zu 90 Prozent Weißweinsorten. Die Spezialitäten sind Prädikatsweine. Der Reigen der Beeren- und Trockenbeerenauslesen ist beinahe unübersichtlich. Mit einer Neuburger Trockenbeerenauslese wurde Rudolf Payer in den illustren Kreis des österreichischen Weinsalons 1992/93 aufgenommen. Dieser Wein besticht in der Farbe durch sein schillerndes Gold. Das intensive Fruchtbukett ergänzt sich bestens mit dem rassigen Duftspiel der eleganten Botrytistöne. Wuchtig und extraktreich im Ausdruck, besitzt diese TBA eine große Harmonie von Säure, Alkohol und Restsüße.

Ein Winzer alten Schlags ist ***Johann Wulkersdorfer***. Seit nahezu einem halben Jahrhundert keltert er in Apetlon Weine. Seine Weingärten in den Rieden Illmitzerweg, Martinihof und Rohrung sind bekannt für kontinuierlich gutes Traubenmaterial. Derzeit bewirtschaftet der Weinbauer rund fünf Hektar Rebfläche. Im Ertrag stehen Anlagen von Bouvier, Welschriesling, Traminer, Muskat Ottonel, Zweigelt und Blauer Burgunder.

Bereits im Jahr 1945 übernahm Johann Wulkersdorfer das Familienweingut. Über all die Jahrzehnte achtete der Weinbauer darauf, mit der Weintechnologie Schritt zu halten und war – und ist noch immer – allem Neuen stets aufgeschlossen. Seine Weine baut Johann Wulkersdorfer zum Großteil traditionell in Holzfässern aus. Aushängeschilder des Betriebes sind die zahlreichen Süßweine. Mit einer Welschriesling Trockenbeerenauslese Jahrgang 1981 wollte es Hans Wulkersdorfer ganz genau wissen. Er reichte diesen Prädikatswein mehrmals bei der internationalen Weltweinmesse in Laibach ein und wurde auch jedesmal mit Großem Gold ausgezeichnet. In der Farbe goldgelb, mit blumig-duftiger Note besticht er durch seine Überreife und merkbaren Botrytistönen. Überaus harmonisch.

Fraglos gehört die Familie Moser zur traditionsreichsten Winzerfamilie Österreichs. Eine historische Betrachtung des österreichischen Weinbaues ohne die Erwähnung von Professor Dr. Lenz Moser ist undenkbar. Der 1978 verstorbene Weinbaupionier hat bewiesen, daß Wirtschaftlichkeit und höchster Qualitätsanspruch nicht im Widerspruch stehen müssen. Seine von ihm in den zwanziger Jahren entwickelte Anbaumethode der Hochkultur hat den Weinbau in unseren Gebieten revolutioniert.

Der Geist und die Weinbautradition werden heute von seinen Söhnen weitergetragen. Einer von ihnen ist **Sepp Moser**. Gemeinsam mit seinem Vater suchte er im Jahr 1960 nach einem eigenen Betrieb. Im Weingut Seewinkelhof, auch Hedwighof genannt, fand er ihn. In eigener Verantwortung begann Sepp Moser sein neues, eigenes Lebenswerk. Zu seinem Stammsitz in Rohrendorf in Niederösterreich wirkt das Weingut im Seewinkel ideal als Gegengewicht.

Die Gesamtfläche des Weinbaubetriebes umfaßt 23 Hektar Weingärten. Sie stehen auf kalkreichen, schottrigen Tonböden, die im oberen Bereich stark mit Humus durchsetzt sind und sich deshalb schnell erwärmen. Seit vielen Jahren wird nur mehr organisch, mit gut verrottetem Stallmist gedüngt und auf diese Weise eine gute Bodenstruktur erreicht. Die bedeutendste Lage ist die Ried Hedwigshof, nach der auch das Weingut benannt ist.

Josef Pöckl

Bild oben: Sepp Moser
Bild unten: Roland Velich

Der Hauptanteil ist die Sorte Blauer Zweigelt. Sepp Moser: „Mit dem Profil dieser typisch österreichischen Sorte habe ich meine eigene Linie geschaffen." Die Rebstöcke sind im Durchschnitt 20 Jahre alt. Einen älteren Bestand gibt es noch von der Sorte Blauburger in der Riede Siebenmahd. Neuauspflanzungen wurden in den letzten Jahren mit den Sorten Merlot und Cabernet Sauvignon gemacht.

Von der Gesamtfläche werden sieben Hektar für die Weißweinproduktion genützt. Kultiviert werden die Sorten Pinot Blanc, Neuburger und Chardonnay. Diese Trauben werden nach der Lese sofort gepreßt, der Most nach Rohrendorf zur weiteren Vinifikation gebracht. Ähnlich verhält es sich mit den roten Trauben, die unmittelbar nach der Ernte nach Rohrendorf kommen und dort auf der Maische vergären. Es folgt ein biologischer Säureabbau. Je nach Qualität werden die Rotweine in großen Holzfässern oder in Barriques weiter ausgebaut. Mit einem Blauburger Qualitätswein Jahrgang 1986 wurde der Seewinkelhof in den österreichischen Weinsalon 1988 aufgenommen. In der Farbe sehr dunkel kommen seine zarten Brombeernoten gehaltvoll zum Vorschein. Langer angenehm-herber Abgang.
Weitere Weinspezialitäten sind neben Zweigelt Barrique die Cuvée Seewinkelhof Jahrgang 1990. Diese Kreation aus dem Hause Sepp Moser besteht aus 40 Prozent Cabernet Sauvignon und 60 Prozent Blauer Zweigelt. In der Farbe rubinrot mit einem intensiven Rotweinduft ist er ausgesprochen samtig mit einer angenehmen Herbe ausgestattet. Seine volle Trinkreife wird er erst in einigen Jahren erreichen.

Nicht leicht zu finden ist der Weinbaubetrieb der Familie Velich in der Seeuferstraße. Es ist das letzte Haus in dieser Straße. Die angegebene Hausnummer 12 wird man vergeblich suchen. Umso besser „findet" man die Weine dieses Betriebes. Geführt wird der Betrieb von ***Franziska und Helmut Velich***. Unterstützt werden die beiden von ihren Söhnen. Roland, von Beruf Croupier im Casino Wien, und sein Bruder Heinz, er studiert Bodenkultur in Wien, arbeiten seit dem Jahr 1989 in Mitverantwortung im Weinbau aktiv mit. Roland Velich brach damals sein Jusstudium ab und unternahm verschiedene Studienreisen nach Kalifornien und Italien. Mit dem Erfahrungsschatz ihres Vaters und mit neuen Technologien begannen die Jungen ihre Arbeit mit dem Vater.
Das Anwesen umfaßt drei Hektar mit ausschließlich weißen Sorten bestockter Rebfläche. Der Chardonnay ist für die Winzer von besonderem Interesse.
Eine der besten Lagen ist die Ried Hedwigshof. Sie befindet sich rund 500 Meter östlich von Apetlon, direkt hinter dem Hotel Pannonia. Sie ist vor allem unter ihrem Dialektnamen Tiglat bekannt. Dieses Wort stammt aus dem 19. Jahrhundert und bedeutet soviel wie tegelhaltig, ziemlich fettes Gestein. Das entspricht für die Ried Tiglat aber nicht den Realitäten. Diese Ried hat einen schottrigen Untergrund mit wenig Kalk und reichlich Schwarzerde. Unter dem Namen Tiglat wird auch der Chardonnay vermarktet. Diese Rebe wurde 1961 ausgepflanzt. Als Morillon in der Steiermark gekauft, entpuppte sich dieser Edelreißer erst viel später als Chardonnay. Die alten Rebstöcke bringen heute zwar wenig Ertrag, umso mehr gewinnt man aus den Trauben volle, bukettintensive und kräftige Weine.
Bei der Weinbereitung achten die Winzer auf das sanfte Pressen ihrer Trauben. Großteils wird Seihmost verwendet. Vor dem Vergären wird der Most stark entschleimt. Diese im großen und ganzen einfache Kellertechnologie

verlangt ein sehr sauberes Arbeiten. Roland Velich: „Prinzipiell sollte man dem Wein sowenig wie möglich antun. Nicht zuviel filtrieren! Wir praktizieren mehr eine natürliche Klärung durch das Umziehen des Weines von Faß zu Faß."

Neben dem traditionellen Ausbau von Welschriesling, Neuburger, Traminer werden Chardonnay und Süßweine in Eichenholzfässern vergoren. Verwendet werden Slawonische, Allier- und Limousineiche. Begonnen haben die Winzer mit dem 90er Jahrgang. 1991 wurden die ersten Süßweine in Barriques vergoren. Der Holzausbau im Barriques bringt eine Vertiefung der Komplexität und Haltbarkeit durch Tannine aus der Eiche. Es entsteht ein sekundäres Bukett. Der Wein entwickelt sich langsamer zu seiner Trinkreife. Mit dieser internationalen Stilistik wurde der 91er Chardonnay vinifiziert. Mit 20° KMW wurden die Trauben gelesen. Nach der Gärung reifte der Wein 12 Monate im Holzfaß, davon 7 Monate in Barriques. Er hat eine enorme Frucht im Duft und Körper, ist weich und harmonisch.

Der Neuburger Ausbruch Jahrgang 1991 brachte es bei der Lese am 24. Oktober auf 32° KMW. Er wurde 12 Monate in Barriques mit slawonischer Eiche ausgebaut, wurde öfters umgezogen und erst vor der Flaschenfüllung filtriert. Die Werte dieses interessanten Weines: 65,4 g/l zuckerfreier Extrakt, 9,3 g/l Säure, 12 Vol. % Alk., 215,5 g/l Trockenextrakt, 150 g Restzucker. Goldene Bernsteinfarbe, intensive Honigtöne im Duft, volle Frucht mit zarter Botrytis, säurebetont im Abgang, feine, duftige Note, elegant.

Die Welschriesling Trockenbeerenauslese 1991, in Allier und Nevers ausgebaut, ist ein voller und intensiver Edelsüßwein mit Potential für das nächste Jahrtausend.

Eine Reihe von Auszeichnungen schmücken die Arbeit des Weingutes der Familie Velich. Der erste Wein der Velich-Söhne, der Welschriesling Kabinett Jahrgang 1989, wurde im Jahr 1990 in den österreichischen Weinsalon aufgenommen.

Andau

Das Ehepaar ***Hans und Maria Scheibelhofer*** bewirtschaftet gemeinsam ihren landwirtschaftlichen Betrieb. Von den 30 Hektar Gesamtfläche entfallen 13 Hektar auf den Weinbau. Kultiviert werden 70 Prozent Weißweinsorten in den Rieden Lehmgruben und Brunnäcker. Anfang der siebziger Jahre begann die Familie den Weinbau intensiver zu betreiben. Integriert in das Weingut ist eine eigene Rebschule. Mit der Linie seiner Weine zeigt Weinbau- und Kellermeister Hans Scheibelhofer, was man im Seewinkel an guten Weinen hervorbringen kann. Bei nationalen und internationalen Weinbewertungen erreichten sowohl Weiß- als auch Rotweine immer wieder Spitzenplazierungen. Der erste Durchbruch gelang dem Winzer mit dem Blaufränkisch Kabinett 1983. Bei der Vinova 1986 war dieser Rotwein der höchstprämierteste. Der Welschriesling Kabinett Jahrgang 1988 wurde nicht nur Burgenländischer Landessieger; unter den 200 besten Weinen aus Österreich wurde dieser Wein in seiner Kategorie im Jahr 1989 Salonsieger. Herausragend auch der Welschriesling Eiswein 1988 aus der Ried Brunnacker. Seine Werte: 11,1 Vol. % Alk., Säure: 8,7 g/l, Zuckerrestwert: 153 g/l. Dieser Salonwein ist grünlich-gelb bis goldfarbig mit einer feinen Säure, würzig, extraktreich und einem harmonisch eingebundenen Restzucker. Dieser Eiswein verkörpert alle Ideale eines großen Süßweines. Ein Wein für das 21. Jahrhundert.

St. Andrä am Zicksee

Sie verkörpern die neue Welle im Weinbau in der Region um St. Andrä: ***Elisabeth und Alfred Ziniel***. Unterstrichen wird ihre gute Arbeit mit Serienplazierungen im österreichischen Weinsalon. Als Salonsieger standen sie bereits einmal „am Stockerl". Kellermeister Alfred Ziniel, Absolvent der Weinbaufachschule in Eisenstadt, legt die Linie seiner Weine trocken an. Im Ertrag stehen rund sechs Hektar Rebfläche mit einer großen Sortenvielfalt. So kultiviert das Winzerehepaar in ihren Weingärten Welschriesling, Grüner Vetliner, Traminer, Weißburgunder, Sauvignon Blanc, Chardonnay sowie Zweigelt, Blaufränkisch, Blauburger und Cabernet Sauvignon. Weißweine werden zum Teil im Stahltank vergoren. Mit einer Trockenbeerenauslese vom Riesling x Sylvaner im Jahr 1989 und beachtlichen 40° KMW bestätigt der Weinbauer seine fachlichen Qualitäten.

Die Domäne des Kellermeisters ist aber zweifellos die Sorte Traminer. Mit ihr errang der Winzer die größten Erfolge. Herausragend der Salonsieger von 1990, ein Traminer Kabinett „Alte Reserve Jahrgang 1988".

Beim Rotwein erzielt Alfred Ziniel mit dem Blauburger ansprechende Erfolge. Der Ausbau in Barriques bestimmt den Charakter der Blauburger-Komponente in einer Art und Weise, wie wir sie selten vorfinden. Eine interessante Raritätensammlung alter Jahrgänge sind in der Vinothek des Hauses zusammengefaßt. Hartnäckig hortet Alfred Ziniel dort diese Weine, die er nicht außer Haus gibt und nur zu besonderen Anlässen kredenzt werden.

Seewinkler Impressionen

Eine noch junge Gemeinschaft von Produzenten hat sich 1991 im Weinbaugebiet Neusiedlersee zusammengetan. Unter dem Namen „Seewinkler Impressionen" haben sich 170 Weinbauern zusammengeschlossen. Gleich von Beginn an wurden die Weine der Prädikatswein-Produzentengemeinschaft Apetlon zweimal im österreichischen Weinsalon gereiht. Zum einen mit einer Cuvée Beerenauslese Jahrgang 1991, zum anderen mit einer Cuvée Trockenbeerenauslese Jahrgang 1991, die in ihrer Kategorie zum Salonsieger gekürt wurde.

Dieser Prädikatswein, der unter der Bezeichnung Seewinkler Impressionen vermarktet wird, besticht in der Farbe durch sein sattes Goldgelb. Eine sauber-reintönige, ausgesprochen noble Botrytisnase mit einer fein-zarten Würze sowie ein ausbalanciertes Alkohol-Säure-Zuckerverhältnis geben dieser Trockenbeerenauslese einen eigenen Charakter. Mehr als 170 Weinbauern aus den Mitgliedsgemeinden Apetlon, Illmitz, Podersdorf, Pamhagen, Wallern, Andau, Mönchhof und Tadten haben sich zum Ziel gesetzt, ausschließlich Prädikatsweine zu erzeugen und gemeinsam zu vermarkten. Die Qualitätsstufen reichen von der Beerenauslese über den Ausbruch bis hin zur Trockenbeerenauslese und zum Eiswein.

Diese Winzer haben sich auch strenge Produktionsrichtlinien auferlegt, die weit über der gesetzlichen Norm liegen. Dies sind unter anderem eine höhere Mindestgradation der Trauben für Beerenauslesen mit mindestens 26° KMW, die Kontrolle des Traubenmaterials sowie in weiterer Folge des produzierten Weines durch die Bundeskellereiinspektion sowie die Bestellung eines verantwortlichen Kellermeisters mit hochqualifizierter Ausbildung.

Geschäftsführer Mag. Josef Münzenrieder aus Apetlon sieht vor allem die Stärken seiner Prädikatswein-Produzentengemeinschaft in der selbstauferlegten Kontrolle und der damit zusammenhängenden optimalen Qualität sowie das gemeinsame Auftreten als „Seewinkler Impression" bei der Vermarktung der Weine.

Mehr als 20 Prozent der gesamtösterreichischen Prädikatsweinproduktion werden von der Produzentengemeinschaft erzeugt und vermarktet. Im Jahre 1991 waren dies 190.090 Kilogramm Trauben der Prädikatsstufe „Trockenbeerenauslese" mit einer Durchschnittsgradation von 33,6° KMW. Weiters wurden 131.590 Kilogramm Trauben der Stufen Beerenauslese und Ausbruch geerntet mit einer durchschnittlichen Gradation von 28° KMW und 24.340 Kilogramm Eiswein mit 32° KMW. Gemeinsam wurde diese gesamte Ernte in einer kellertechnisch modernst eingerichteten Kellerei verarbeitet.

Bemerkenswert sind die Erfolge, welche die „Seewinkler Impressionen" mit ihren noch jungen Produkten im In- und Ausland erreichten. Der Medaillenpegel bis zum Großen Gold reicht von der Auszeichnung durch die burgenländische Weinprämierung und den österreichischen Weinsalon über Erfolge bei den internationalen Weltweinmessen in Laibach und der Commendation International Winechallege London.

Auf einen gemeinsamen Nenner bringen die Mitgiedsbetriebe die Gestaltung der Weinetiketten. Im Mittelpunkt steht ein in Aquarelltechnik gefertigtes Landschaftsbild. In klaren Strukturen zeigt es im Vordergrund eine Lacke mit Schilfbewuchs und eine in den Horizont verlaufende Landschaft. Der formale Aufbau dieser Komposition läßt für die Interpretation der „Seewinkler Impressionen" genügend Spielraum, der durch die im unteren Teil der Etikette verlaufenden Notenreihe tonmalerische Akzente verliehen bekommt.

Pannonischer Reigen

Ein Teil des großen Potentials des Seewinkels wird durch den Pannonischen Reigen, Verband der großen Weine, präsentiert. Mit selbstauferlegten strengen Richtlinien haben sich mehr als 200 Winzer aus dem Seewinkel zu dieser Gemeinschaft zusammengeschlossen und bieten gemeinsam sieben verschiedene Weintypen an. Es sind dies der Welschriesling Kabinett trocken, Weißer Burgunder Spätlese trocken, „Altweibersommer" Spätlese süß, Beerenauslese süß, Blauer Zweigelt Spätlese süß, Eiswein süß, Trockenbeerenauslese süß. In verdeckter Kost werden die in den Pannonischen Reigen aufzunehmenden Weine der Mitglieder durch eine unabhängige Kommission ermittelt.

Eine der Auflagen für jedes einzelne Mitglied ist die Abgabe einer Absichtserklärung über die Ernteertragsbeschränkung. Die Statuten regeln weiters den Rebschnitt, die Höchsterträge, den Säurewert, die Abfüllbedingungen, aber auch die Form und Aufmachung der Weinflaschen. Die Einhaltung dieser Richtlinien wird streng kontrolliert.

Der Verband hat auch ein eigenes Büro in Neusiedl in der Unteren Hauptstraße 47 eingerichtet. Dort kümmert sich Sepp Seiler nicht nur um die Belange seiner Mitglieder. Interessierte Weinliebhaber werden bei Anfrage mit Informationen über den „Pannonischen Reigen" versorgt.

In Frauenkirchen wurde vom Verband der großen Weine die Vinothek & Galerie „Kaisergarten" eingerichtet, in welcher die Weine des Pannonischen Reigens präsentiert werden. Die Vinothek befindet sich gegenüber der Basilika.

Schloßkellerei Halbturn

Man findet wohl in keinem anderen weinbautreibenden Land einen Betrieb mit einer solch historischen und bewegten Vergangenheit wie das Weingut der Schloßkellerei Halbturn. Der Weinbaubetrieb ist einer der ältesten Österreichs und keltert seit 1214 Weine. Das ehemalige „Erzherzog Albrecht Habsburg-Lothringensche Weingut" ist heute im Besitz von Baron Paul von Waldbott-Bassenheim. Es liegt inmitten einer großen, gepflegten Parkanlage, die nach französischem Muster angelegt wurde. Die geschichtliche Entwicklung des Schlosses läßt eindrucksvoll nachvollziehen:

1015: Das österreichische Grafengeschlecht Poth erwirbt in Westungarn mehrere Besitzungen und führt sie zusammen.

1209 kommt das Schloß zur Herrschaft Ungarisch-Altenburg.

1214 erwerben die Grafen Poth durch Kauf von 14 Kurien (Hofstätten) in Jois die ersten Weingärten der Herrschaft Ungarisch-Altenburg.

1324 wird nach dem Aussterben des Grafengeschlechtes von Poth der gesamte Besitz königlich ungarisches Kammergut.

Oben: Schloß Halbturn
Rechts: Baron Paul von Waldbott-Bassenheim

1527 rückt Kaiser und König Ferdinand I. in Ungarn ein, um sein Herrschaftsrecht geltend zu machen. Er übergibt seiner Schwester Maria, Witwe des bei Mohacs gefallenen Königs Ludwig II., die gesamte Herrschaft Ungarisch-Altenburg als Witwensitz.
Lukas von Hildebrandt, Barockbaumeister des 18. Jahrhunderts, erbaute das Schloß Halbturn in seiner heutigen Form 1710.
1724 nimmt Kaiser Karl VI. das neu eingerichtete Schloß in Halbturn als neue Jagdresidenz und Gestütshof in Benützung.
1746 kauft Kaiser Franz Stefan die Herrschaft Ungarisch-Altenburg von der ungarischen Krone, um „eigene Bestände zur Bestreitung außerordentlicher Zu- und Notfälle, besonders zu einer von den Schicksalen des Staates unabhängigen Existenz der regierenden Familien bereit zu halten".
1765, nach dem Tod von Kaiser Franz Stefan, übernimmt Kaiserin und Königin Maria-Theresia den Nachlaß. Franz Anton Maulpertsch ergänzte 1765 im Auftrag von Maria Theresia im großen Schloßsaal die künstlerischen Gestaltungen mit seinem Deckenfresko „Triumph des Lichts". In den Schloßstallungen wurde damals auch das kaiserliche Lipizzanergestüt untergebracht.
1766 übergibt Maria-Theresia den Besitz an ihre Tochter Marie-Christine.
1822 tritt ihr Neffe, Feldmarschall Erzherzog Carl, der Sieger der Schlacht von Aspern gegen Napoleon, den Besitz an und läßt 1846 seine Weingärten in Jois und Neusiedl modern und erstmals sortenrein neu aussetzen. Die Kellerei in Jois wird auch modernisiert.
1847 folgt ihm als Eigentümer sein Sohn Erzherzog Albrecht, der spätere Feldmarschall und Sieger von Custozza.
1895 erbt sein Neffe Erzherzog Friedrich – der spätere Feldmarschall des 1. Weltkrieges – die Herrschaft.
1936 tritt sein Sohn Erzherzog Albrecht das Erbe an. Er stirbt 1955 überraschend in Argentinien.

Hans Beck, Kellermeister von Schloß Halbturn

Alois Schuster

1956 erbt sein Neffe Baron Paul Waldbott-Bassenheim den Besitz.
Mitte der sechziger Jahre wurden im damals neu restaurierten Schloß Halbturn die Kellereinrichtungen neu adaptiert und in Betrieb genommen. Durch die jahrhundertealte Tradition und Erfahrung ist die Schloßkellerei Halbturn zu einem Begriff gehobener Weinkultur geworden ist.
Die Schloßkellerei Halbturn wird neben den drei Gutshöfen Wittmannshof, Kleylehof und Hansahof von der Güterdirektion Halbturn verwaltet. Der Gesamtbesitz des Gutes Halbturn beträgt 3200 Hektar land- und forstwirtschaftliche Flächen, davon zirka 40 Hektar Rebfläche in Jois, Nickelsdorf und Halbturn. Verantwortlich für die Leitung der Betriebe ist Ing. Josef Ludwig. Seit Anfang der 80er Jahre ist mit Hans Beck ein kompetenter Weinbau- und Kellermeister für die Kellerwirtschaft verantwortlich.
Die besten Lagen dieser Weinbaudomäne sind die Ried Jungerberg in Jois und die Ried Wittmannshof in Halbturn. Im Ertrag stehen zum Großteil Weißweine. Kellermeister Beck: „Die Sortenvielfalt wird bei uns durch verschiedene Lesetermine erreicht. Im Verhältnis zu unseren 40 Hektar Weingartenfläche haben wir eine bescheidene, doch eine umso höhere qaulitätsorientierte Sortenpalette." Im Ertrag stehen derzeit die Rebsorten Welschriesling, Rheinriesling, Muskat Ottonel, Ruländer, Traminer, Weißburgunder, Blauburger, Blaufränkisch und Zweigelt. Alle Sorten wurden reinsortig ausgesetzt. Bei einem Großteil der Reben wurden von der Weinbauschule Klosterneuburg Unterlags- und Klonenprüfungen durchgeführt.
Bei der Verarbeitung des Traubenmaterials bei der Lese wird darauf geachtet, daß das Lesegut nicht gequetscht und mit wenig Luft in Berührung kommt, um eine eventuelle Oxydation zu vermeiden.
Die Trauben werden vor dem Maischen gerebelt, im Rototank vorfermentiert und der Seihmost vom Preßmost getrennt gehalten.
Sämtliche Moste werden vor dem Gären zentrifugiert, um ein Optimum an reintönigen, sauberen Weinen zu erreichen. Die Verwendung von Reinhefe ist in der Schloßkellerei Halbturn schon obligat. Die umfangreiche Palette reicht vom lieblichen Muskat Ottonel bis zum kräftigen Blaufränkisch oder Burgunder bis hin zur Trockenbeerenauslese. Einige Weine der Schloßkellerei tragen historische Namen. Der „Feldmarschall" ist die Bezeichnung für den Rheinriesling und bezieht sich auf eine Reihe von Besitzern des Schlosses, welche diesen militärischen Rang bekleideten. Der Blaue Burgunder wird „Büchsenspanner" genannt und erinnert an den Leitjäger des Jagdherren, welcher bei Jagden die Büchse für den Jäger laden und spannen mußte. Auf den ehemaligen Wohntrakt der Jagdgehilfen spielt der Name „Knappenstöckl" an, der für den Rosé verwendet wird. Die Ried „Töchterl" in Jois ist Namenspate für den Muskat Ottonel. Prädikatsweine aus der Jubiläumsrebe werden als „Marietheresperle" vermarktet.
Die Schloßkellerei ist auf die Produktion von Pinot Noir spezialisiert. Allein zehn Hektar Rebfläche dieser Sorte stehen im Ertrag. Durch strenge Reduktion und Selektion der Trauben im Weingarten werden im Jahresdurchschnitt maximal 5000 Kilogramm pro Hektar geerntet. Der Blauburgunder Qualitätswein 1991 wurde in den österreichischen Weinsalon 1992/93 gereiht. Dieser Rotwein hat ein dunkles, elegantes Rot; im Duft zart nach Burgundertraube; feinherb, körper- und gerbstoffreich, harmonisch. Der Rheinriesling „Feldmarschall" Jahrgang 1991 besticht durch sein volles Bukett und seine klar definierten Fruchttöne. Die Ruländer Spätlese Jahrgang 1991 ist von gelbgoldener Farbe, hat ein elegantes Säure-Zucker-Alkohol-Spiel, harmonisch und pikant.
Ein Vierteljahrhundert alt ist die Tradition der Sektproduktion. Die Cuvée „Impériale" brut wird nach der Methode Champenoise hergestellt. Mit hellem Goldgelb und feinem Mousseux, zartwürzig und elegant präsentiert sich der Impériale im Glas.
Sonderausstellungen, Konzerte, Schloßfeste mit Weinverkostungen und vieles mehr werden heutzutage in diesem Barockschloß organisiert.

Bereits seit Jahren ist das Weingut Kummer von Traude und ***Alois Schuster*** eine der besten Adressen in Halbturn für feinfruchtige Weißweine. Das Winzerehepaar Schuster bewirtschaftet eine Rebfläche von elf Hektar. Ihre Weingärten verteilen sich sehr breit, auch in unbekanntere, aber dennoch interessante Lagen. Der Großteil der Rebstöcke steht in den Rieden Lehendorf, Kaiserberg und Grabenacker. Der Rebsortenanteil beträgt bei den Weißweinsorten 70 Prozent. Die beiden Hauptsorten sind der Weißburgunder und Welschriesling. Dem Trend zu Spitzengewächsen wie Sauvignon Blanc, Chardonnay und Weißburgunder verschließen sich auch Traude und Alois Schuster nicht. Die beiden Weinbau- und Kellermeister legen großen Wert auf eine betonte Säure und Reintönigkeit ihrer Weine. Die Selektion der Rebsorten und deren reduktiver Ausbau sind ein weiteres Anliegen.
Der Anteil der Rotweinsorten beträgt im Weingut Kummer 30 Prozent. Es dominiert der Zweigelt vor dem Blaufränkisch und Merlot. Die Maische wird in temperaturgeregelten Edelstahltanks vergoren. Der Ausbau erfolgt sowohl in traditionellen Holzfässern als auch in Barriques. Das Weingut Kummer ist Mitglied im „Verband der großen Weine – Pannonischer Reigen" und exportiert unter diesem Verband seine Produkte bis nach Japan. Und die freundliche Fluglinie Austrian Airlines serviert in ihren Maschinen ebenfalls Weine vom Ehepaar Schuster. In den Jahren 1988 bis 1990 wurde der Weinbaubetrieb dreimal durch den österreichischen Weinsalon ausgezeichnet, unter anderem mit einer Weißburgunder Spätlese Jahrgang 1989.

Illmitz

„Weltmeisterlich." Wenn eine Gemeinde im Burgenland diesen Beinamen verdienen würde, dann ist es Illmitz. Es ist die meistprämierteste Weinbaugemeine Österreichs. Mehrere Komponenten sind für diese Erfolge ausschlaggebend: die besondere Bodenbeschaffenheit, das pannonische Klima und die unmittelbare Nähe des Neusiedlersees. Diese Grundvoraussetzungen und das Handwerk der Winzer ermöglichten den Gewinn von mehr als 2.000 Goldmedaillen bei regionalen und internationalen Prämierungen. Den „Championtitel" verdankt man hier vor allem den Auslesen und Trocken- beerenauslesen. Bereits Mitte August werden in der Regel die Frühsorten Bouvier und Müller Thurgau gelesen. Dieser klimatisch bedingte Reifevorsprung wirkt sich auch auf die Produktion von Prädikatsweinen aus.
Die erste urkundliche Erwähnung eines Weingartens in Illmitz geschah 1598. Mit mehr als 9.000 Hektar ist Illmitz flächenmäßig die größte Gemeinde des Burgenlandes. Davon stehen rund 1900 Hektar unter strengstem Naturschutz. Es gilt, die einzigartige Vogelwelt und Naturlandschaft für die Nachwelt zu erhalten. An Weingärten stehen in Illmitz derzeit rund 1.300 Hektar im Ertrag.
Eine der kulturellen Sehenswürdigkeiten ist das Heimathaus mit seinem geschweiften, schilfbedeckten Barockgiebel. Ein weiterer Anziehungspunkt ist die „Pußtascheune", eine zur Gänze gebaute Kreuzscheune, in der heute eine Weinschenke untergebracht ist. Für Gäste werden Führungen durch das Naturschutzgebiet organisiert – ob zu Fuß, per Rad oder mit dem Pferdewagen.

Lagen und Rieden

Die Ried Sandriegel liegt direkt am Neusiedlersee, ist ein reiner Schwemmboden mit viel Sand, leichten Humusanteilen und ist für alle Rebsorten geeignet. Unterrieden dieser Lage sind Hölle, Sand, Wolfswörth, Teilung und Schellacken.
Rechts der Straße nach Podersdorf liegt die Ried Römerstein, ein reiner Schotterboden mit vielen kleinen Bodensenken und sanften Hügeln, die für ein eigenes Mikroklima sorgen. Hier wachsen die Trauben einiger „weltmeisterlichen Weine". Die Weißburgunder TBA 1984 von Josef Gangl wurde hier gelesen. Alois Kracher erntet hier von 5,5 Hektar seine ausgezeichneten Beerenauslesen und Trockenbeerenauslesen.
Die Riede Viehweide hat einen reinen Sandboden. Die Ried Domkapitel, Remanenz, Straßäcker, Luss, Felsenacker, Hutweide sind weitere kleinere Lagen.

Champion. Auf ***Martin Haider***, der viele reiche kraftvolle Süßweine in einer solchen Eleganz produziert, wie man sie nur im Seewinkel vorfindet, paßt der Titel wie maßgeschneidert. Wer seine Weine kennt, liebt und schätzt, kommt nicht umhin, ins Schwärmen zu geraten. AL, BA oder TBA sind bei Martin Haider traditionelle Kürzel, hinter denen sich aber mehr verbirgt als bloße Denkanstöße. Das Weingut von Martin Haider liegt in der Seegasse 16. Die nüchternen Fassaden seines Betriebes verraten nichts von den Qualitäten, die sich hinter diesen Mauern verbergen. Nach außen hin einem biederen, einfachen Familienhaus ähnlich, beginnt das Seelenleben in der Garage mit einem Schauraum. Daran anschließend ein in Holz gehaltener Verkaufsraum.
Seit mehr als 100 Jahren beschäftigen sich die Haiders mit dem Weinbau. Der profilierte Betrieb hat zur Zeit 9,5 Hektar im Ertrag, mehr als drei Hektar davon sind reine Sandböden in den Rieden Sandriegel und Domkapitel entlang des Neusiedler Sees. Elisabeth und Martin Haider gehören zu jener Art Spezies Weinbauern, denen es keinerlei Probleme bereitet, konventionelle Arbeitsmethoden mit neuen, innovativen Erkenntnissen zu kombinieren. Martin Haider: „Viele Winzer gehen noch immer auf Nummer Sicher. Erst wenn einer Erfolg hat, möchten es ihm viele nachmachen", spielt der Winzer auch auf seine Experimentierfreudigkeit an.
„World Wine Champion." Diesen begehrten Titel erreichte das Haider-Weingut 1981 und 1990 auf der in-

ternationalen Weinmesse in Laibach. Dreimal waren Weine des Gutes auch im „Salon Österreichischer Wein" vertreten. So eine Welschriesling TBA 1981, eine Welschriesling BA 1983, eine Muskat Ottonel BA 1983, die besonders durch ihr Süß/Säurespiel überzeugt.

Der Betrieb von ***Franz Heiss*** in der Unteren Hauptstraße 12 ist ein bekanntes Weingut, das sich schon mehrmals mit seinen Produkten unter die besten 200 Weine Österreichs plazieren konnte. „Wir sind bestrebt, 70 bis 80% Prädikatsweine zu produzieren", erläutert Franz Weiss. Auf die Rieden Ochsenbrunnacker, Remanenz und Wolfswörth sind die rund neun Hektar Rebfläche aufgeteilt. Mehr als ein Hektar ist reiner Sandboden entlang des Neusiedlersees. Auf drei Hektar Rebfläche gedeiht ein Bouvier, der jährlich um Ende August gelesen wird und bereits Mitte September als Primeur auf den Markt kommt. Seine fruchtig-jugendlichen Züge sind es, die diesen „Ersten" so beliebt machen.

Die Naturverbundenheit wurde Franz Heiss schon in die Wiege gelegt. Die wildromantischen Landstriche rund um Illmitz, die großen Tierpopulationen und die Erkenntnis, dies alles zu erhalten, prägten ihn. Sein Betrieb ist nicht nur Mitglied des „Pannonischen Reigens", sondern auch der „Illmitzer Naturweingärtner". Tiefgründig erklärt Franz Heiss: „Illmitz ist Nationalparkgemeinde, das bedeutet für mich den Auftrag für eine naturschonende Bewirtschaftung der Weingärten, für integrierten Pflanzenschutz, für die Verwendung von nützlingsschonenden Präparaten. Weiters, daß ich die natürlichen Warndienstmeldungen der Heu- und Sauerwürmer genauso beachte und beobachte wie die Flugbeobachtung der Traubenwickler. Für die Bekämpfung solcher Schädlinge verwende ich keine chemischen Präparate. Es werden zum Beispiel Lockduftfallen aufgestellt und Raubmilben ausgesetzt."

Wenn es das Jahr erlaubt, versucht Franz Heiss 70 bis 80% seiner Ernte im Prädikatsbereich zu lesen. Sowohl in Edelstahltanks als auch in Eichenfässern werden die Weine ausgebaut. Dabei versucht der innovative Winzer auch die unterschiedlichen Ausbauformen von Normalausbau und Barrique mit demselben Wein auszuloten. Die Neuburger Beerenauslese 1991 war ein solcher Versuch. Der Barriqueausbau bringt eine vielschichtigere Struktur, die kräftigen Tannine werden durch den Zuckerrest eingebunden. Die Entwicklung des Weines vollzieht sich langsamer und die Lebensdauer wird dadurch verlängert. Nach den Erfahrungen der letzten Jahre eignen sich die ungeraden Jahrgänge besser zur Süßweinproduktion. Warum dies so ist, kann niemand erklären, die Weine der Jahrgänge 1991, 1989 und 1987 sprechen für sich. So ist die Bouvier Beerenauslese 1989 im Duft mit einem feinen Botrytiston ausgestattet, extraktreich und vollmundig im Geschmack.

Ein Herzschlagfinale gab es für die ***Familie Gangl*** bei der Vinova 1992 in Wien. Die 1984er Weißburgunder Trockenbeerenauslese von Gangl wurde nach der Bewertung mit hauchdünnem Vorsprung auf den 70er Sauternes-Wein von Chateau d´Yquem als weltbester Süßwein verkündet. Über Nacht wurde das Ergebnis etwas korrigiert und der Sauternes-Wein ex aequo mit jenem aus Illmitz an die erste Stelle gereiht. Sepp Gangl: „1984 war eigentlich kein aufregendes Weinjahr. Durch mehrmaliges Ernten - es wurden nur die rosinenartigen Trauben gelesen - haben wir die 32°KMW für die Trockenbeerenauslese erreicht. Bis zu acht Personen waren nur damit beschäftigt, in mühevoller Arbeit das Traubenmaterial zu selektionieren. Von den 0,5 Hektar haben wir 500 Liter ernten können. Die Beeren wurden zwei Tage in einen Bottich eingemaischt, um eine bessere Auslaugung und Zuckerausbeute zu erreichen. Dann wurde die Maische gepreßt und sofort in ein Holzfaß gefüllt. Die Gärung erfolgte durch die eigenen Hefen und dauerte drei Monate. Anschließend kam der Wein noch für einen Monat in ein anderes Faß, um eine natürliche Klärung herbeizuführen. Nach und nach erreichte der Wein seinen goldfarbigen Ton. Zwei Monate später wurde er in Flaschen gefüllt. „Bereits bei der ersten Verkostung stellte ich die besondere Qualität dieses Weines fest. Noch vor der Prämierung zum besten Süßwein der Welt auf der Vinova heimste diese Trockenbeerenauslese jede Menge von Preisen ein: Goldmedaille bei der burgenländischen Weinkost, Großes Gold bei der internationalen Weinmesse in Laibach 1988, Salonsieger 1988 und eine Goldmedaille in Bordeaux", schwärmt noch heute Josef Gangl. Schon in der Farbe zeigt dieser Wein seine vornehme Note, ein feines, weiches Goldgelb mit einem feinen Botrytisduft, der von einer Fruchtfülle unterstützt wird. Am Gaumen voll und süß, von der kräftigen Säure unterstützt und abgerundet. Der Abgang ist langanhaltend mit einer kräftigen Natursüße. Vom Bouvier gibts von den Jahrgängen 1980, 1981 und 1984 eine Trockenbeerenauslese. Alle drei Jahrgänge sind von imposanter Struktur, mit feinfruchtiger Säure ausgestattet und erstaunlich jung und frisch. Seine eigentliche Liebe gehört aber der Produktion von Eisweinen. „Seit 1982 lasse ich jährlich ein bis drei Hektar Trauben für die Eisweinproduktion hängen." Im Jahr 1992 wurden dafür drei Hektar verwendet. Am 26., 27. und 29. Dezember wurden die Sorten Chardonnay, Welschriesling, Sämling 88 und Muskat Ottonel als Eiswein gelesen. Der Ertrag war damals 2400 Liter. Zum Vergleich: Bei einer Normalernte kann man ca. 12.000 Liter im Kabinettbereich von der gleichen Rebfläche ernten. Der Welschriesling 1988 Eiswein hat 117 g/l Zuckerrest, der von einer fruchtigen Säure gestützt wird, beide sind harmonisch verbunden. Der Wein hat ein frisches, kühles Welschrieslingbukett.

„Touch the Pannonian charm." Während andere Winzer erst die Fühler nach Europas Weinmetropole London ausstrecken, ist mit ***Willi Opitz*** einer der wenigen burgenländischen Weinbauern mit einer Produktpalette im mondänen Kaufhaus Harrods vertreten. Aus bescheidenen zwei Hektar Rebfläche zaubert Opitz jede Menge Qualität. „Qualität ist und bleibt die stärkste Waffe für den Verkauf", spielt Willi Opitz auf die marktwirtschaftliche Absicherung seines Betriebes hin. Er führt ihn im Nebenerwerb. Die Trauben werden ausschließlich händisch geerntet und mit einer Korbpresse schonend gepreßt. Und der im Wohnzimmer stehende Kachelofen sorgt manchmal als Wärmespender für kleine Mengen Most, die dort zum Gären gebracht werden. Für die Flaschenfüllung wird nur Seihmost verwendet, um sortentypische, blumig-elegante, feine und vor allem reintönige Weine zu erhalten. Die besten Opitz-Lagen befinden sich in den Rieden „Obere Teilung" mit vorwiegend Sandböden und der Ried „Lüss" mit Schwarzerde und Schotter als Unterlage. Wie kein anderer versteht es der gevifte Winzer, mit Kleinoden an Spezialitäten so manche Marktnische zu füllen. Unter anderem finden sich ein roter Eiswein und eine rote Trockenbeerenauslese genauso wie Aperitifweine und Weine mit mehr als zehnjähriger Faßlagerung und den „Roten oder Weißen Schilfmandl", ein Schilfwein, der nach eigens entwickelter Methode gekeltert wird. Die Etiketten seiner Flaschen sind visuelle Aug-Bilder in Schrift und Farbe, die sein Schwager, ein in Deutschland lebender Künstler, für jeden einzelnen Wein schafft. Er nennt sie Vinorelle. Die Farben werden im Gegensatz zum Aquarell mit den jeweiligen Opitzweinen malfertig gemacht.

Im Jahre 1937 geboren, lernte ***Stefan Schneider*** sein Handwerk in einer turbulenten Epoche. Aufgewachsen ist er in einem Bauernhaus. Es war ein sogenannter gemischter Betrieb mit Weinbau. Den Grundstock für das heutige Weingut „Qualitätsdomaine" setzte im Sinne des Wortes der Großvater. Er war es, der nach den Wir-

Bild ganz oben: Josef Gangl
2. Bild: Martin Haider
3. Bild: Franz Heiss
4. Bild: Stefan und Elisabeth Tschida
5. Bild Willi Opitz
Bild rechts: Weingärten bei Illmitz

WEISSER
SCHILFMANDL®
SCHILFWEIN

ren des Ersten Weltkrieges 12.000 Rebstöcke in die Erde setzte, hauptsächlich Welschriesling.
Stefan Schneider bearbeitet rund acht Hektar Rebfläche. Sie gliedern sich in die Rieden Hölle-Wolfswörth, Herrnsee-Sandegg, Neufeldacker und Remanenz. Neben den klassischen Weißen kultiviert der Winzer noch die Zweigelt-Rebe. Die Liebe gehört vor allem den Süßweinen. Mit ihnen gelangen Stefan Schneider schöne Auszeichnungen. Neben Spitzenplazierungen bei der Weinmesse in Laibach wurde der Illmitzer Weinbauer mit einer Welschriesling Trockenbeerenauslese 1979 im Jahr 1989 Sieger im österreichischen Weinsalon. Schneider: „Mit dem Ausbau von Botrytis-Trauben begannen wir 1969. Vorher wurde dieses Traubenmaterial von den Händlern durchwegs abgelehnt. Der 69er Jahrgang war einer der besten.“ Es folgten weitere gute für Süßweine: 1971, 1973, 1976, 1979, 1981, 1983, 1986, 1990, 1991. Stefan Schneider legt großen Wert auf die Geschmacksrichtung: „Für mich muß ein Wein so stark wie möglich nach der Traube schmecken: ein Riesling wie ein Riesling, ein Muskat wie ein Muskat.“ Solche Eigenschaften kommen bei der Weißburgunder TBA 1991 zu tragen. Mit der Welschriesling TBA 1983 war Stefan Schneider ebenfalls im österreichischen Weinsalon vertreten, und mit diesem Wein gewann er auch die Goldene Traube 1987.

Die Namen Stefan Tschida stehen in Illmitz für zwei Weinbaubetriebe. Gemeinsam mit Gattin Elisabeth führt ***Stefan Tschida*** aus der Oberen Hauptstraße 58 das Weingut. Seit mehreren Generationen wird von der Familie der Weinbau betrieben. Stefan und Elisabeth führen einen gemischten landwirtschaftlichen Betrieb und bearbeiten rund neun Hektar Weingartenfläche. Die gängigsten Weißweinsorten sind Welschriesling, Grüner Veltiner, Traminer, Muskat Ottonel, Müller Thurgau und Bouvier. Mit Zweigelt und Blaufränkisch gibt es zwei Rotweinsorten. Der 1942 geborene Stefan Tschida ist ein Spezialist für Süßweine, die er sowohl mit weißem und rotem Traubenmaterial vinifiziert. Höchste Auszeichnungen dekorieren die Weine von Stefan und Elisabeth Tschida. Der Aufstieg des Weingutes begann 1981. Damals kelterte der Winzer 4000 Liter einer besonderen Welschriesling-Beerenauslese. Diesen Wein wollte der Winzer um zehn Schilling teurer vermarktet als gleiche Sorten von anderen Weinbauern. Der Erfolg blieb zunächst aus und Stefan Tschida auf diesem Wein sitzen. „Ich fühlte mit dieser Beerenauslese. Das G´spür für dieses Spitzengewächs sollte mich aber nicht enttäuschen. Und als dieser Wein 1983 auf der internationalen Weinmesse in Laibach mit dem Wine-World-Champion ausgezeichnet wurde, hatte ich meine größte Genugtung“, erzählt der erfolgreiche Winzer. Vom Zweigelt und Welschriesling wurden 1989 auch Eisweine gekeltert. Der Blaue Zweigelt 1991 ist ein Paradebeispiel für einen Eiswein. Er schimmert im zarten Rosé, ist mit dem typischen, eleganten Eisweingeruch ausgestattet, und die fruchtige, harmonische Säure unterstützt den sauberen Eisweingeschmack. Der Neuburger Ausbruch 1991 wirkt sehr wuchtig und hat eine schöne Frucht-Säureharmonie, sowie einen sehr langen Abgang.

Nicht minder erfolgreich ist ***Stefan Tschida*** vom Hauptplatz Nummer 7. Die vielen Medaillen bei nationalen und internationalen Weinprämierungen sind ein stolzer Beweis der Qualität dieses Weinbaubetriebes. Er reiht sich nahtlos in die Reihen der guten Winzer dieser Weltmeistergemeinde.Wie sein Namenskollege, bevorzugt auch er Süßweine. Der Bogen spannt sich von zwei Welschriesling Beerenauslesen Jahrgänge 1988 und 1989 über eine Bouvier Trockenbeerenauslese Jahrgang 1984 bis hin zu einer Traminer Auslese Jahrgang 1987, die 1988 im österreichischen Weinsalon plaziert war.

Ein eingeschossenes Team sind ***Alois und Helmut Lang*** aus der Quergasse 5. „Organisation ist alles.“ Unter diesem Motto werden elf Hektar Rebfläche bearbeitet. In den Rieden Sandriegel, Teilung, Römerstein, Neufeldacker werden vor allem Weißweinsorten kultiviert, wobei die Scheurebe, ein Sämling 88, mit einem Viertel der Jahresproduktion im Vordergrund steht. Im Betrieb werden eine Reihe von Süßweinen vinifiziert, die teilweise auch in Barriques ausgebaut werden. Die Krönung der vielen Auszeichnungen war 1989, als mit einem Sämling 88 Ausbruch der Wine-World-Champion von der internationalen Weltweinmesse in Laibach nach Illmitz geholt wurde. Ein weiterer Höhepunkt ist der Gewinn einer Goldmedaille für seine 1991er Welschriesling Trockenbeerenauslese bei der Vinexpo´93 in Bordeaux. Eine Rarität im Hause Lang ist aber zweifellos eine Welschriesling Trockenbeerenauslese Jahrgang 1981, die mit unglaublichen 46° KMW zu Buche steht.

Auf den Rieden Straßäcker, Remanenz und Lüß mit einer Gesamtrebfläche von zirka zehn Hektar kultiviert die Familie von ***Vinzenz Haider*** großteils weiße Sorten. Der in der Florianigasse 1 liegende Rosenhof hat sich in den letzten Jahren vor allem mit Edelsüßweinen einen Namen gemacht. Eine ganze Reihe von 20-Punkte-Weinen steht auf der Liste des Hauses: Bouvier Trockenbeerenauslese 1979, Muskat Ottonel Trockenbeerenauslese 1981, Weißburgunder Trockenbeerenauslese 1981 sowie zwei Welschriesling Eisweine Jahrgang 1988 und 1989 sowie als Rarität ein Zweigelt Eiswein Jahrgang 1989. Ein Weißer Burgunder Ausbruch Jahrgang 1989 wurde 1990 Salonsieger. Den bisher größten Erfolg konnte Vinzenz Haider 1993 in Bordeaux verzeichnen: Mit seinem Traminer 1990 Eiswein, Pannonischer Reigen gewann er den begehrten "Grand prix d´Horneuer", den Weinoscar. Die Trauben für diesen Eiswein wurden mit 28° KMW gelesen. Mit 160 g/l Restzucker und 6,8 Promille Säure hat der Wein ein überaus frisches und ausgewogenes Bukett, in dem die

Traube sehr deutlich erkennbar ist. An das Weingut Rosenhof Haider angeschlossen sind weiters ein Buschenschank und eine Fremdenpension.

Optische Merkmale für die richtungsweisende Entwicklung im Weinbau sind häufig jene Betriebe, welche bescheiden, doch mit sorgfältigster Akribie ihr Tagwerk vollziehen. In Illmitz gibt es derer viele wie den Weinbaubetrieb der Familie ***Johann Haider*** aus der Oberen Hauptstraße 41. Auf einer Gesamtrebfläche von neun Hektar werden vor allem weiße Sorten bepflanzt. Die Produktpalette umschließt vorwiegend Prädikatsweine. Unter die besten 200 österreichischen Weine wurde 1991 ein Welschriesling Eiswein Jahrgang 1990 gereiht, der sich mit einer feinen Nase auszeichnet.
Ein weiterer guter Betrieb liegt in der Oberen Hauptstraße 31. Dort führt die ***Familie Fleischhacker*** nicht nur ihren Gasthof „Jagdhof“, sondern kümmert sich noch um den Weinbau. Auf einer Rebfläche von rund fünf Hektar wird eine große Sortenvielfalt an Trauben kultiviert. Das Weingut ist sowohl Mitglied der „Illmitzer Naturweingärten“ als auch im „Pannonischen Reigen“. Die Weine werden trocken bis süß ausgebaut. Eine Reihe von Weinraritäten werden angeboten. 1990 und 1991 schaffte man mit jeweils einem Welschriesling Kabinett den Einzug in den österreichischen Weinsalon.
In unmittelbarer Nähe des „Jagdhofs“ befindet sich der Weinbaubetrieb von ***Johann Heiss***. Das in der Oberen Hauptstraße 20 beheimatete Weingut wird nun in dritter Generation als Familienbetrieb geführt. Es stehen rund neun Hektar Rebfläche in den Rieden Hutweide, Sandweingarten und Felsenacker im Ertrag. Neben der breiten, bodenständigen Palette weißer Sorten werden noch Zweigelt und Blaufränkisch kultiviert. Die Weißweine werden in Holzfässern und Stahltanks gekeltert, Rotweine ausschließlich in Eichenfässern. In Barriques kommen nur die besten Qualitäten, wie zum Beispiel eine Bouvier Beerenauslese und eine Zweigelt Spätlese. Mit einer Traminer Beerenauslese Jahrgang 1989 war er 1991 im österreichischen Weinsalon plaziert.
In der Unteren Hauptstraße 32 ist die Familie von ***Walter Kroiss*** zuhause. Der Familienbetrieb bearbeitet eine Rebfläche von elf Hektar mit einer durchschnittlichen Jahresertragsleistung von 450 bis 500 Hektoliter. Die Weine werden in traditionellen Holzfässern ausgebaut. Rotweine kommen nach einer geschlossenen Maischegärung bis zu zwei Jahre ins Holzfaß. Nur den besten Weinen der Sorten Cabernet Sauvignon und Zweigelt bleiben Barriquefässer vorbehalten. Im Salon österreichischer Weine war 1991 das Weingut von Walter Kroiss mit einem Blaufränkisch Qualitätswein Jahrgang 1990 vertreten.
Der gewölbte Steinkeller der Familie ***Hans und Hilde Gartner*** aus der Unteren Hauptstraße 57 bietet ideale Voraussetzungen für den Weinausbau. Gekeltert werden jährlich rund 300 Hektoliter. Auf den rund sieben Hektar Weingartenfläche gedeihen hauptsächlich Weißweinsorten. Den größten Anteil davon hat der Welsch- riesling. Die Weine werden trocken bis süß ausgebaut. Mit einem Welschriesling Eiswein Jahrgang 1983 holte sich der Weinbaubetrieb bei der internationalen Weinmesse in Laibach „Großes Gold“.
In der Unteren Hauptstraße 59 liegt der Betrieb von ***Otmar Winkler*** . Auf einer Fläche von fünf Hektar werden Welschriesling, Grüner Veltliner als Hauptsorten sowie Zweigelt kultiviert. Mehr als die Hälfte der Weine werden in Holzfässern ausgebaut. Als Mitglied des „Pannonischen Reigens“ fühlt man sich der Linie verpflichtet. Neben vielen Auszeichnungen war die Reihung unter die besten 200 österreichischen Weine im Jahr 1991 mit einem Muskat Ottonel Kabinett 1990 der größte Erfolg. Dieser Wein zeichnet sich durch seinen feinen, unaufdringlichen Muskat-Geschmack aus.

Die Weingärten des Weinbaubetriebes ***Franz Wüger*** sind von vielen kleinen Lacken umgeben. Das durch sie erzeugte Mikroklima fördert, wenn die Trauben vollreif sind, den Befall durch die Botrytis cinera. Das Ergebnis sind Prädikatsweine höchster Ausbaustufen. Mit solcherart produzierten Weinen errang der Weinbaubetrieb unzählige Auszeichnungen. So wurde die Traminer Auslese 1987 im Jahr 1989 Sieger im österreichischen Weinsalon. Die Weißburgunder Spätlese 1989 konnte sich 1990 im österreichischen Weinsalon behaupten, ebenso wie der 91er Bouvier Ausbruch, welcher diese Auszeichnung 1992/93 erzielte. Golden in der Farbe mit schönem Botrytisduft. Betonte Edelsüße; honigverwoben mit intensivem Säureabgang.
Internationales Aufsehen erregte der Winzer mit der Bouvier Trockenbeerenauslese 1984 und der Traminer Auslese 1989. Die Familie Wüger bewirtschaftet rund 11 Hektar Rebfläche in den besten Rieden, welche fast zur Gänze mit Weißweinsorten bestockt sind. Im Jahresdurchschnitt werden 400 bis 500 Hektoliter Wein erzeugt.

Seine Heimat ist der Seewinkel. In ihrer besonnten Fruchtbarkeit zeichnet die Gegend ein solides, nüchternes Gepräge. Die Rebstöcke, in Reihen gegliedert, schillern in den verschiedensten Kontrasten. Man erlebt den Mikrokosmos einer Landschaft mit ihrer vollen Symphonie. Als ***Alois Kracher*** 1959 geboren wurde, gab der Seewinkel, so erzählt man, mit seinen weiten Ebenen und sanften Tiefen den Winzern die gleiche Arbeit wie heute. Wie der Gleichklang der Mühen, so verschieden waren damals die Produkte der Weinbauern. Vater Alois, der seinen Namen dem Sohn weitergab, erkannte schon früh die wegweisende Richtung. Gemeinsam wurde der Weinlaubenhof der Familie ganz nach oben geführt. Alois und Alois Kracher sind heute die international erfolgreichsten Weinbauern Österreichs auf dem Süßweinsektor.
Der 34jährige Junior: „Für mich ist der Weinbau mein ganzer Lebensinhalt. Schon als Heranwachsender fühlte

Bild oben: Traditionelles Seewinkler Winzerhaus in Illmitz,

Alois Kracher aus Illmitz
Bild links: Das Barockhaus in Apetlon

ich mich mit der Weinkultur eng verbunden." Während sich Sohn Alois vorwiegend um die Kellerwirtschaft kümmert, ist Vater Alois in den Weingärten „zuhause". Die Lagen, in denen sich die Weingärten der Familie Kracher befinden, eignen sich besonders für die Erzeugung von Süßweinen. Rund um Illmitz, in den Rieden Sandriegel, wie der Name verrät mit sandigem Untergrund, sowie Römerstein mit seinen kargen Schotterböden, wachsen die Rebstöcke in kleinen, sanften Senken. Die hohe Luftfeuchtigkeit und vor allem die feuchten Nebel im Herbst sind ideale Voraussetzungen für die Bildung von Botrytis cinerea, der Edelfäulnis. „Bei der Lese werden die Gärten bis zu achtmal durchkämmt und die Trauben händisch von den Rebstöcken geschnitten. Wir machen sowohl eine positive als auch negative Handlese. Das heißt, wir selektionieren beim Lesen das Traubenmaterial. Auf der einen Seite werden die stark botrytisbefallenen Trauben für die Süßweinproduktion geerntet und die noch nicht edelfaulen Trauben am Stock hängen gelassen. Für die Produktion von Qualitätsweinen auf der anderen Seite werden nur die reifen Trauben von den Stöcken geschnitten, der Rest bleibt bis zur Vollreife

hängen," erklärt Alois Kracher der Ältere. Kein anderer verfolgt mit einer derartigen Zielstrebigkeit und Akribie die Produktion von Edelsüßweinen. Bildungsreisen zu den besten Weingegenden für Süßweine wie Sauternes in Frankreich sind für den Winzer selbstverständlich.
So spielen verschiedene Faktoren für die Besonderheit der Kracher-Weine eine entscheidende Rolle: Es sind die Lage der Rieden mit ihren einzigartigen Mikroklimen. Die Trauben werden nur im allerbesten Reifezustand gelesen und selektioniert und die Lese-Mannschaft ist oft wochenlang in den Weingärten unterwegs. 1992 war ein sehr trockenes Jahr, der Sommer war sehr heiß - ohne einen Tropfen Regen. Es war sehr schwierig, den optimalen Lesezeitpunkt zu bestimmen. Bei der ersten Selektion der 4,5 ha Weingärten wurden nur Trauben für 300 Liter Most geerntet. In normalen Jahren wird mit dem gleichen Arbeitsaufwand zwischen 2000 und 3000 Liter gelesen. Der Arbeitsaufwand ist durch diese gezielte Traubenselektion wesentlich höher als bei normalen Weinlesen. Die Qualität des Traubengutes rechtfertigt für Alois Kracher den höheren Arbeitsaufwand.
Weiters lebt in Alois Kracher der unbeugsame Wille, nur die elegantesten Weine hervorzubringen, die bezüglich Lebensdauer eine so unglaubliche Kraft besitzen, daß sie ihre ganze Größe erst nach 15 bis 20 Jahren optimal an den Tag bringen.
Alois Kracher vermarktet seine Produkte in zwei Linien: So werden einerseits Prädikatsweine unter Berücksichtigung zeitgemäßer Kellertechnologie traditionell ausgebaut und unter dem Titel „Zwischen den Seen" vermarktet. Diese Weine kommen zur Reife in große Akazienfässer. Die Frucht und Jugend sollen erhalten bleiben. Der Muskat Ottonel 1991, die Sämling Trockenbeere und die Sämling Beerenauslese 1991, mit ihrem fruchtig vollen und eleganten Bukett sind gute Beispiele für diese regionale Weinlinie. Die „Nouvelle-Vague-Linie" steht für die internationale Weinstilistik. Das Know-how dieser Ausbautechnik wurde von den besten Süßweinproduzenten aller Länder zusammengetragen und mit heimischen Traubensorten umgesetzt. Das Ziel ist klar definiert: Perfektion ohne Kompromisse zu erreichen. Dabei werden keine Kosten und Mühen gescheut, um optimale Kellerwirtschaftsgeräte und Fässer dafür einzusetzen. Die Fässer sind ident mit den Fässern von Chateau d´Yquem. Als Grundweine werden für die Cuvée Burgunder und Welschriesling verwendet. Der Burgunder bringt die Konzentration, der Welschriesling das Feine. Beide Weine werden getrennt ausgebaut und nach 18monatiger Faßreife zu einer Cuvée verschnitten. Beim Jahrgang 1990 war dies eine Komposition aus Weißburgunder und Welschriesling. Einer der Topweine ist die Bouvier Trockenbeerenauslese Jahrgang 1984. Sie hat als erster Wein des Hauses alle Attribute eines großen Süßweines: Fruchtkonzentration und Feinheit.
Der Weinlaubenhof ist einer der meist ausgezeichneten Weinbaubetriebe Österreichs. Neben Berufungen in den österreichischen Weinsalon sind seine Weine Seriensieger auf der internationalen Weinmesse in Laibach und vor allem auf der Vinexpo in Bordeaux. So konnte der Weinlaubenhof im Jahre 1993 gleich drei Goldmedaillen gewinnen: mit dem Welschriesling Eiswein 1990, der Bouvier Beerenauslese 1988 und der Traminer Beerenauslese 1991.

Die Weinbauregion Mittelburgenland

Von mächtigen Burgen strotzend, zählt das Mittelburgenland zu den besten Anbaugebieten für Rotweinsorten. Im strengen österreichischen Weingesetz wird das Mittelburgenland als eigenständige Weinbauregion abgegrenzt. Von den südlichen Hängen des Ödenburger Gebirges bis zum Günser Berg- und Hügelland auf der einen Seite öffnet sich gegen Osten hin die ungarische Tiefebene. Die Berge im Nordwesten der Buckligen Welt bilden eine natürliche Barriere. Auf 2105 Hektar erstrecken sich die Rebflächen auf diesem Landstrich. Mehr als 1800 Betriebe kultivieren die Weingärten im Mittelburgenland. Der Anteil der roten Reben macht 68 Prozent aus. Durch die wichtigsten mittel- burgenländischen Rotweingebiete führt die Rotweinstraße. Von Sieggraben kommend verläuft diese Route über Lackenbach, Horitschon und Neckenmarkt nach Deutschkreutz und Nikitsch bis nach Lutzmannsburg.

Die wichtigste Rebsorte im Mittelburgenland ist der Blaufränkisch. Neben dem Blaufränkisch wird noch die Zweigeltrebe im größeren Ausmaß kultiviert. Immer mehr Rebflächen werden auch zugunsten der französischen Sorte Cabernet Sauvignon umgestellt.

Die vorwiegend schweren lehmigen Böden sind die ideale Unterlage für Rotweine, im speziellen für die Sorte Blaufränkisch. Um die Pflege dieser alten österreichischen Rebe kümmert sich besonders der Verband Blaufränkisch Mittelburgenland mit Sitz in Neckenmarkt.

Dieser Verband wurde Ende der achtziger Jahre aus der Taufe gehoben und im Jahr 1990 neu formiert. Er arbeitet als Dachorganisation des gesamten mittelburgenländischen Weinbaus. Ein Ziel des Blaufränkisch Schutzverbandes ist es, die Qualität, die Produktion, die Verbreitung und das Ansehen des Blaufränkischweines weit über die Grenzen des Mittelburgenlandes zu fördern.

Der Blaufränkisch Mittelburgenland unterscheidet sich wesentlich von den gleichen Weintypen anderer Weinbaugebiete. Die genaue Kontrolle durch den Verband Blaufränkisch Mittelburgenland über Herkunft und Menge dient zum Schutz dieses Blaufränkisch Mittelburgenland. Die Weine werden jährlich einer zusätzlichen strengen Kontrolle unterzogen. Die besten Blaufränkischen werden durch den Verband mit einem speziell entworfenen „B" gekennzeichnet.

Diese bodenständige Sorte wird vor allem kultiviert in den weinbautreibenden Gemeinden Lackenbach, Deutschkreutz, Großwarasdorf, Horitschon, Lutzmannsdorf, Neckenmarkt, Nikitsch, Raiding und Unterpetersdorf.

Bei den Weißweinsorten dominieren der Grüne Veltliner und der Welschriesling. Ausgepflanzt sind im größeren Stil noch die Sorten Müller Thurgau und Weißburgunder. Dem Chardonnay wird bei den Weißweinen in der letzten Zeit vermehrt Aufmerksamkeit geschenkt.

Bis in die Keltenzeit reichen die historischen Wurzeln des Weinbaus im Mittelburgenland. Eine erste Blütezeit erlebte das Mittelburgenland unter den Römern. Die Region gehörte damals zur Provinz Pannonien. Ein strategisch wertvoller Verkehrsweg war damals die Route von Carnuntum nach Scarbantia, dem heutigen Sopron (Ödenburg), nur wenige Kilometer hinter der österreichisch-ungarischen Staatsgrenze.

Das Mittelburgenland war auch Heimat des großen österreichischen Komponisten Franz Liszt. Der Musiker wurde in Raiding geboren. Das Geburtshaus ist heute ein Museum. Es dokumentiert das breite Wirken dieses Künstlers.

Das Land wird geprägt durch eine Reihe von Burgen und Schlössern, so im nördlichen Mittelburgenland in der kleinen Gemeinde Kobersdorf die Wasserburg. Es ist ein fester Bau aus dem 13. Jahrhundert. Die heutige Form erhielt das Schloß Mitte des 17. Jahrhunderts. In Lackenbach steht das Wasserschloß mit dem romantischen Arkadenhof. In Nikitsch wiederum liegt inmitten eines englischen Parks ein im 17. Jahrhundert von Graf Recsey erbautes Schloß. Im unweit von Nikitsch in Nebersdorf erbauten frühklassizistischen Schloß schuf Stephan Dorffmeister ein Deckenfresko, das heute noch gut erhalten ist. Auf einer Anhöhe über dem Stooberbachtal liegt die Burg Landsee. Der mächtige Bau aus dem 13. Jahrhundert gehört zu den am stärksten befestigten Wehrbauten Österreichs. Auf den Resten einer alten Burg wurde im 17. Jahrhundert das Schloß Oberpullendorf errichtet. Von einer Ringmauer umgeben ist die Burg Lockenhaus. Um das Jahr 1200 erbaut, erwarb die Familie Esterházy 1676 diese Burg mit all den Nebenbauten.

Eine lange Tradition hat in Stoob das Töpfern. Der Umgang mit dem Ton wird in der Fachschule für Keramik unterrichtet. Bekannt wurde die Stoober Keramik vor allem durch die roten „Plutzer". Es sind dies Getränkegefäße, die auch heute noch verwendet werden. Während der Sommermonate werden in Stoob regelmäßig Töpferkurse abgehalten. Die Verbundenheit mit dem alten Hafnerhandwerk dokumentieren die Stoober durch übergroße Tongefäße, die an den Ortseinfahrten aufgestellt wurden. Ein weiteres altes Volksgut, das Strohflechten, wird besonders in Piringsdorf gepflegt. Die dort erzeugten Strohprodukte sind weit über die Landesgrenzen hinaus bekannt.

Lutzmannsburg

Den Einfluß der Reformationszeit spürt man noch in Lutzmannsburg. Der Ort gilt als älteste Marktgemeinde Burgenlands (seit 1156) und hat eine überwiegend evangelische Bevölkerung. Neben alten Barockhäusern mit klassischen Arkadenhöfen zählt die Pfarrkirche, die ihren Ursprung im 14. Jahrhundert hat, zu den Sehenswürdigkeiten dieses Ortes. Lutzmannsburg kann auf eine jahrhundertealte Weinkultur zurückblicken. So wurde hier ein keltisches Rebmesser aus der La Tène-Zeit gefunden. Die Rieden liegen meist auf Löß- und Lehmböden, welche den Trauben eine eigene Geschmacksrichtung vorgeben.

Historisch betrachtet, schreibt die ***Familie Plöchl*** seit rund vierhundert Jahren in der Region um Lutzmannsburg Weinbaugeschichte. Es war im 16. Jahrhundert, als der Name Plöchl im Zusammenhang mit dem Weinbau erstmals urkundlich erwähnt wurde. Ein Juwel des Betriebes ist der Weinkeller, dessen einzigartiges Stimmungsbild jeden Weinliebhaber ein Gefühl von Schwermut und Romantik vermittelt. Die Familie Plöchl bewirtschaftet rund fünf Hektar Rebfläche. Rund 90 Prozent sind mit der Sorte Blaufränkisch bestockt. Diese Trauben werden in allen Qualitäts- und Prädikatsstufen ausgebaut. An das Weingut angeschlossen ist auch ein Buschenschank, der vor allem bodenständige Kost anbietet.

Rund vier Hektar Rebfläche stehen im Weinbaubetrieb des ***Rudolf Weber*** aus der Neustiftgasse 26 im Ertrag. Er gilt als Rotweinspezialist. Ein Großteil der Gesamtproduktion kommt aus den besten Lagen, zu denen in erster Linie die Weinberge von den Rieden Altsatz und Auleiten zählen. Die Rotweine werden temperaturkontrolliert in Rototanks vergoren, ehe sie zur zweiten Gärung in große Eichenfässer kommen. Es erfolgt ein biologischer Säureabbau. Ausgesuchte Qualitäten werden in Barriquefässern ausgebaut. Der Blaufränkisch Qualitätswein 1989 wurde 1990 im österreichischen Weinsalon ausgezeichnet.

Obwohl der Betrieb von ***Herbert*** und ***Elfriede Prickler*** noch sehr jung ist und nur eine Rebfläche von zwei Hektar aufweist, werden dort erstklassige Rotweine vinifiziert. Es war Anfang der achtziger Jahre, als die Familie mit dem eigenen Keltern von Weinen begann. Das Ehepaar kultiviert fast ausschließlich die Sorte Blaufränkisch. Ein kleiner Teil bleibt der Zweigeltrebe vorbehalten. Die Gärung erfolgt ausschließlich in Edelstahltanks. Der Winzer praktiziert den biologischen Säureabbau und baut die besten Qualitäten in Barriquefässern aus. Bevorzugt werden Allier-, Limousin- und Neverseiche. Seine erste große Auszeichnung erfuhr der kleine Weinbaubetrieb im Jahr 1989 mit einem Blaufränkisch Qualitätswein 1986, als er im österreichischen Weinsalon vertreten war.

Lackenbach

Während die Weingärten in den Horitschoner Rieden Kirchholz und Weingfanger liegen, wird in Lackenbach der Weinbaubetrieb „Zur alten Presse" von ***Maria Kerschbaum*** betrieben. Die Stärken des Weingutes sind der Blaufränkisch und Zweigelt bei den Rotweinen, der Ruländer bei den weißen Sorten. Durch die Vielfalt der Vinifizierung der einzelnen Sorten erreicht man eine breite Produktpalette. Zum Einsatz kommen auch Barriquefässer. Eine der Weinspezialitäten, die Cuvée Symphonie aus Blaufränkisch und St. Laurent Qualitätswein Jahrgang 1989, wurde 1992/93 im Weinsalon unter die besten 200 Weine Österreichs gereiht. Dieser Wein ist gleichzeitig der höchstprämierte Rotwein Österreichs. In der Farbe Dunkelrubin mit einer feinen Schwarzbeernase. Starkes, eingebundenes Bukett mit langem Abgang.

Neckenmarkt

Bis in die Keltenzeit läßt sich der Weinanbau in Neckenmarkt zurückverfolgen. Im Mittelalter erlebte Neckenmarkt einen besonderen Aufschwung. Die Weine wurden bis nach Böhmen, Mähren, Schlesien und Polen exportiert. Neckenmarkt, das 1279 „Neckendorf" hieß, wurde 1482 zum Markt erhoben, und dementsprechend erfolgte auch die Namensänderung. Den bedeutenden Weinbauort schützte einst eine Burg, die im 13. Jahrhundert zerstört wurde. Bis 1424 gehörte Neckenmarkt zum Besitz der Familie Athinai, ab 1612 als ein Teil der Herrschaft Landsee der Familie Esterházy. Ein alter Volksbrauch in Neckenmarkt ist das Fahnenschwingen zu Fronleichnam. Es soll an die Schlacht von Lackenbach 1620 erinnern. Die heldenhaft gegen die aufständischen Ungarn kämpfenden Neckenmarkter Bürger bekamen damals von ihrem Grundherrn Nikolaus Esterházy eine Fahne verliehen.

Lagen und Rieden

Die Ried Hochberg liegt auf einem Ausläufer des Ödenburger Gebirges, ein leichter Hang mit rotem Schotterboden und sandigem Lehm. Blaufränkisch, Zweigelt und Cabernet Sauvignon gedeihen hier. Die Ried Bodigraben hat eine ähnliche Bodenstruktur wie der Hochberg.

Die Ried Stinkenbrunn, in Richtung Ödenburg gelegen, hat bis zu 16° Hangneigung. Sie ist eine Steillage mit schottrigem Untergrund und für Weißweintrauben

Weingärten bei Neckenmarkt

geeignet. Welschriesling und Burgunder reifen hier sehr gut aus. In besonderen Jahren ist die Lese von Prädikatsweinen möglich. Tiefer in der Ebene gelegene Weingärten sind hauptsächlich mit Blaufränkisch bepflanzt.

Ein ideales Ehepaar sind ***Anni und Josef Hufnagel*** aus der Herrengasse 44. Als Weinbau- und Kellermeisterin bringt Anni Hufnagel nicht nur jede Menge an Wissen in den Betrieb ein, sie versteht es auch vorzüglich, dort anzupacken, wo es gerade notwendig ist. Josef Hufnagel und seine Frau bewirtschaften rund acht Hektar Weingartenfläche mit mehr als 50 Prozent Rotweinanteil. Es dominiert der Blaufränkisch, der in allen Qualitäts- und Prädikatsstufen gekeltert wird. Das Beste wird in Barriquefässern zur Vollreife herangeführt.
Eine hervorragende Ruländer Beerenauslese Jahrgang 1988, trocken ausgebaut, sowie ein Ruländer Eiswein Jahrgang 1990 krönen die Qualitätsproduktion dieses Weinbaubetriebes, welcher 1991 mit einer Blaufränkisch Spätlese 1989 im österreichischen Weinsalon vertreten war.

Auf den besten Lagen, in der auf einem Hügel liegenden Ried Pollersgraben und nach Süden ausgerichteten Ried Satz, kultiviert die Familie von ***Stefan Wieder*** fünf Hektar Rebfläche. 80 Prozent davon sind mit der Rotweinsorte Blaufränkisch bestockt. Weitere Sorten sind Cabernet Sauvignon, Blauer Burgunder, Welschriesling, Weißburgunder und Grüner Veltliner.
Ein kurzer Rebschnitt und gezielte Ausdünnung sind ausschlaggebend für gutes Traubenmaterial. Die vollreifen Trauben werden in traditioneller Art in offener Maischegärung verarbeitet, abgepreßt und anschließend weitervergoren bis auf einen Zuckerrest von 5 bis 6° KMW.

Sämtliche Rotweine werden klassisch im großen Holzfaß ausgebaut. Die Weine bleiben bis zu zwölf Monate im Faß. Erst dann wird er auf Flaschen gezogen. Durch die längere Lagerung wird der Blaufränkisch samtig und harmonisch. Stefan Wieder: „Wir achten darauf, daß unsere Rotweine mit wenig natürlicher Kohlensäure abgefüllt werden." Eine Vielzahl von Auszeichnungen sind die Bestätigung für die gute Qualität, welche der Weinbaubetrieb Jahr für Jahr hervorbringt. Mit einem Blaufränkisch Qualitätswein Jahrgang 1986 wurde der Weinbaubetrieb von Stefan Wieder in der Langen Zeile 17 im Jahr 1988 erstmals in den österreichischen Weinsalon gereiht. Dieselbe Auszeichnung erhielt das Weingut 1991, ebenfalls mit einem Blaufränkisch Qualitätswein, diesmal Jahrgang 1990.

Mehr als 400 Mitglieder sind in der ***Winzergenossenschaft Neckenmarkt*** zusammengeschlossen. Unter der Leitung von Obmann ***Franz Heincz*** wurden der Ausbau und die Modernisierung der Kellertechnologie vorangetrieben. Die Winzergenossenschaft produziert im Jahresdurchschnitt 35.000 Hektoliter Wein, die sich auf 85 Prozent Rotweinsorten und 15 Prozent Weißweinsorten aufteilen. Für den Kellerbetrieb ist Kellermeister Josef Tesch verantwortlich, der besonders für die gehobenen Qualitäten der Rotweinsorten Blaufränkisch und Cabernet Sauvignon den Barriqueausbau bevorzugt. In Verwendung stehen hauptsächlich Limousin, Allier und Nevers.
Eine Reihe von Auszeichnungen schmücken die Arbeit der Winzergenossenschaft Neckenmarkt. Unter anderem

Die Winzergenossenschaft Neckenmarkt

wurde 1990 mit einem Blaufränkisch der burgenländische Landessieger gestellt. In den österreichischen Weinsalon gereiht wurden 1991 ein Blaufränkisch Kabinett Jahrgang 1989 und ein Blaufränkisch Qualitätswein Jahrgang 1990.

Ihren Aufgabenbereich getrennt haben Vater und Sohn auf ihrem Donatus-Weingut. Während Sohn Stefan mit der Vinifikation der Weine vertraut ist, kümmert sich der Vater sowohl um die Weingärten als auch um die Organisation des Betriebes. Ökonomierat ***Stefan Wellanschitz*** ist auch Obmann des Verbandes Blaufränkisch und Vorstandsmitglied im Landes- und Bundesweinbauverband.
Seit Generationen beschäftigt sich die Familie mit dem Weinbau. Noch heute werden die helfenden Hände vom Großvater gerne angenommen, der im gemeinsamen Haushalt lebt. Der jüngere Sohn der Familie, Georg, besucht derzeit die Weinbauschule.
Die beiden Hauptverantwortlichen des Weingutes, Senior und Junior Wellanschitz, zeigen eindrucksvoll, welche hervorragenden Weine man aus den Böden um Neckenmarkt hervorbringen kann. Ihre Liebe gilt dem Blaufränkisch mit einem Gesamtanteil von mehr als 60 Prozent der Rebflächen. Die Sortenvielfalt wird dokumentiert durch den Welschriesling, Weißen Burgunder, Rheinriesling, Chardonnay, Cabernet Sauvignon, Merlot, Blauburger und Blauer Burgunder.
Die beiden Winzer bewirtschaften 14 Hektar Rebfläche in den besten Lagen von Neckenmarkt. Besonders die Riede Hochberg an den Ausläufern des Ödenburger Gebirges ist Garant für bestes Traubengut. In die Reihe der guten Lagen gehört die Riede Bodigraben mit ihren roten Schotterböden und sandigem Lehm. Interessante Qualitäten bringt die Riede Stinkenbrunn mit einer Hangneigung bis zu 16%. Am oberen Teil bietet diese Lage ideale Voraussetzungen für den Welschriesling, während Trauben aus dem unteren Bereich der Sorten Blaufränkisch, Traminer, Muskat Ottonel kontinuierlich in Prädikatsstufen gekeltert werden.
Rotweine werden im Donatus-Weingut sowohl in traditionell großen Holzfässern als auch in kleinen Eichenfässern ausgebaut. Ökonomierat Stefan Wellanschitz: „Der Blaufränkische braucht viel Zeit, um Säure, Extrakte und Tannine einzubinden und um zu seiner vollen Harmonie zu finden. Diesem natürlichen Vorgang haben wir mit dem Bau eines neuen Reifekellers Rechnung getragen. Er ist in den Hang eines Weinberges gebaut und liefert ideale Bedingungen für den Ausbau großer Weine." Die Weine aus dem Weingut wurden mehrfach ausgezeichnet. War es 1988 ein Welschriesling Qualitätswein Jahrgang 1987, wurde 1989 ein Blaufränkisch Kabinett Jahrgang 1986 in den österreichischen Weinsalon gereiht. Der Grüne Veltliner Kabinett 1990 „Fahnen-

schwinger" ist ein reintöniger und fruchtiger Vertreter dieser Rebsorte. Der 91er Rheinriesling ist feinblumig und elegant. Die Chardonnay Auslese 1991 wurde süß ausgebaut, ist sehr fruchtig mit einem kräftigen Sortenbukett. Eine besondere Rarität ist der Blaufränkisch 1991, weiß gekeltert, mit interessantem Fruchtcharakter und kräftiger Säure. Der Blaufränkisch 1989 aus der Riede Bodigraben hat einen kraftvollen und harmonischen Körper, eine schöne rubinrote Farbe und einen samtigweichen Abgang. Der kräftige 89er Blaufränkisch Barrique erreicht jetzt seine Trinkreife, er ist voll und körperreich, mit harmonisch eingebunden Tanninen.
Im Betrieb legt man großen Wert auf eine umweltfreundliche Ausstattung. So werden keine PVC-Kapseln mehr verwendet. Ebenso umweltfreundlich werden die Flaschenetiketten auf umweltfreundlichem Papier gedruckt. Die Entwürfe für diese Etiketten stammen seit dem Jahr 1974 von Otto Trimmel, einem bekannten burgenländischen Maler und Freund des Hauses. Sie sind voll sinnlicher Kraft. Als Grundthema bedient sich der Maler und Grafiker Motiven aus dem Weinbau, welche surrealistisch und schemenhaft mit einer farblich brillanten Abstimmung aufs Papier kommen. Die künstlerische Umsetzung des Themas Weinbau führt bei Otto Trimmel zu einem Gesamtbild, dessen Stimmung sich der Betrachter nur schwer entziehen kann. Die Originale zu den Etiketten sind in einer Ausstellung im Keller des Hauses zusammengefaßt.

Die Winzerfamilie Wieder in der Lage Zeile 76 ist schon seit vielen Jahren im Weinbau aktiv. Die Familientradition von ***Juliane Wieder*** setzt Sohn und Kellermeister ***Georg*** fort. Das Weingut umfaßt sechs Hektar Rebfläche, welche sich in den besten Lagen von Neckenmarkt befinden. Eine der Spitzenrieden ist Kohlenberg. Sehr gute Qualitäten erreicht man auch in den Rieden Neuberg, Spiegelberg, Grunderits und Bodigraben. 80 Prozent der Weingärten sind mit Rotweinsorten bestockt. Den größten Anteil macht dabei der Blaufränkisch aus, welcher trocken ausgebaut wird. Im Sortiment stehen weiters der Blauburger, Zweigelt sowie die weißen Sorten Welschriesling und Weißer Burgunder. Georg Wieder praktiziert bei den Rotweinen eine offene Maischevergärung mit anschließendem

biologischen Säureabbau. Der Ausbau erfolgt in großen Holzfässern. Der Einsatz von Barriquefässern bleibt den hochwertigen Qualitäten vorbehalten.
Zahlreiche Auszeichnungen krönen die Arbeit von Georg Wieder. Eine dichte Nase mit einem zarten Cassis-Hauch zeichnet den Turniersieger 1991 der Burgenländisch-Pannonischen Weinritterschaft aus, den Blaufränkisch Jahrgang 1989. Er ist ein feiner, eleganter Rotwein mit zarter Herbe. Mit dem Blaufränkisch 1988 konnte der junge Winzer auch den Falstaff-Sieger 1990 in der Kategorie Normalausbau stellen.

Horitschon

Zu den bekanntesten Rotweinorten Österreichs zählt Horitschon mit seinem Ortsteil Unterpetersdorf. An den Südhängen des Ödenburger Gebirges gelegen, ist es nicht weit bis zur ungarischen Grenze. Ein großes Eichenfaß begrüßt die Gäste von Horitschon mit folgender Inschrift: „Römer, Türken und Madjaren / tranken Rotwein hier in Scharen, / selbst die Russen zum Verdruß / suffen ihn im Überfluß. / Unsere Ahnen schätzten schon / Rotwein hier aus Horitschon."
Der Ort fand 1389 erstmals seine urkundliche Erwähnung. Eine erste Besiedlung in der Römerzeit wird durch zahlreiche Funde aus dieser Zeit belegt. In der Ortsmitte steht die katholische Pfarrkirche Heilige Mar-

garetha. Sie wurde in den Jahren 1947 bis 1949 errichtet, da die alte barocke Kirche am östlichen Ortsausgang 1945 völlig abbrannte. Das ehemalige Altarbild der Heiligen Margaretha, der zweiten Hälfte des 18. Jahrhunderts zugeschrieben, wurde 1979 restauriert und im linken Teil des Innenschiffes untergebracht.
Unweit von Horitschon, in Raiding, liegt auch der Geburtsort von Franz Liszt. Das Geburtshaus des bekannten Komponisten wurde zu einem Museum umgestaltet. Zahlreiche Originalgegenstände des Künstlers werden dort gezeigt.

Bild ganz oben: Franz Weninger
Bild Mitte: Josef Pusch
Bild unten: Paul Kerschbaum
Bild rechts: Der Barrique-Keller der Familie Kerschbaum

Lagen und Rieden

Die beste Horitschoner Weingartenlage ist die Ried Dürrau, welche an einer kleinen Erhöhung in Richtung Deutschkreutz gelegen ist. In dieser 10 Hektar großen Fläche ist ein schwerer eisenhaltiger Lehmboden, auf dem sehr würzige Blaufränkischtrauben wachsen. Die Stammriede der Großväter ist die Ried Hochäcker; sie liegt rechts der Deutschkreutzer Straße. Die Bodenstruktur wechselt vom schweren Lehm bis zu Schotter. In der Ried Kirchholz wird immer mehr Cabernet Sauvignon ausgepflanzt; der stark schottrige Untergrund mit Lehmanteilen ist eine gute Voraussetzung für diese Rebsorte.

In nur wenigen Jahren hat sich ***Paul Kerschbaum*** an der Seite seines Vaters an die Spitze der Blaufränkisch-Produzenten hochgearbeitet. Das Vater-Sohn-Gespann bewirtschaftet 13 Hektar Rebfläche in den besten Lagen, zehn davon stehen zur Zeit im Ertrag. Die Weingärten liegen in den Rieden Kirchholz, Dürrau oder Hochäcker, die sich in Horitschon für die großen burgenländischen Rotweine verantwortlich zeichnen. Neben dem Blaufränkisch kultiviert der Weinbaubetrieb noch die Rotweinsorten Zweigelt, Blauer Burgunder und Cabernet Sauvignon sowie einen kleinen Teil weißer Sorten. Die durchschnittliche Jahresproduktion des Weinbaubetriebes beträgt 45.000 Flaschen.
Paul Kerschbaum jun., 1962 geboren, ist Absolvent der Weinbauschule Eisenstadt. Er zählt zu jenen jungen Weinbaumeistern, die unaufhaltsam an sich arbeiten und ihren Qualitätsstandard ständig verbessern. Dem Weingarten widmet er im Detail die gleiche Aufmerksamkeit wie der Vinifikation seiner Weine. Das zweimalige Ausdünnen wird einmal nach der Blüte, das zweitemal vor der Traubenfärbung durchgeführt. Bei der Ernte 1992 führte Kerschbaum eine radikale Mengenreduktion durch. Damals standen 13 Hektar im Ertrag. Magere 20.000 Hektoliter konnte er von dieser Fläche ernten, die aber durch die hervorragenden Qualitäten der Trauben mehr als kompensiert wurden.
Die Rotweine werden in einem Rototank geschlossen vergoren. Durch die spezielle Konstruktion dieses Tanks wird eine optimale Auslaugung der Trauben erzielt. Die Weine reifen länger als sonst üblich im Holzfaß, brauchen aber noch einige Zeit der Flaschenreife, um sich voll zu entwickeln. Sie besitzen eine hohe Lagerfähigkeit und erreichen ihre optimale Trinkreife je nach Qualität erst nach Jahren. Die kräftigsten Rotweine werden in

Barriques ausgebaut, die in einem eigenen dafür konzipierten Steinkeller gelagert werden. Mit Quadern aus dem Steinbruch St. Margarethen gebaut, ist der Mittelpunkt dieses Kellers kuppelartig angelegt. Die massiven, wuchtigen Steine wirken klimaregelnd und sorgen so für eine gleichbleibend kühle Raumtemperatur.
Den verdienten Lohn für ihre Mühen ernteten Paul & Paul Kerschbaum mit dem Blaufränkisch Qualitätswein Jahrgang 1990 beim österreichischen Weinsalon 1991: er wurde unter den 200 besten Weinen als Salonsieger der Sorte Blaufränkisch gekürt. Mit einer tiefdunklen rubinroten Farbe, einem kräftigen Blaufränkischduft und einer zarter Herbe im Bukett, gerbstoff- und tanninreich, präsentiert sich dieser Wein. Der 90er Blaufränkisch aus der Ried Hochacker ist intensiv beerenfruchtig, am Gaumen reif und weich, und bereits jetzt sehr trinkreif. Beim Blaufränkisch Barrique 1990 überwiegen im Duft noch die kräftigen Tannine, die im Bukett harmonisch integriert sind.
Anmutig vermarkten die Kerschbaums ihre Weine. In dynamischer, lebendiger Frische sind die Etiketten gehalten. Die Motive, foto- und farbtechnisch verspielt, stellen die Natur in den Mittelpunkt und haben sich die Verschmelzung von strenger Komposition und bizarrer Formgebung zum Ziel gesetzt.

Bereits seit vielen Generationen keltert die Familie Lehrner in der Hauptstraße 56 in ihrem kühlen Keller hauptsächlich Rotweine. Der Prozentsatz von Weißweinen ist sehr gering. Die Linie des Weinbaubetriebes wird von ***Paul Lehrner*** junior bestimmt. Seine Eltern Gertrude und Paul Lehrner sind aber weiterhin wichtige Stützen des Weinbaubetriebes. Ihr Sohn zählt mittlerweile zu den erfolgreichsten Jungwinzern der Region. Seinen Lebensweg begann er als Werkzeugmacher, ehe er die Weinbauschule in Eisenstadt absolvierte. Der junge Weinbau- und Kellermeister legt großen Wert auf einen reintönigen Ausbau seiner Weine. Die Hauptsorte ist der Blaufränkisch. Im Ertrag stehen weiters Cabernet Sauvignon, Merlot, Blauer Burgunder sowie die Sorten Chardonnay, Weißer Burgunder und Welschriesling. Die Weingärten mit einer Gesamtfläche von 10,5 Hektar stehen in den Rieden Hochäcker und Gfanger. Die schweren Lehmböden bilden eine gute Grundbasis für aus- gezeichnetes Traubenmaterial.
Rotweine werden einer kontrollierten Maischegärung unterzogen, die zwischen fünf und zehn Tagen andauert. Anschließend erfolgt ein biologischer Säureabbau. Zur Reife geführt werden die Weine von Paul Lehrner ausschließlich in Holzfässern, die besten Qualitäten werden in Barriques ausgebaut.
Die Produktion von Paul Lehrner liegt bei rund 550 Hektoliter. Eine Reihe von Auszeichnungen schmücken die Arbeit von Paul Lehrner jun. Mit dem Blaufränkisch Qualitätswein Jahrgang 1989 wurde der Weinhauer im Jahr 1990 Sieger im österreichischen Weinsalon. Der Blaufränkisch 1990 verfügt über eine sehr schöne dunkelrote Farbe mit bläulichen Rändern. Er hat einen intensiven Brombeerduft und ist sehr kräftig am Gaumen. Die ausgewogene Struktur und die weichen Tannine runden den Abgang ab. Der Blaufränkisch 1990 „Barriqueausbau" zeigt eine sauber eingebundene Eichenholznote im kraftvollem und ausdrucksstarkem Körper.

Zwei Familien teilen in der Hauptstraße 34 ihre Vorliebe für den Blaufränkischen: die Familien ***Paul Iby*** und Schwiegersohn ***Paul Lehrner***. Der im Sinne des Wortes klassische Familienbetrieb Iby-Lehrner besitzt zehn Hektar Rebfläche in den besten Lagen von Horitschon. Als Paul Iby im Jahre 1970 von der gemischten Landwirtschaft auf reinen Weinbau umstellte, wollten es viele nicht glauben, daß man vom Weinbau recht gut leben kann. In der Zwischenzeit konnte er aber durch seine Weinqualitäten und den damit verbundenen wirtschaftlichen Erfolgen auch den letzten Zweifler überzeugen. Heute sind mehr als acht Hektar seiner Weingärten mit Blaufränkisch bestockt. Den kleinen Rest teilen sich die Sorten Cabernet Sauvignon, Zweigelt und Grüner Veltliner. Erzeugt werden traditionell und in Barriques ausgebaute Weine. Die Gärung der Maische erfolgt in offenen Bottichen. Es wird auch ein biologischer Säureabbau durchgeführt. Die guten Qualitäten der gekelterten Weine wird durch eine Vielzahl von nationalen und internationalen Auszeichnungen bestätigt. Prämiert wurde unter anderem der Blaufränkisch Qualitätswein Jahrgang 1986 durch den österreichischen Weinsalon. Im Jahre 1987 wurde Paul Iby mit seinem Blaufränkisch auch Falstaff-Sieger.
Der Blaufränkisch 1990 aus der Ried Hochacker wurde zwei Jahre im Faß gelagert und ist vollfruchtig und samtig, mit weichen Tanninen im Hintergrund. Die Blaufränkisch 1990 „Cuvée Prelude"ist ein leichterer Typ, im Bukett mit zarten Holztönen unterlegt und im Abgang fruchtig und mild.
Anmutig kombiniert sind die Flaschenetiketten. Als futuristische Installation wird jene des Blaufränkisch zum Mythos erhoben, der Betrachter mit diesem gemalten Chiffre in seine phantasievollen Schranken gewiesen. Die Flasche des Cabernet Sauvignons schmückt ein stilitisch in wilder Dynamik gehaltenes, in Aquarelltechnik geschaffenes Landschaftsbild. Klassisch gestaltet ist die Etikette des Blaufränkisch Barriques.

Auf ein Methusalem-Alter von mehr als 80 Jahren bringen es im Weingut von ***Franz und Martina Weninger*** einige Weinstöcke, die noch immer im Ertrag stehen. Das Durchschnittsalter der Reben beträgt beachtliche 30 Jahre. Dieses großartige Potential an alten Weinstöcken ist die Basis für die hervorragenden Weine, die in diesem Betrieb gekeltert werden. Das Weingut zählt zu den ältesten in Horitschon. In der Ortschronik wurde die Familie Weninger bereits im Jahr 1828 urkundlich erwähnt.
Das Weingut Weninger besitzt bestens gelegene Reb-

flächen rund um Horitschon bis hin zur ungarischen Grenze. Die Rieden Hochacker, Kirchholz und Dürrau gehören zu den besten Lagen. Sie bringen die Trauben für besonders extraktreiche, vollmundige und langlebige Rotweine hervor. Ein Grund für solche Weine sind das günstige Mikroklima und die lehmigen Böden. So waren bei der Ernte 1992 über 50 % der geernteten Trauben im Spätlesebereich. Im Ertrag stehen 12 Hektar Rebfläche mit einem Anteil von rund 65 Prozent Blaufränkischreben. 15 Prozent der Rebfläche ist mit Cabernet Sauvignon bestockt. Im Durchschnitt wurden zirka 4000 Rebstöcke pro Hektar in den Weingärten ausgesetzt. Bei einem Hektarertrag von rund 3500 Liter ist die einzelne Stockbelastung sehr gering.

Bei der Weinbereitung bedient sich Franz Weninger modernster Kellertechnologie. Die Vergärung der Maische erfolgt in temperaturgesteuerten Edestahltanks. Die Maischestandzeit beträgt in der Regel zwei bis drei Wochen. Franz Weininger: „Wir praktizieren bereits seit Jahren den biologischen Säureabbau. Er wird generell im Anschluß an die alkoholische Gärung eingeleitet und wirkt sich auf die elegante Geschmacksstruktur der Weine besonders angenehm aus", erklärt der Winzer und fährt fort: „Unsere Weinbauphilosophie ist, im Weingarten und beim Ausbau der Weine alle Aktivitäten im Einklang mit der Natur zu setzen. Im Weingarten zum Beispiel wird nur Naturdünger verwendet."

Franz Weninger arbeitet mit großer Sorgfalt und einem Hang zum Experimentieren. Dies gilt insbesondere für die unterschiedlichen Vergärungs- und Ausbauarten. Weninger: „Nur durch Selbsterkenntnis wird der Weg frei zu den besten Arbeitsmethoden." So baut er verschiedene Weine nach Lage getrennt unterschiedlich aus. „Seit 1985 sind wir dazu übergegangen, die besten Weine in Barriques auszubauen. Wir verwenden dafür Fässer aus Allier-, Limousin-, Manhartsberger und amerikanischer Eiche. Dieser eingeschlagene Weg wurde durch eine Fülle von Auszeichnungen mehrfach belohnt", gibt sich der Winzer zufrieden. Eine Hommage an seine beiden Töchter Martina und Verena sind zwei spezielle Weine des Hauses. Mit dem „Tinavera" wird ein klassisch ausgebauter Blaufränkisch vermarktet, „Veratina" wiederum ist eine Cuvée, die Jahr für Jahr vom Winzer neu zusammengestellt wird. Die Cuvée Veratina 1990 besteht aus St. Laurent, Blaufränkisch und Cabernet Sauvignon, hat einen kräftigen, fruchtbetonten Körper, mit weicher, feiner Textur; im Abgang sind die Holztöne dezent im Hintergrund vorhanden. Der Blau- fränkisch 1990 hat die typische Weninger-Fruchtigkeit, ist intensiv, gehaltvoll und weich, mit feinwürziger Herbe. Der Blaufränkisch Barrique 1990 verfügt über einen tiefen und festen Fruchtgeschmack und ist mit weichen Tanninen ausgestattet, die harmonisch integriert sind.

Mitte der sechziger Jahre umfaßte das Weingut Haus Iby in der Kirchengasse 4a knapp fünf Hektar Rebfläche. Der heutige Besitzer war damals gerade zehn Jahre alt – ***Anton Iby*** jun. Sein Vater gleichen Namens war und ist ein Winzer der alten Garde, welcher aber schon früh die Trends im Weinbau erkannte. Sortentypisch kultivierte er seine Reben in den Weingärten. Gegenwärtig beobachtet er den Entwicklungsprozeß, den sein Sohn Anton Iby Junior seit der Übernahme vor zehn Jahren einleitete. „Ein Weinbauer darf sich nie mit dem Erreichten zufrieden geben", hört man ihn sagen. Getreu diesem Motto arbeiten er und seine Gattin Johanna. Durch den Zukauf von Weingärten besitzt das Weingut Iby heute acht Hektar Rebflächen. Weitere drei Hektar wurden dazugepachtet. Die Weingärten liegen allesamt in den besten Lagen. Die Rieden Altes Weingebirge, Dürrau, Hochacker und Gfanger sind ausschließlich mit roten Traubensorten bestockt. Den Hauptanteil macht mit über 60 Prozent der Blaufränkisch aus. Im Ertrag stehen weiters Zweigelt, Cabernet Sauvignon, Blauer Burgunder und Merlot. Einige der Anlagen haben Rebstöcke mit einem Alter von 40 Jahren.

Um eine einwandfreie Traubenqualität zu erreichen, wird grundsätzlich integrierter Pflanzenschutz betrieben. Seit 1985 wurde kein Kunstdünger mehr verwendet. Toni Iby: „Es werden in unseren Weingärten sowohl das Laub als auch das geschnittene Rebholz in den Boden eingearbeitet. Und ab Juli betreiben wir Gründüngung." Die Rebstöcke stehen auf schweren Lehm- und Lößböden und sind sehr mühsam zu bearbeiten. Die Weingärten sind auf vielen Parzellen aufgeteilt. Eine zusammenhängende Fläche im Ausmaß von einem Hektar bildet die Ausnahme. Die durchschnittliche Stockanzahl je Hektar liegt bei 4000 Reben, der durchschnitt- liche Ertrag pro Hektar bei ungefähr 5000 Liter.

Während der Lese werden die Trauben noch im Weingarten auf einem Maischewagen gerebelt, gequetscht und anschließend im Keller im offenen Gärbehälter vollständig vergoren. Nach fünf bis sechs Tagen wird gepreßt, und der Jungwein kommt für vier bis sechs Wochen in Edelstahltanks, in denen auch der biologischer Säureabbau vorgenommen wird. Erst danach wird der Wein zur Lagerung in Holzfässer umgefüllt. „Seit 1986 beschäftige ich mich auch mit dem Ausbau der Weine in Barriquefässern", erklärt Anton Iby. „Derzeit werden rund 20 Prozent der gesamten Jahresproduktion in den kleinen Eichenfässern ausgebaut. In den kommenden Jahren möchte ich den Anteil von Barrique-weinen aber noch steigern", setzt der Winzer fort.

Seit 1990 wird bei besonderen Qualitäten für die Jahrgangsreserve eine Maischestandzeit von zumindest vier Wochen gewählt, um so die Lagerfähigkeit zusätzlich zu erhöhen. Iby: „Erst nach einer Faßlagerung von mindestens 16 Monaten werden solche Weine bei uns auf Flasche gezogen." Die Cuvée Nastassja 1990 besteht aus Cabernet Sauvignon, Blaufränkisch und Pinot Noir, verfügt über eine feine Fruchtnase mit dezenten Beerentönen - ein weicher und trinkgefälliger Wein.

Eine Reihe von Auszeichnungen bestätigen dem Weingut den eingeschlagenen Weg. Mit dem Blaufränkisch

Kabinett Jahrgang 1987 und 1989 wurde das Weingut Iby zweimal in den österreichischen Weinsalon gereiht. Der 87er Jahrgang wurde überdies 1989 Burgenländischer Landessieger.

Qualität und Quantität. Diese beiden Begriffe stehen für die ***Winzergenossenschaft Horitschon***. Jährlich vinifiziert sie rund fünf Millionen Kilogramm Trauben. Das ergibt eine durchschnittliche Menge zwischen drei und vier Millionen Liter Wein. Verarbeitet werden zu 95 Prozent Rotweine. Davon wiederum entfallen 75 Prozent auf die Sorte Blaufränkisch, gefolgt von Zweigelt mit 23 Prozent und 2 Prozent Cabernet Sauvignon. Die Lagerkapazität der gesamten Weinkellerei beträgt imposante 7,8 Millionen Liter.

Die Winzergenossenschaft Horitschon ist ein wichtiger wirtschaftlicher Faktor im Mittelburgenland. Über 75 Prozent der gesamten Erntemenge der Region wird von der Kellerei verarbeitet. In der Winzergenossenschaft Horitschon sind 520 Winzer aus Horitschon und Umgebung wie aus Haschendorf, Unterpetersdorf, Großwarasdorf und Raiding zusammengeschlossen. Das marktwirtschaftliche Segment fördert vor allem die vielen Nebenerwerbswinzer, die durch die Genossenschaft eine zufriedenstellende wirtschaftliche Basis finden.

Die Winzergenossenschaft steht unter der Leitung von Geschäftsführer Dir. Josef Duschanek. Als Obmann steht ihm Georg Lang zur Seite. Für die guten Weinqualitäten des Hauses steht ein Mann im Vordergrund: ***Josef Pusch***. Seine fachliche Kompetenz und seine organisatorischen Fähigkeiten sind unbestritten. Von seiner Jugend an mit dem Weinbau in Berührung, sein Vater war schon Kellermeister in der Winzergenossenschaft, setzt Josef Pusch ständig neue Akzente. Gemeinsam mit einem Mitarbeiter bearbeitet er den riesigen Betrieb. Nur zur Weinlese werden weitere Arbeitskräfte eingesetzt.

Bei der Vermarktung der Weine steht der Faßweinverkauf an erster Stelle. Der Anteil macht 30 Prozent der Jahresproduktion aus. Diese Weine werden von verschiedenen Weinhandelshäusern als Horitschoner Blaufränkisch in ganz Österreich im Handel angeboten.

Einige Zahlen und Fakten aus dem Jahr 1992: Verarbeitet wurden damals 3,7 Millionen Kilogramm Trauben. Davon wurden 450.000 Liter sehr guter Qualitäten erzeugt. Für die Produktion von Qualitätsweinen gibt es bereits im Anfangsstadium der Vinifikation ein strenges Ausleseverfahren. Nach der Anlieferung in die Winzergenossenschaft werden die Trauben mittels einer Förderschnecke in die Kellerei transportiert. Der dabei gewonnene erste Most wird sofort analysiert. Bei diesem Maischedurchflußverfahren werden die Mostgrade ermittelt. Vollautomatisch, der jeweiligen Qualität entsprechend, wird die Maische in eigens dafür vorgesehene Behälter für die Weiterverarbeitung geleitet. Die Genauigkeit dieser computergesteuerten Selektion liegt bei 98 Prozent. Das beste Traubenmaterial, mit einer Mindestgradation von 18 bis 20° KMW, wird nach der Vinifizierung von

der Winzergenossenschaft selbst in Flaschen gefüllt und vermarktet. Der Kellermeister: „Unsere Rotweine erfahren immer eine spezifische Verarbeitung und einen dem Wein entsprechenden Ausbau“, läßt der Kellermeister wissen, um im gleichen Atemzug fortzusetzen: „Erst nach Abschluß der Tankreife bestimmen wir durch eine selektive Prüfung, welche der Blaufränkischen in Flaschen gefüllt werden.“ Der Weinmacher geht aber noch weiter ins Detail. Josef Pusch: „Das Ausbaupotential von Grund und Boden in dieser Region ist einfach hervorragend. Wenn ein Winzer vernünftig genug ist, kann er Weine bester und international anerkannter Qualitäten produzieren.“

In kurzen Zügen umreißt der Kellermeister die Zukunftsphilosophie der Winzergenossenschaft. So soll für die Qualitätsproduktion ein eigener Betrieb errichtet werden. „Dieser sollte möglichst von der Genossenschaft abgekapselt werden. Wir sollten versuchen, mit kreativen, dynamischen Mitgliedern ein eigenes Traubenproduktionsprogramm in den besten Rieden auf die Füße zu stellen. Das daraus gewonnene Traubenmaterial sollte dann nach internationalen Maßstäben verarbeitet und ausgebaut werden“, erzählt der Winzer und meint abschließend: „Unser Ziel ist es, weiterhin die hohen Qualitätsansprüche unserer Kunden zu erfüllen.“

Die Linie des Hauses spiegelt sich in den drei Qualitätsweinen aus der Serie Horitschoner Blaufränkisch. Zum einen ist es der traditionell-klassisch vinifizierte Blaufränkisch mit dem Namen „Lese“, zum anderen das „Prestige“. Ein tanninreicher, konzentrierter Rotwein, der durch die lange Reifung in größeren Eichenfässern eine charmante Harmonie erlangt. In diese Linie reiht sich noch der Blaufränkisch „Barrique“. Er ist ein komplexer, mächtiger Rotwein, der vorwiegend in neuen Barriques ausgebaut wird. Der Blaufränkisch Lese 1991 verfügt über ein frisches traubiges Blaufränkisch-Bukett, ist außerordentlich fruchtig mit weichen, unterstützenden Tanninen. Der 91er Prestige hat im Bukett eine kompakte und konzentrierte Fruchttiefe; im Duft sind Frucht und Holz sehr schön ausbalanciert. Die kräftigen Tannine verleihen diesem Blaufränkisch eine lange Lebensdauer. Der Barrique 1990 besticht schon durch seine tiefdunkle rubinrote Farbe. Im Duft sind die eichigsamtigen Nuancen und der typische Blaufränkischton fein verwoben. Der kräftige, fruchtgeladene und gerbstoffreiche Körper zeigt schon jetzt seine große Stilistik, die aber erst in einigen Jahren voll entwickelt sein wird. Der 87er Blaufränkisch verfügt über einen dezenten, feinwürzigen Fruchtduft und einen reifen, weichen Körper. Im Abgang weich und geschmeidig.

Die Linie, nach der ***Gerhard Amminger*** in der Günser Straße 8 seine Weine ausbaut, ist vorgegeben. Die Rieden Dürrau und Gfanger, auf denen der Winzer rund fünf Hektar Weingärten im Ertrag hat, eigenen sich besonders für Rotweinsorten. Allein der Blaufränkisch macht zwei Drittel aus. Durch diese Konzentration erreicht Gerhard Amminger Jahr für Jahr gleichbleibende Qualitäten, die auch in Barriques ausgebaut werden. Sein Blaufränkisch „Pannonia" wird mehr als ein Jahr lang im Eichenfaß gelagert. Plazierungen im österreichischen Weinsalon unterstreichen die gewissenhafte Arbeit dieses Weinbauern.

In der Neugasse 4 keltert ***Matthias Bauer*** ausschließlich den Blaufränkisch. Obwohl dieser Betrieb klein ist und im Nebenerwerb von Matthias Bauer betrieben wird, bringt er vorzügliche Qualitäten hervor. Sichtlich stolz darf der Winzer auf seinen Blaufränkisch Qualitätswein Jahrgang 1989 sein, welcher 1990 unter die besten 200 Weine Österreichs, dem Weinsalon, gereiht wurde.

Am Anger 2 betreibt die Familie ***Paul Duschanek*** den Weinbau. Die fast zehn Hektar umfassenden Weingärten liegen hauptsächlich in den Rieden Kirchholz, Weingfanger und Rakitsch, die mit überwiegend Rotweinsorten bestockt sind. Die schweren Lehmböden mit einer gesunden Humusschicht lassen dort bestes Traubenmaterial gedeihen. Die Handschrift des Vater-Sohn-Gespanns zieht sich durch alle Weine und ist sowohl bei den in Barriques ausgebauten als auch in traditioneller Weise gekelterten Weinen „leicht lesbar". Mit dem Blaufränkisch Barrique 1989 wurde die Familie im Jahre 1991 Falstaff-Sieger.

An der Spitze der Rebsortenstatistik der Familie ***Trummer*** in der Bahnstraße 9 steht mit achtzig Prozent der Blaufränkisch. Einen schönen Erfolg mit dieser Traubensorte erreichte der Weinbaubetrieb 1989, als der Blaufränkisch Qualitätswein Jahrgang 1988 zum österreichischen Salonsieger gekürt wurde.

„Klein, aber fein." Keine andere Redewendung paßt besser auf den Weinbaubetrieb von ***Erich Neubauer*** in Hofstatt 12 im Ortsteil Unterpetersdorf. Knapp drei Hektar Rebfläche stehen im Ertrag mit einem Rotweinanteil von zirka 80 Prozent. Erich Neubauer führt seinen Betrieb im Nebenerwerb und konnte 1986 mit einem Blaufränkisch Jahrgang 1985 die höchste burgenländische Auszeichnung, die „Goldene Traube", in Empfang nehmen. Die Jahrgänge 1989 und 1990 von Blaufränkisch Qualitätsweinen wurden 1990 bzw. 1991 in den österreichischen Weinsalon gereiht.

Deutschkreutz

In einer sanften Bodensenke des mittelburgenländischen Hügellandes liegt Deutschkreutz. Der Ort zählt zu den wichtigsten Weinorten des Burgenlandes. Im Ort, der schon früh besiedelt war, wurden Funde aus der Laibach-Vucedol- und Wieselburger Kultur sowie ein aus der Römerzeit stammender Bau, die „villa rustica", mit Mosaikfußböden entdeckt. Ein ebenfalls dort gefundener Bronzekopf eines Fauns ist heute im Eisenstädter Landesmuseum zu besichtigen.

Deutschkreutz wurde 1245 erstmals urkundlich „Bogyoszlo" genannt und im Mittelalter zum Markt erhoben worden. Auf dem großen Weingebirge ließ die ungarische Familie Nadasdy lange Zeit ausgedehnte Weingärten bewirtschaften, viele waren auch im Besitz von Wiener Neustädter Bürgern. Durch sehr späte Lesen erhielt der Deutschkreutzer Wein eine besondere Stabilität, die ihn für lange Transportwege, wie zum Beispiel nach Polen, Schlesien oder Holland, geeignet machten. Deutschkreutz hat gegenüber Horitschon einen Vegetationsvorsprung von 7 Tagen, und der Neusiedlersee ist

nur 3 km Luftlinie von der Ortschaft entfernt. Lehmiger Sandboden, der sich besonders für die Kultivierung von Blaufränkischtrauben eignet, findet sich in der Ried Hochacker. Der Chardonnay entfaltet sich in den Weingärten in der Ried Steinriegel am besten.
Geprägt wird die Landschaft vom monumentalen ehemaligen Schloß der Familie Esterházy, einem mächtigen Vierflügelbau mit einem schönen, von Arkaden gesäumten Innenhof. Dieser mächtige Bau ist heute im Besitz des Malers Prof. Anton Lehmden.

Lagen und Rieden
Die bedeutendsten Lagen in Deutschkreutz sind die Rieden Hochacker mit lehmigem, sandigem Lößboden, die Ried Steinriegel mit einem schottrigen Lehmboden, die Lage Weißes Kreuz mit Lehmboden, sowie die Rieden Hochbaum und Steinmühl mit humusreichem kalkhaltigem Boden.

Rund drei Hektar Weingärten in den Rieden Hochberg, Goldberg und Hochbaum kultivieren ***Josef und Christine Kacsits***, deren Weinbaubetrieb in der Postgasse 4 ist. Der Betrieb wird im Nebenerwerb geführt. Bei den Rotweinsorten ist der Blaufränkische führend; ein kleiner Weingarten wurde mit Cabernet Sauvignon ausgepflanzt. Die Anwendung von Barriquefässern, Allier und Limousin, ist ein fixer Bestandteil der Kellertechnik. Besonders der Blaufränkisch Barrique-Ausbau Jahrgang 1990 besticht durch seine vorzügliche Farbe und Kraft, ausgestattet mit einer feinen Herbe und einer elegant eingebundenen Säure.

Das Ehepaar ***Irmgard und Walter Kirnbauer*** teilt miteinander die Liebe zum Blaufränkisch. Es teilt sich auch die Überzeugung, daß das Mittelburgenland, abgeschirmt durch drei Hügelketten, „das" Weinbaugebiet für diese Rotweinsorte ist. Die Weingärten der Familie Kirnbauer bedecken eine Fläche von vier Hektar. Sie werden von zwei einander gut ergänzenden Bodentypen geprägt. Der größte Teil besteht aus schweren Lehmböden, während das umliegende Rebland bei der Ortschaft Deutschkreutz teilweise kalkhaltiges Urgestein aufweist. „Erstklassige Weine können nur aus sehr guten Weinbergen stammen. Die Bodenbearbeitung erfolgt natur- und umweltbewußt, da sie ausschließlich mechanisch durchgeführt wird", hört man aus dem Mund des Winzers. Etwas mehr als die Hälfte der Bestockung entfällt auf Rotweine, von denen der größte Anteil Blaufränkisch-Anlagen sind. Diese Weine werden mindestens ein Jahr lang in traditionellen Fässern ausgebaut, ehe sie in Flaschen abgefüllt werden. Gehaltvolle, kräftige Rotweine kommen zum Teil zum weiteren Ausbau in Barrique-Fässer. Weit weg vom Trend, startete Walter Kirnbauer im Jahr 1989 einen Versuch. Blaufränkisch-Trauben wurden drei Monate auf der Maische belassen und dann ungepreßt im traditionellen Holzfaß ausgebaut. Der nach der Ganzbeerenmethode vergorene und ausgebaute Wein wird als Exklusiv-Blaufränkisch angeboten und besticht durch sein helles Rubinrot. Dezent gerbstoffhaltig ist er sehr fruchtig und extraktreich. Eine weitere Spezialität des Hauses Kirnbauer ist eine Barrique-Cuvée, die unter dem Namen „Das Phantom" vermarktet wird. Der Blaufränkisch 1990 verfügt über einen feinen Kirschduft und einen intensiven Fruchtkörper.
Mit seinem Chardonnay Jahrgang 1991 zeigt Walter Kirnbauer, daß er nicht nur hervorragende Rotweine keltern kann. Sein helles Gelbgold mit vollem Duft, seine Fruchtfülle und die kräftige, harmonisch eingebundene Säure runden diesen Wein ab. Zum Abschluß sollte der schöne Gewölbekeller aus Sandstein erwähnt werden, in dem die traditionell großen Holzfässer eine einmalige Kulisse für jede Kellerkost bilden.

Bereits seit mehreren Generationen ist die Familie Gesellmann Stützpfeiler der Weinbautradition in diesem Teil des Burgenlandes. Der jetzige Eigentümer, ***Engelbert Gesellmann***, steht an der Spitze des Familienbetriebes und führt meisterhaft Regie. Das Weingut erstreckt sich auf stattliche 15 Hektar Rebfläche. Variantenreich sind die Böden der einzelnen Rieden. Die flächenmäßig größte Ried mit vier Hektar ist die Lage Hochacker. Sie hat einen lehmigen, sandigen Lößboden. Mit je zwei Hektar Fläche folgen die Ried Steinriegel und Weißes Kreuz.
Gerne erinnert sich Engelbert Gesellmann an seine Kindheit und dem geschäftigen Treiben auf dem Weingut, das seine Eltern bewirtschafteten. Schon als zehnjähriger Bub hat Gesellmann bei der Lese mitgeholfen. „Auf einem Fuhrwerk wurde damals ein Holzfaß angebracht. Dieses Gespann nannte man Loat. Die Trauben wurden damals durch einen entsprechenden Aufsatz direkt in das Faß gerebelt. Da konnte es schon passieren, daß das Traubenmaterial bereits im Loat zu gären begann. Wenn ich an die heutigen Vinifikationsmöglichkeiten denke, machte die Kellertechnologie in den letzten Jahrzehnten einen gewaltigen Sprung."
Als Engelbert Gesellmann im Jahr 1970 das elterliche Weingut übernahm, ging er sofort daran, seine eigenen Ideen und Erfahrungen in die Tat umzusetzen. Trotz der traditionsgebundenen Arbeitsweise erkannte damals schon der Winzer die Bedeutung seiner guten Lagen und begann als einer der ersten überhaupt in der Region seine Rieden mit selektionierten Edelreisern zu kultivieren.
Sein Wissensdurst und sein Drang, immer wieder Neues zu entdecken, führten ihn zu den bedeutendsten Weinländern der Welt. „Man kann ja auch zwischen den Fassln was hören und sehen", spielt der innovative Winzer auf die Beachtung der kleinsten Details an. Der Bogen seiner Entdeckungsreisen spannt sich von Frankreich, Italien, Ungarn über Kalifornien bis nach Südafrika. Und in der Tat konnte Engelbert Gesellmann all diese Eindrücke optimal für seinen Weinbaubetrieb in Deutschkreutz ein- und umsetzen. Den großen Weingü-

tern in Frankreich und Kalifornien gleich, überläßt Engelbert Gesellmann nichts dem Zufall. Wird die Gangart im Weingut der Familie Gesellmann von Engelbert Gesellmann bestimmt, trägt sein Sohn Albert sowohl für Weinbau als auch für die Kellerwirtschaft eine große Mitverantwortung.

Dem Vater gleich, holte sich der Junior seine internationalen Erfahrungen bei einigen der besten Weingüter der Welt. Neben Südafrika war es vor allem Kalifornien, das den jungen Winzer faszinierte. Besonders das Weingut Cuvaison in Napa Valley mit seinem Winemaker John Thatcher, der Weltruf genießt, brachte dem jungen Albert Gesellmann eine Fülle von neuen Eindrücken und Arbeitsweisen.

Gemeinsam arbeiten Vater und Sohn an der Optimierung ihrer Produkte. Engelbert Gesellmann: „Die Trauben, die in den Deutschkreutzer Weingärten wachsen, profitieren seit jeher vom guten Boden und von dem milden Klima. Der Boden wird von uns ständig kontrolliert und ökonomisch bearbeitet", erläutert der Winzer die Systematik in diesem Weinbaubetrieb und setzt gleich fort: „Oberstes Gebot bei der Weingartenarbeit ist Qualität. Um diesem Anspruch gerecht zu werden, werden die Reben in den Weingärten rigoros zurückgeschnitten. Diese Methode ist die Grundbasis für hervorragende Weine." Unbestritten gehört das Weingut zu jenen wenigen Produzenten, die Jahr für Jahr kontinuierlich gute Qualitäten hervorbringen. Bei der Vinifizierung von Rotweinen werden die Beeren einer geschlossenen Maischegärung unterzogen, die bis zu acht Tagen dauern kann. Der Jungwein durchläuft an-schließend eine malolaktische Gärung und wird zur weiteren Reifung in Eichenfässer gefüllt. Nach einer einjähriger Faßreife wird der Wein in Flaschen gefüllt. Ein Teil der Ernte kommt zum Ausbau in Barriquefässer.

Einem kalifornischen Vorbild gleich, vinifizieren Engelbert und Albert Gesellmann ihren „Opus Eximium". Es ist eine rote Cuvée aus vier verschiedenen Barriqueweinen der Sorten Cabernet Sauvignon, Blaufränkisch, Blauer Burgunder und St. Laurent. Jeder einzelne Wein wurde vor dem Verschnitt in eigenen Eichenholzfässern mit unterschiedlichen Hölzern – Limousin, Allier, Nevers und Manhartsberger – ausgebaut. Der Jahrgang 1990 des Opus Eximium Cuvée Nr.3 verfügt über ein reiches, komplexes, voll entwickeltes Bukett, das mit Beeren, leicht geräuchertem Eichenholz und Kräutern angereichert ist. Im Abgang lang anhaltend und fruchtbetont. Der Blaufränkisch 1992 aus der Ried Hochacker ist schon recht weit entwickelt, weich, rund und harmonisch. Der 92er Cabernet Sauvignon verfügt über einen vollfruchtigen Körper, ist sehr komplex und mit kräftigen Tanninen für eine große Zukunft ausgestattet.

Die Weißweinsorten der Familie Gesellmann machen rund die Hälfte der Gesamtproduktion aus. Sie werden sofort nach der Lese gepreßt und in temperaturgeregelten Edelstahltanks vergoren. Wie bei Rotweinen kommen einige Weißweinsorten zum weiteren Ausbau in Barriquefässer. Zum Beispiel der Chardonnay 1992 aus der Ried Steinriegel, der seine volle Frucht mit dem herrlichen voluminösen und weichen Bukett durch den Barriqueausbau voll zur Geltung bringt. Dazu Engelbert Gesellmann: „Ein Anliegen von mir ist die spezielle Beurteilung von Weinen. Ein Wein sollte nicht nach seinen Werten beschrieben werden, sondern nach seiner Harmonie." Der Chardonnay 1991 Steinriegel war der erste Weißwein, für den Albert allein verantwortlich war. Mit einer intensiven Fruchtfülle und einer zarten rauchigen Note ausgestattet präsentiert sich dieser kraftvolle Chardonnay. Die Weißweine des Hauses haben alle zwischen 7 und 8 Promille Säure, dadurch haben die Weine die nötige Kraft und das Rückgrat für eine längere Flaschenreife und Lagerung.

Die Weinetiketten bringen die Naturverbundenheit dieser alten burgenländischen Familie voll zum Ausdruck. Der Verzicht auf äußerliche Kontrastbildungen wirkt, wenn man Motiv und Text zueinander gewichtet, geradezu als zwingende Selbstverständlichkeit. So bilden Etikette und Inhalt eine wechselhafte Symbiose.

Hans Igler gilt als einer der Wegbereiter der zeitgerechten und innovativen Weinbaukultur im Mittelburgenland. Schon in der Frühzeit des heutigen Besitzers, Anfang der sechziger Jahre, begann er im rasenden Tempo, sein kleines Weingut aus- und aufzubauen. In den folgenden Jahren erwarb der Winzer zusätzliche Weingärten, so daß das Weingut Igler heute über eine Rebfläche von 6,5 Hektar verfügt. Seinem Grundsatz ist Hans Igler über all die Jahre treu geblieben: kontinuierliche Qualität und damit zusammenhängend zufriedene Kunden.

Die eigentliche Geschichte des Weingutes liegt nur wenige Jahre zurück. Er war kein typischer Winzer, dieser Hans Igler, als er 1960 begann, das Weingut aufzubauen. „Liebe kann Berge versetzen." Bei Hans Igler waren es Weinberge. Als knapp 20jähriger begann er sich intensiv für den Weinbau zu interessieren. Mit Wißbegierde „fraß er sich durch eine Menge Literatur". Was mancherorts als Ehrgeiz bezeichnet wird, so war es bei Hans Igler die unbändige Leidenschaft zum Weinbau, die ihn dazu anhielt, immerfort an sich zu arbeiten. Jede gelernte Lektion wurde rasch im Weingarten und im Keller umgesetzt. Und seine Geduld und Vorgangsweise wurden in der Zwischenzeit reichlich belohnt.

Hans Igler: „Seit 1964 beschäftige ich mich bereits intensiv mit der Kultivierung von Rotweinsorten. Ausschlaggebend für diesen Schritt war das Wissen aus der Vergangenheit, daß in der Region um Deutschkreutz hervorragende Rotweine gedeihen." Ein Blick auf die Landkarte läßt auch gleich erkennen, daß das Gebiet nur rund drei Kilometer Luftlinie vom Neusiedlersee entfernt liegt und zu den besten Rotweinlagen Burgenlands zählt. Die Rieden liegen allesamt im Einflußbereich der pannonischen Tiefebene sowie der Ödenburger Berge.

Hans Igler weiter: „Ein Rückblick auf die Arbeitsmethode unseres Weinbaubetriebes bringt offen zutage, daß wir im Gegensatz zu den bis in die Mitte der siebziger Jahre hinein herrschenden Produktionsmethoden seit jeher eine Vorliebe für trockene Rotweine in Rückbindung an die alte Tradition hatten. Für uns bedeutete dies eine bewußte Ausdünnung in den Weingärten sowie eine kompromißlose Qualitätsorientierung in der Kellerwirtschaft." Und schon früh definierte Hans Igler mit seinem Blaufränkisch, was man im Mittelburgenland mit diesem Wein an Qualitäten hervorbringen kann. „Bei uns ist der Blaufränkisch viel voller als anderswo, weil wir den Mut haben, bei Reifebeginn die Weintrauben im Weingarten radikal auszudünnen", erklärt Hans Igler, „wir wollen Trauben mit kleinen Beeren und viel Extrakt ernten."

Mut für Veränderungen hatte der Winzer Anfang der achtziger Jahre, als er und Wolfgang Petzl von der Vinothek St. Stefan im Jahre 1981 genau 36 gebrauchte Barriquefässer vom französischen Spitzenweingut Latour erwarben. Er war der erste Winzer im Burgenland überhaupt, der diesen Schritt in dieser Größenordnung vollzog. Der erste gelungene Ausbau war der Blaufränkisch Barrique 1983. In der Zwischenzeit verfügt er über eine 10jährige Erfahrung im Umgang mit den kleinen Fässern.

Bei Hans Igler vergärt der Blaufränkisch in fünf bis acht Tagen, der Cabernet Sauvignon bis zu 10 Tagen in geschlossenen Behältern. Anschließend erfolgt ein biologischer Säureabbau. Nach einer Faßreife von einem Jahr in 3500 Liter großen Eichenfässern beim Blaufränkischen und einer zweijährigen Barriquereife beim Cabernet werden die Weine in Flaschen gefüllt und weitere sechs Monate gelagert, bevor sie in den Verkauf kommen. Hans Igler: „Wenn ich von einem Wein nicht überzeugt bin, kommt er nicht in die Flasche." Im Weingut stehen ein Drittel neue Barriquefässer, ein Drittel einjährige und ein Drittel zweijährige in Verwendung. Eine Cuvée von Blaufränkisch und Cabernet Sauvignon wird als „Cuvée Vulcano" angeboten. Diese Cuvée vereint die besonderen Eigenschaften beider Rebsorten, die Fruchtigkeit und Würze des Blaufränkischen mit der Eleganz, Harmonie und Dichte des Cabernet Sauvignon. Das dunkle Purpurrot des Jahrgangs 1990 verrät schon das Maß an Konzentration; das dichte schwarze Johannisbeerbukett mit den kräftigen, aber weichen Tanninen hält, was der Duft verspricht. Mit diesem vollen Fruchtvolumen wird dieser Wein im nächsten Jahrtausend noch viel Freude bereiten. Der 90er Cabernet steht der Cuvée um nichts nach. Intensiv fruchtig, weich und geschmeidig, mit kräftigen Tanninen ausgestattet, welche in die Gesamtharmonie sehr gut eingebunden sind und erstaunlicher Ausdruckskraft im Abgang. Der „normale" Blaufränkisch 1990 aus der Ried Hochberg verfügt über eine tiefe Fruchtkonzentration und einer feinwürzigen Herbe. Sortentypisch, mit reifen Tanninen ausgestattet, bleibt der lange Abgang in Erinnerung.

Eine Reihe von Auszeichnungen zeigen vom großen

Bild oben: Engelbert und Albert Gesellmann
Bild unten: Hans Igler
Bild rechts oben: Weingärten mit Schloß Deutzschkreutz
Blaufränkisch-Trauben werden hier von Hand gelesen

Können dieses Weingutes, das Hans Igler gemeinsam mit seiner Gattin Maria, Tochter Waltraud und Schwiegersohn Wolfgang Reisner bewirtschaftet.

Ein beglückendes Ergebnis sind die von Prof. Lehmden geschaffenen Etiketten. In seiner bekannten Art der Analyse konfrontiert Prof. Lehmden den Betrachter mit einer Situation, die durch die Einbeziehung der Igler-Weine zu einem lustvollen und vielleicht gezielten Spiel mit dem Kunden führt. Mit hintergründiger Flexibilität werden so die attraktiv gestalteten Etiketten gemeinsam mit den (vollen?) Flaschen zum Sammlerobjekt.

In der Karnergasse 8 keltert ***Josef Gager*** seine Weine. Seine drei Hektar im Ertrag stehenden Weingärten liegen in den Rieden Fabian, Mitterberg und Kart mit 40 Prozent Blaufränkisch-Anteilen. Im Ertrag stehen weiters Cabernet Sauvignon, Welschriesling und Weißer Burgunder. Der Winzer baut seine Weine klassisch aus. Eine Weinspezialität im Hause Gager ist die Cuvée „Quattro", bestehend aus vier verschiedenen Rotweinsorten.

Das südliche Burgenland

Nur durch eine kleine „Öse" im Nordosten mit dem „Mutterland" verbunden, grenzt das Südburgenland auf der einen Seite an Ungarn und Slowenien, auf der anderen Seite an die Steiermark und Niederösterreich. Wer den Menschenschlag dieser Region kennengelernt und liebgewonnen hat, schätzt vor allem das Entgegenkommen, die Vertrautheit und die Freude der Südburgenländer. Und unverfälscht wie die Lebenslust der Menschen zeigt sich hier die Landschaft. Stumme Zeugen einer traditionsreichen Zeit sind die noch gut erhalten gebliebenen Land- und Bauernhäuser, die auf dem historisch gewachsenen Boden dieser geschichtsträchtigen Region stehen. Viele der alten Häuser sind Lehmbauten und werden von strohgedeckten Dächern beschirmt. In den Kellervierteln von Heiligenbrunn werden diese besonders gepflegt. Die Kunst des Strohdachdeckens wird nur noch von wenigen beherrscht. Umso mehr sollten wir jenen dankbar sein, die dieses alte Kulturgut erhalten und so den nächsten Generationen augenscheinlich vor Augen halten, wie unsere Ahnen ihr Leben gestalteten.

Allerortens, in den Feldern und Weingärten, sieht man noch alte Heiligensäulen, Bildstöcke und kleine Kapellen, die vor allem die Verbundenheit dieser gläubigen Menschen zum Christentum ausdrücken.

Mit einer Rebfläche von rund 500 Hektar ist das Südburgenland das kleinste Weinbaugebiet Burgenlands. Weinbau wird hier seit vielen Generationen betrieben. Die bekanntesten Weinbauorte sind Rechnitz am Fuße des Geschriebensteins, Eisenberg, Deutsch Schützen und Heiligenbrunn im Tal der Pinka.

An den Hängen des Geschriebensteins und im Pinkatal stehen in den Weingärten mehr als sechzig Prozent Rotweinsorten im Ertrag. Neben den fruchtigen Rotweinen werden frische, fruchtige Weißweine gekeltert. Besonders der Blaufränkische findet im Südburgenland ausgezeichnete Böden vor und wird schon seit über hundert Jahren hier kultiviert. Beim Weißwein dominieren der Welschriesling und der Grüne Veltliner.

Die traditionellen Weinsorten werden mit einem Wein besonderer Art ergänzt, den es in dieser Form nur im südlichen Burgenland gibt: den Uhudler. Im Gegensatz zu den herkömmlichen Sorten handelt es sich beim Uhudler nicht um eine veredelte Rebe, sondern um sogenannte Direktträger. Sie stammen von amerikanischen Rebsorten und europäischen Kreuzungen und sind relativ einfach zu kultivieren. Diese Weinsorten haben im alten Österreich eine lange Tradition, die vom Gesetzgeber in früheren Zeiten aber beschnitten wurde. So gab es bereits in den dreißiger Jahren ein gesetzlich vorgeschriebenes Verbot, diese Rebsorten anzupflanzen. Unentwegten Winzern kann man den Fortbestand dieses urigen Weines danken. Sie waren es, die diese verbotene Sorte trotzdem kultivierten und kelterten. Unter dem Druck der Öffentlichkeit und einiger Weinbauer darf man seit 1992 den Uhudler wieder vinifizieren und auch neu auspflanzen. Er wird großteils aus den Rebsorten Noah, Isabella, Othello und Delaware gekeltert. Das Bukett dieser Weine ist einzigartig und gewöhnungsbedürftig. Der rustikale „foxige" Geschmack ist nicht jedermanns Sache. Ein großer Teil der Uhudlertrinker genießt ihn nicht pur, sondern als „Gespritzten", als sommerliches Erfrischungsgetränk mit Mineralwasser verdünnt.

Rechnitz

Als größte Weinbaugemeinde des südlichen Burgenlandes bewirtschaften die Winzer dieses Ortes rund 110 Hektar Weingärten. Von sanften Hügeln umgeben ist das Rechnitzer Weinbaugebiet, das sich bis zur ungarischen Grenze erstreckt. Im angrenzenden Naturschutzgebiet „Galgenberg" finden sich mehr als 400 Schmetterlingsarten. Dieses einmalige Trockenbiotop mit seiner seltenen Fauna ist ein Paradies für jeden Naturfreund. Nahe bei der österreichisch-ungarischen Grenze sind noch Teile einer alten römischen Wasserleitung zu bewundern.

Im Ort selbst besticht die prächtige Pfarrkirche aus dem Jahre 1679 mit ihrem reich ausgestatten Innenschiff und dem herrlichen Hochaltar und zwei holzgeschnitzten Heiligenfiguren.

Disziplinierte Arbeiten und die ordnenden Hände von ***Hans*** und ***Klaus Herist*** sind ein Teil des Erfolges des Weinbaubetriebes dieser Familie. Die Rebfläche kann als Kleinod bezeichnet werden. Bescheidene 1,3 Hektar Weingartenfläche in der Ried Wohlauf sind der Grundstock für eine einzigartige Sortenvielfalt auf so kleinem Raum. Die Hälfte des Weingartens ist mit Welschriesling bestockt. Ein großer Teil macht die Blaufränkisch-Anlage aus. Es werden aber auch der Blaue Burgunder, Chardonnay und Weißer Burgunder kultiviert. Zwei Welschrieslingsarten - die Jahrgänge 1987 und 1990 schafften 1988 bzw. 1991 den Einzug in den Weinsalon. Der 91er Jahrgang zeigt sich in klarem Gelb mit grünen Reflexen, mit typischem, klarem Welschrieslingcharakter und feinem Säurespiel.

Die Urgesteinsböden der Weingärten von ***Josef Mandl*** sind zu einem Teil die Voraussetzung der ausgezeichneten Weißweinqualitäten. Auf vier Hektar Rebfläche in den Rieden Rosengarten, Gatscher und Fuchsschweif kultiviert der Winzer zur Hälfte die Sorten Welschriesling. Weiters stehen Blaufränkisch, Blauer Burgunder, Weißer Burgunder, Grüner Veltliner, Müller Thurgau und Bouvier im Ertrag. Das Aushängeschild des Betriebes ist der Welschriesling. Der 89er wurde im Jahre 1990 in den österreichischen Weinsalon aufgenommen. Gelbgrün mit edlem, rassigem Bukett kommt seine duftige Fruchtnase voll zur Geltung. Der Abgang ist lang und säurebetont.

Deutsch Schützen und Eisenberg

Eisenberg und Deutsch Schützen sind die Mittelpunkte der südlichsten burgenländischen Weinbauregion. Etwas abseits der großen Tourismusströme gelegen, sind die Orte wegen ihrer Ursprünglichkeit besonders reizvoll. Im Grunde verschieden, sind die beiden Orte seit 1971 eine Gemeinde. Sowohl Eisenberg als auch Deutsch Schützen sind alte Grenzorte, die von Bogenschützen besiedelt wurden. Die Eisenberger Weinberge zählten einst zum Stolz der ungarischen Magnaten Erdödy und Batthyány. Die Rebsäfte wurden nicht nur nach Wien und Preßburg geliefert, sie hatten selbst in den entferntesten europäischen Ländern einen hervorragenden Namen. Die Aussicht vom Eisenberg ist an feinen, klaren Tagen überwältigend; nach der einen Seite bis tief ins steirische Land kann man oft die Riegersburg ausnehmen, gegen Osten reicht der Blick tief ins Ungarland. Der Name Eisenberg hat seinen Ursprung aus der Keltenzeit. Damals wurde nach Eisen geschürft. Spuren früher Besiedlung reichen bis um das Jahr 1000 vor Christi zurück.
Lohnende Ausflugsziele sind die Umgebung von Strem mit seinen Ortsteilen Deutsch Ehrensdorf, Steinfurt, Sumetendorf und Moschendorf. Einladend zeigt sich das Weinmuseum in Moschendorf und der angeschlossenen Vinothek mit südburgenländischen Weinen. Eine Augenweide wiederum ist ein an das Museum angrenzendes altes Kellerstöckl.

Lagen und Rieden
Die Deutsch Schützener Rebflächen sind alle in einer nach Südosten ausgerichteten Kessellage, die oberhalb von einem Eichen- und Kiefernwald umrandet ist. In dieser windgeschützten Kessellage kommt es im Frühjahr meist eine Woche vor dem nördlicheren Seewinkel zum Austrieb der Reben. Die Traubenlese beginnt fast nie vor dem 15.Oktober. Diese lange Vegetationsperiode bringt sehr gleichmäßige Reifegrade der Trauben. Selten gibt es während der Lese Niederschläge, und auch die Frostgefahr ist wegen der erhöhten Lage der Weingärten sehr gering.
Die Ried Bründlgfangen ist eine Südostlage, hat einen schweren lehmigen Boden und ist hauptsächlich mit Blaufränkisch und anderen Rotweinsorten bestockt. Der ganze Südhang des Plateaus, die Ried Weinberg, besteht aus einem schweren Lehmboden mit Humusanteilen und ist mit Blaufränkisch, Zweigelt und Cabernet Sauvignon bepflanzt. Der sandige Lehmboden der Ried Ratschen eignet sich für Welschriesling und Rheinriesling.

Das Weingut von ***Hermann Krutzler*** ist ein reiner Familienbetrieb und hat sich in den letzten Jahren zu einem der interessantesten der südburgenländischen Weinbaubetriebe entwickelt. Die Familie Krutzler besitzt um Deutsch Schützen rund 40 Hektar land- und forstwirtschaftliche Fläche. Mit vier Hektar Rebfläche ist der Anteil am Weinbau sehr bescheiden. Doch hat sich der Weinbaubetrieb seit Beginn laufend vergrößert. Im Jahr 1960 stand nur ein kleiner 30 Ar großer Weingarten im Ertrag. Heute werden im Durchschnitt jährlich 35.000 Flaschen vermarktet.
Dem Bürgermeister von Deutsch Schützen stehen bei der Weingartenarbeit seine drei Söhne und Gattin Martha tatkräftig zur Seite. Der älteste Sohn, Erich Krutzler, studiert in Wien Bodenkultur; Harald, 23 Jahre, arbeitet als Bankangestellter, und der jüngste Sproß, Reinhold Krutzler, ist Absolvent der Weinbauschule in Eisenstadt und macht derzeit sein Praktikum als Weinbau- und Kellermeister. Martha Krutzler sorgt sich um den großen Haushalt und macht zum Großteil die ganze Laubarbeit in den Weingärten. 90 Prozent der Gesamtanbaufläche des Weinbaubetriebes ist mit Rotweinsorten bestockt. Den größten Anteil macht der Blaufränkisch aus. Blauburger, Zweigelt, Cabernet Sauvignon sowie Welschriesling und Grüner Veltliner sind in der Minderheit. Die Weingärten liegen in den besten Lagen. Eine Sonderstellung im Sinne des Wortes nimmt die Ried Weinberg ein. Der Untergrund besteht aus schweren, eisenhaltigen Böden mit Humusanteilen. Er eignet sich besonders für die Rotweinproduktion und ist mit den Sorten Blaufränkisch, Cabernet Sauvignon und Zweigelt ausgepflanzt. Mit Blaufränkisch-Reben ist die Ried Bründlgfangen bestockt. Es ist eine Südostlage mit mineralreichen, schweren Lehmböden. Auf der Ried Ratschen mit einem sandigen Lehmboden gedeiht der ausgezeichnete Welschriesling. Bedingt durch das ausgezeichnete Kleinklima der Lagen, erreichen die Blaufränkisch-Trauben im 10-Jahresschnitt 17° KMW, der Welschriesling 16° und der Zweigelt 18° KMW. Bei 17° KMW Traubenreife wird der Cabernet Sauvignon sehr fruchtig. Bei 18° KMW ist das Bukett des Cabernet am schönsten entwickelt, und der Sortengeschmack kommt voll zur Geltung, dabei kommen die natürlichen Tannine sehr intensiv zum Vorschein.
Richtig begeistert vom Weinbau ist Hermann Krutzler seit dem Jahr 1970. „Der Wiesler war einer der ersten, die Anfang der sechziger Jahre auf Qualitätsweinproduktion umgestellt haben“, würdigt der Winzer seinen Kollegen. Darin sah auch Hermann Krutzler eine gute Chance. „Unsere Gegend bevorzugt die Rotweine dermaßen, daß man sie mit internationalem Format ausstatten kann. Das geschieht durch kompromißlose Arbeit in den Weingärten und den Einsatz modernster Kellertechnologie.“ Und weiter: „Einige Weinbaubetriebe in unserer Gegend sind in der Entwicklung etwas hintennach. Es hängt natürlich viel von der Innovations- und Investitionsfreudigkeit des Winzers ab.“
Die ersten Berührungspunkte mit internationalen Weinbaupraktiken hatte Hermann Krutzler 1984, als er mit dem Absolventenverein der Weinbauschule Eisenstadt eine Reise nach Bordeaux unternahm. „Dort habe ich

das erstemal gesehen, welchen Stellenwert Wein in der Gesellschaft einnimmt. Dort habe ich auch die Qualitäten schätzen gelernt", schwelgt der Winzer in Erinnerungen. „Besonders der Ausbau der Rotweine in Barriquefässern hat es mir damals angetan. Fasziniert habe ich etliche Flaschen mit nach Hause genommen. Diese Reise nach Westfrankreich hat meine Weinbauphilosophie grundlegend geändert." Zwei Jahre später machte Hermann Krutzler die ersten persönlichen Erfahrungen mit dem Ausbau von Barriqueweinen. Heute zählen seine Weine zu den b161esten des Burgenlandes. Bei Rotweinen wird eine offene Maischevergärung praktiziert. Der anschließende biologische Säureabbau erfolgt in Edelstahltanks. Je nach Qualitäten werden die Rotweine entweder in große traditionelle Holzfässer oder in kleine 225-Liter-Barriquefässer gefüllt. Krutzler: „Unsere Rotweine reifen nicht so schnell im Faß. Sie bleiben dort mindestens ein Jahr lang." Der Ausbau erfolgt je nach Qualität und Jahrgang unterschiedlich lang. Der Blaufränkisch erreicht ab dem dritten Jahr seine ideale Trinkreife. Sehr gute Jahrgänge haben eine zehnjährige Lagerfähigkeit.

Weißweine werden im Weingut Krutzler im Edelstahltank temperaturkontrolliert vergoren, maximal sechs Monate darin gelagert und dann, um die frische Frucht besser erhalten zu können, recht früh in Flaschen gefüllt. Hermann Krutzler: „Im Sommer 1992 war es in unserem Gebiet, ähnlich wie im ganzen Land, extrem trocken und heiß. Es war daher naturgemäß besonders wichtig, die Weinstöcke nicht durch zu großen Traubenbehang überzubelasten. Schon einige Trauben zuviel konnten das Ergebnis kraß verschlechtern. Ertragsbeschränkung von Beginn an war daher die Voraussetzung für eine seit Jahren nicht dagewesen Reife", analysiert

Weinlese bei Hermann Krutzler

der Weinbauer das Jahr 1992. „In unseren Rieden waren die Erträge außergewöhnlich gering, zum Teil unter 30 Hektoliter pro Hektar Rebfläche. Die Trauben waren bis auf die letzte Beere gesund. Aus diesem Grundmaterial entstanden Weine von enorm intensiver Farbe, opulentem Bukett und großer Komplexität. Durch relativ lange Maischestandzeiten bekamen die Rotweine auch jenes Tanningerüst mit auf den Weg, das zusammen mit dem hohen Extrakt eine gute Entwicklung sichern wird."

Der Blaufränkisch 1992 aus der Ried Weinberg hatte bei der Lese 18° KMW, wurde 12 Tage auf der Maische vergoren, drei Monate im Tank gelagert und kam für weitere 10 Monate in Holzfässer. Schönes Rubin mit

Die Ried Weinberg in Deutsch Schützen

Violettrand und dunkelfruchtiger Kirschnase. Ein klassischer Blaufränkisch mit feinen Tanninen. Der Zweigelt 1992 ist intensiv und charaktervoll, mit kräftigen Tanninen ausgestattet. Neben der Rotweinproduktion versteht sich Hermann Krutzler auch ausgezeichnet auf die Vinifizierung von Weißweinen. Sein Welschriesling 1992 hat eine volle Fruchtnase, ein harmonisch schönes Bukett mit frischer Säure. Der Abgang wirkt lange und nachhaltig.

In den österreichischen Weinsalon 1992/93 wurde der Blaufränkisch Jahrgang 1991 der Winzerfamilie ***Alfred und Helga Weber*** aus Deutsch Schützen 161 aufgenommen. Diese Auszeichnung kommt nicht von ungefähr. Der Familienbetrieb bewirtschaftet eineinhalb Hektar Weingärten. In den besten Lagen wie den Rieden Weinberg und Ratschen werden zum Großteil Rotweinsorten kultiviert. Der Anteil von Blaufränkisch macht 80 Prozent aus. Ergänzt wird das Rebensortiment mit Welschriesling, Grüner Veltliner, Chardonnay und Cabernet Sauvignon. Die Rebfläche mit Cabernet Sauvignon wurde erst vor kurzer Zeit ausgepflanzt. Die Rotweine werden sowohl klassisch als auch in Barriques ausgebaut. Die Produktpalette wird durch eine Cuvée von Blaufränkisch und Cabernet Sauvignon im Barriquesausbau bereichert. Der durch den Weinsalon ausgezeichnete Blaufränkisch hat ein kräftiges Rubinrot, ist fruchtig und hat ein ausgeprägtes Sortenbukett mit schönen Tanninnoten.

Der Schützenhof ist einer jener Betriebe, die regelmäßig kontinuierlich hohe Qualitätsweine hervorbringen. Bis 1989 führte ***Felix Körper*** das Weingut, ehe seine Tochter ***Karin***, ausgebildete Weinbau- und Kellermeisterin, das Zepter übernahm. Gemeinsam mit Gatten ***Walter Faulhammer***, ebenfalls ein Weinbaumeister, wacht sie über sieben Hektar Weingartenfläche. Die Rebflächen sind auf 13 Parzellen aufgeteilt, auf denen mehr als die Hälfte Rotweinreben stehen. Das beste Potential kommt aus den Rieden Ratschen, Weinberg, Bergwiesen und Szápari.
In der Ried Ratschen, direkt an das Weingut angrenzend, bieten schwere bis mittlere Lößböden sehr gute Bedingungen für Welschriesling, Grünen Veltliner, Blauburger und Zweigelt. In der Ried Weinberg gibt es Blaufränkisch, Rheinriesling, Merlot und Pinot Blanc. In der Ried Katzenjäger steht eine Merlot-Anlage, in

Felix Körper

der Ried Bergwiesen jene von Blaufränkisch, Chardonnay und Merlot. Die Ried Szápari liegt in Eisenberg und ist mit Blauburgunder-, Blaufränkisch- und Cabernet-Sauvignon-Reben bestockt.
Seniorwinzer Felix Körper ist einer der wenigen burgenländischen Weinbauern, welcher über Jahrzehnte den Anbau von Merlotreben pflegt. „Den Merlot habe ich im Jahre 1958 gesetzt, nachdem ich in einer Zeitung gelesen habe, daß in der Schweiz 7.- Franken Prämie pro Stock für das Aussetzen dieser Rebsorte bezahlt wurden. Da hab ich mir gedacht, wenn diejenigen, die eh so knausrig sind mit dem Geld, soviel für diese Sorte ausgeben, dann kann das für mich nur recht sein", erzählt der Weinbauer. In den Anfangszeiten wurde der Merlot mit den anderen Rotweinsorten gemeinsam verarbeitet. Seit 1984 wird der Merlot reinsortig ausgebaut. Diese Rebsorte ist sehr blütenempfindlich. Durchschnittlich erreicht man mit dem Merlot eine Traubenreife von 17° KMW. „Den Jahrgang 1992 ernteten wir mit schönen 22° KMW", erzählt Felix Körper, der seit dem 14. Lebensjahr eng mit dem Weinbau verbunden ist und gemeinsam mit seiner Gattin Hildegard den Betrieb immer weiter vergrößerte und ausbaute.
Während der Vegetationsperiode nehmen die Winzer die Ausdünnung unter Bedachtnahme auf Sorte und Laubmasse vor. Knapp vor der Lese wird die Traubenzone von den Blättern freigelegt, um eine bessere Sonnenbestrahlung der Traube zu erlangen. Bei der Reife wird mindestens eine Kabinettqualität angestrebt. Weißweine werden temperaturgekühlt in Edelstahltanks vergoren. Reintönig und fruchtig ist die Linie der Weißweine.
Bei Rotweinen wird sowohl eine offene Maischevergärung praktiziert als auch eine geschlossene Gärung im Stahltank. Erst nach dem ersten Abstich werden sämtliche Qualitäten in Holzgebinde umgezogen. Danach nehmen bei Rotweinen die Winzer einen biologischen Säureabbau vor. Ausgesuchte Qualitäten werden in Barriquefässern ausgebaut. Der Blaufränkisch 1992 hat den für die Gegend charakteristischen, leicht erdigen Duft. Er ist herbfruchtig, intensiv, mit leichtem Brombeerton und schön integrierten Tanninen.
Die Duftnote der Deutsch Schützener Blaufränkischen wird durch den Waldsaum der Riede Weinberg beeinflußt. Im Mittelburgenland sind die Blaufränkischen hingegen im Duft neutraler.
Der Blauburger 1992 ist sehr fruchtig mit einem schönen Kirschduft. Der Merlot 1991 hat einen eher schlankeren Typus, der noch leicht holzbetont ist und seine Reife erst nach drei bis vier Jahren erreicht. Die Jahrgangscuvée 1989/90 vom Cabernet Sauvignon ist sehr tanninbetont, mit kräftigem Sortenbukett und leicht erdigem Ton. Der Zweigelt 1991 ist derzeit noch etwas verschlossen, rassig und kräftig mit einer herbwürzigen Tanninstruktur.
Eine Reihe von Auszeichnungen spiegeln die guten Qualitäten dieses Weingutes wider. Der Schützenhof liegt mitten in den Weinbergen von Deutsch Schützen. Angeschlossen an das Weingut ist auch eine Frühstückspension.

Ein Mißverständnis brachte dem Ehepaar ***Edith und Manfred Kopfensteiner*** 1990 einen hervorragenden Blaufränkisch ein. „Meine Frau hat zuviel ausgebrockt", lächelt Manfred Kopfensteiner über den Einsatz seiner Gattin beim Ausdünnen im Weingarten. „Aus einem Hektar Rebfläche erzielten wir damals nur 2500 Liter", setzt er fort. Den verdienten Lohn für diese Arbeit erntete die Familie mit dem Einzug in den österreichischen Weinsalon. Das Ehepaar betreibt einen gemischten Betrieb mit Rinderzucht und Getreidebau. An Rebfläche stehen derzeit bescheidene 1,8 Hektar im Ertrag. Kultiviert werden die Sorten Blaufränkisch, Blauburger, Cabernet Sauvignon und Welschriesling. Im Weingarten werden im Frühjahr Gräser und verschiedene Kleearten angebaut, die den Sommer über gemulcht werden. Zur Traubenreife werden die alten Blätter an den Rebstöcken entfernt. So erhalten die Beeren mehr Sonneneinstrahlung, können besser abtrocken und nehmen noch den einen und anderen Zuckergrad auf.
Weißweine werden in Stahltanks ausgebaut. Bei Rotweinen erfolgt eine offene Maischevergärung mit anschließendem biologischem Säureabbau. Danach kommen sie in große Holzfässer. Die besten Qualitäten wiederum werden rund 12 Monate in Barriquefässern aus französischer Eiche ausgebaut. Der Blauburger 1992 wurde mit 19° KMW gelesen, ist ein kräftiger, samtiger, fruchtintensiver Rotwein, der durch sein tiefdunkles, ins Violett spiegelnde Purpur überrascht. Der Blaufränkisch 1992 aus der Ried Weinberg wirkt fruchtig-harmonisch mit weichen Tanninen und einem langen Fruchtabgang.

Die Cuvée 92 besteht aus Welschriesling und Grünem Veltliner, ist halbtrocken ausgebaut und fruchtig-voluminös.

Am Weinberg, nach dem auch die Riede benannt ist, steht der Weinkeller des Nebenerwerbsbetriebes von ***Josef und Anna Wallner***. Hauptberuflich Zollwachebeamter, kultiviert Josef Wallner zwei Hektar Rebfläche. Zur Hand geht ihm dabei die ganze Familie. Mitverantwortung im Weinbau trägt bereits Sohn Gerhard. Die Handschrift des Juniors erkennt man besonders gut bei den 92er Jahrgängen. Gerhard Wallner, 18 Jahre jung, besucht derzeit die Weinbaufachschule in Eisenstadt. Vater und Sohn vinifizieren zum Großteil Rotweine, wobei der Blaufränkisch den größten Anteil ausmacht.
Der Ausbau dieser Weine erfolgt sowohl in traditionellen Holzfässern als auch in Barriques. Der Zweigelt 1992 besitzt ein mittleres Granatrot, zarte Herbe mit kräftigen Kirschtönen und ist harmonisch, mit viel Zukunft. Der Blaufränkisch 1992 ist ein leichter, fruchtiger Typus mit schön verwobenen Tanninen und weichem Abgang. Der Blaufränkisch 1991 Barriques wurde 12 Monate in Allier-Fässern ausgebaut. Der Holzton ist noch sehr vordergründig, die Fruchtfülle jedoch deutlich spürbar. Die Cuvée 1991, welches zu 3/4 aus Blaufränkisch und 1/4 aus Zweigelt besteht, ist harmonisch ausgeglichen und samtig.

Die beiden jungen Eheleute ***Josef „Pepo" und Gerda Wiesler*** haben erst 1992 die Nachfolge von Landesrat Josef und Gisela Wiesler in der Leitung des Weingutes angetreten, das seit Jahrzehnten in Deutsch Schützen einen sehr guten Ruf besitzt. Die „neuen Besitzer" arbeiten eng mit dem Weingut Arkadenhof von Franz und Resi Wachter zusammen. Franz Wachter, geprüfter Weinbau- und Kellermeister und Bruder von Gerda Wiesler, bringt sein Fachwissen in das Weingut Wiesler ein. Pepo Wiesler, Absolvent der Wirtschaftsuniversität, ist für die betriebswirtschaftlichen Konzepte und die Sicherstellung einer modernen Betriebsstruktur beider Weinbaubetriebe verantwortlich.
Auf den rund 3,5 Hektar großen Rebflächen in den Rieden Mitterberg, Ratschen und Weinberg wird zum Großteil die Sorte Blaufränkisch kultiviert. Ein kleiner Rest bleibt dem Blauburger sowie dem Welschriesling und Müller Thurgau vorbehalten.
Der Vinifikation des Blaufränkisch wird größte Aufmerksamkeit geschenkt. Im Angebot steht unter anderen ein Blaufränkisch „Vinification spéciale". Diese Ausbaumethode stammt noch aus der Zeit von Josef Wiesler Senior, welche er erstmals im französischen Weinbaugebiet um Medoc kennengelernt hatte. Dabei bleibt der Jungwein nach der Gärung bis zu drei Monaten auf der Maische, bevor abgepreßt wird. Die Produktpalette umfaßt weiters einen traditionell ausgebauten Blaufränkisch mit einer zweijährigen Faßlagerung sowie eine schöne Cuvée 1989 mit 60 Prozent Anteilen vom Blaufränkisch

und 40 Prozent Blauburger. „Durch die zweijährige Reifezeit unserer Weine können wir unseren Kunden immer trinkreife Weine anbieten", erklärt Pepo Wiesler. Eine schöne Auszeichnung erhielt der Blaufränkisch Kabinett Jahrgang 1986, als er 1989 in den österreichischen Weinsalon gereiht wurde. Der 92er Blaufränkisch hat eine kräftige, dunkelrote Farbe, ist würzig-kräftig mit einem ausgeprägten Brombeerduft und schön eingebautem Tannin.

Das ***Weingut Arkadenhof***, von ***Brunhilde und Bela Wachter*** jahrzehntelang geführt, ist ein stetig aufsteigender Weinbaubetrieb in Deutsch Schützen. Die Familientradition wird seit 1990 von Sohn Franz und Schwiegertochter Resi weitergeführt. Das Weingut kultiviert auf einer Rebfläche von 3,5 Hektar 75 Prozent Rotweinsorten.

Neben der Hauptsorte Blaufränkisch gibt es in kleinen Mengen noch die Sorten Cabernet Sauvignon, Zweigelt, Blauburger sowie von den Weißen die Sorten Goldburger, Welschriesling und Grüner Veltliner. Die Rotweine werden ausschließlich in Holzfässern ausgebaut, wobei speziell der Blaufränkisch nach einjähriger Faßreife auf Flasche gefüllt wird. Die Zusammenarbeit mit dem Weingut Wiesler fruchtet beim Arkadenhof ebenfalls in einem auf drei Monate im Stand gehaltene Maischelagerung beim Blaufränkisch, der unter dem Namen Blaufränkisch „Maischegereift" angeboten wird. Die Linie der Weißweine wird frisch und fruchtig gehalten. Eine Rarität ist der im Jahr 1990 vinifizierte erste

Bild ganz oben: Deutsch Schützener Weingärten
Bild oben: Franz und Resi Wachter
Bild rechts: Eisenbergs Weingärten

südburgenländische Strohwein aus der Sorte Goldburger. Ausschlaggebend bei dieser Veredelungsmethode der Trauben sind Strohmatten, die in einem gut durchlüfteten Raum aufgelegt sind und auf denen nur vollkommen gesundes und reifes Traubenmaterial ausgelegt wird. Nach vier bis fünf Monaten der Lufttrocknung werden die Trauben gepreßt und vergoren. Dieser Trocknungsprozeß bewirkt eine langsame, natürliche Schrumpfung der Trauben. Im gleichen Zug steigen die Zucker-, Extrakt- und Säurewerte. Von der Ernte 1992 wurden 3000 Kilogramm Goldburgertrauben ausgelegt. Die Ausbeute

waren geringe 250 Liter Strohwein. Durch das aromaintensive Bukett des Goldburgers eignet sich dieser besonders gut für die Erzeugung von Strohwein. Der 92er strahlt farbintensiv mit goldgelben Tönen; wuchtiger, extraktreicher und vollmundiger Strohwein mit kräftiger Säure.

Die Ausgangsbasis für den Weinbaubetrieb von ***Helene und Franz Horvath*** waren 1800 Quadratmeter Rebfläche. Heute bewirtschaftet das Ehepaar 1,4 Hektar Weingärten. Sie liegen in den Rieden Weinberg, Mitterberg und Katzenjäger. Die Sorten sind Blaufränkisch, Zweigelt, Welschriesling und Grüner Veltliner. Ausgebaut werden die Weine sowohl klassisch als auch in Barriques.
Der Weinbaubetrieb von ***Friedrich Pinter*** in Deutsch-Schützen 80 ist spezialisiert auf Rotweinsorten. Der Blaufränkisch hat einen Anteil von 60 Prozent der Gesamtproduktion. Erfolge erzielt der Winzer auch mit der Vinifikation von Weißweinen. Vermarktet werden die Weine zum Großteil über den hauseigenen Buschenschankbetrieb.

Eisenberg

Die Region prägend, war der Eisenberg schon vor Hunderten von Jahren ein strategisch wichtiger Stützpunkt der damals lebenden Kulturen. Münzfunde mit einer Datierung von 1526 sind stumme Zeugen einer alten Epoche. Dieser 4500 Stück umfassende Fund ist heute im burgenländischen Landesmuseum ausgestellt.
Zu einer der ältesten Winzerfamilien des Ortes zählen ***Herbert und Angela Weber*** aus Eisenberg 178. Die weinbäuerlichen Spuren lassen sich bis ins 12. Jahrhundert zurückdokumentieren. In einer Urkunde über die Besitzverhältnisse des Geschlechtes „der Wolfer" scheinen die Namen Weber und Wachter auf. Der heutige Weinbaubetrieb umfaßt zwei Hektar Rebfläche. In den Rieden Zapfel und Hofzimmer werden die Sorten Blaufränkisch - sie macht den Hauptanteil mit 60 Prozent aus -, Blauburger sowie Welschriesling kultiviert.
Eine zweihundertjährige Weinbautradition hat die ***Familie Rennhofer*** in Eisenberg 74. Kultiviert werden 1,4 Hektar Rebfläche mit einem Großteil an Blaufränkisch-Reben. Neben der aktuellen Jahrgangsproduktion lagert der Betrieb noch kleine Mengen älterer Jahrgänge der Sorte Blaufränkisch. In der Sortenpalette findet man auch einen Blaufränkisch Rosé.
Ein traditioneller Betrieb ist das Weingut der Familie ***Günter und Paula Meixner*** in Berg 177. Aus zwei Hektar Rebfläche werden jährlich durchschnittlich 80 Hektoliter Wein der Rebsorten Blaufränkisch, Weißer Burgunder, Zweigelt, Welschriesling, Grüner Veltliner und Traminer geerntet und ausschließlich in Holzfässern vinifiziert. Im kleinen, gemütlichen Buschenschank wird selbstgebackenes Brot zu den Eigenbauweinen angeboten.

Winzerhaus in Heiligenbrunn

Pinkafeld

Bereits im Jahr 860 wurde Pinkafeld erstmals urkundlich erwähnt. Gegründet von Karl dem Großen, gilt Pinkafeld als die älteste deutsche Siedlung im Burgenland. 1937 zur Stadt erhoben, entwickelte sich Pinkafeld zu einer bedeutenden Schulstadt und Fremdenverkehrsgemeinde. So ist zum Beispiel im Schloß Batthyány, dessen Wurzeln bis ins Jahr 1658 zurückreichen, die Landesberufsschule untergebracht.

Er kultiviert selbst keine Rebstöcke und baut trotzdem sehr gute Weine aus: ***Tibor Szemes*** aus Pinkafeld. Seit vielen Jahren kauft der südburgenländische Weinhändler von bestimmten Vertragswinzern aus Horitschon die gesamte Weinernte der Sorte Blaufränkisch auf, um sie in seiner eigenen Kellerei zu vinifizieren. Es sind dies Trauben aus einer Gesamtfläche von sechs Hektar. Im Jahresdurchschnitt keltert Tibor Szemes 300 Hektoliter Blaufränkischen. Der stimmungsvolle Weinkeller ist im Haupthaus am Weinhoferplatz 7 untergebracht. Tibor Szemes kann auf eine lange Kellererfahrung zurückblicken. Er baut seinen Blaufränkisch in zwei Linien aus: traditionell und in Barriques. Daß er dabei eine gute Hand hat, beweisen die vielen Auszeichnungen seiner Weine. Einen schönen Erfolg errang Szemes mit dem traditionell ausgebauten Blaufränkisch 1990, er belegte damit den 3. Platz bei der jährlich stattfindenden Falstaff-Rotweinprämierung. Der Wein zeigt sich in der Farbe mit dunklem Schwarzrot, im Duft mit feinen Schwarzbeerfruchtnuancen und mit fein eingebundenen Holztönen. Der Blaufränkisch 1990 Barrique hat einen intensiven Brombeerduft mit einem weichen, samtigen Körper und langem Abgang. Der ebenfalls in Barriques ausgebaute Blaufränkisch 1989 verfügt über einen feinen Vanilleduft, hat einen vollen Fruchtgeschmack mit dezent eingebundenen Eichentanninen.

Neben seiner Weinkellerei betreibt er noch ein Reisebüro und eine Schenke. Komplettiert werden seine Aktivitäten mit einer Vinothek, die er in der Fabriksgasse 10 führt.

Heiligenbrunn

Idyllisch schlängelt sich die Straße nach Heiligenbrunn. In dieser alten Weinbaugemeinde spürt man den Geist der alten Zeit. Bis ins 12. Jahrhundert reicht die Geschichte des Weinbaus in Heiligenbrunn zurück. Eine lebendige Dokumentation früherer Weinbautechniken ist das alte Kellerviertel. In einheitlicher Formation stehen Preßhaus, Kellerhaus und Speicher. Die strohgedeckten Lehmbauten sind nicht nur Museum. Auch heute noch erfüllen sie die ihnen zugedachten Funktionen. Und bei etwas Glück kann man aktiv am Geschehen teilnehmen: dann nämlich, wenn ausg'steckt ist.

Heiligenbrunn

Im südöstlichsten Teil des Südburgenlandes liegt die kleine Weinbaugemeinde Heiligenbrunn. Erstmals urkundlich erwähnt wurde der Ort im Jahre 1198. Die ersten Dokumentationen über den Weinbau fallen ebenfalls in diesen Zeitraum. Damals vermachte der Pfarrer von Güssing dem Kloster St. Gotthard Weingärten. Weiters schenkte im Jahr 1198 der Bischof von Raab die Heiligenbrunnkapelle dem Orden der Zisterzienser. Die heute an diesem Platz stehende Wallfahrtskapelle, sie ist dem Heiligen Ulrich geweiht, wurde im Jahr 1926 erbaut.

Über die bedeutenden Herrschergeschlechter gibt der Triumphbogen der katholischen Pfarrkirche Auskunft. Dort sieht man das Doppelwappen der Familien Batthyany und Erdödy.

Das größte und bestens erhaltene Kellerviertel des Südburgenlandes steht noch voll erhalten in Heiligenbrunn. Es wurde 1969 unter Landschaftsschutz gestellt. In lockerer Reihung stehen hier zwischen Weingärten und Obstbäumen die Preßhäuser mit den Weinkellern und Speicher. Die niedrigen Holzblockbauten mit lehmverschmierten, weißgekalkten Wänden, dicken Strohdächern und schweren, verzapften Eichentüren sind Zeugen der jahrhundertealten Tradition des südburgenländischen Weinbaus.

Rings um das Kellerviertel liegen die Weingärten. Bestockt sind die Rebflächen zum Großteil mit den sogenannten „Uhudler"-Sorten: Isabella, Othello, Noah, Ripatella, Concordia oder Delaware. Es handelt sich bei diesen Reben um Direktträger, diese haben ihre genetischen Wurzeln weit vor dem Zeitpunkt der großen Reblausplage Ende des 19. Jahrhunderts. Im Gegensatz zu den traditionellen Rebsorten trotzten die Uhudler-Sorten der gefräßigen Reblaus. Über lange Jahre war aber die Vinifizierung dieser Uhudler-Sorten verboten. Die Südburgenländer setzten sich über dieses Gesetz über all die Jahrzehnte geschickt hinweg. Der Volksmund dichtete diesem Trunk viel Negatives an. Zum Beispiel behauptete man, daß ein Zuviel dieses Weines aufgrund des erhöhten Anteils an Methylalkohol zum Erblinden führen konnte. Wissenschaftliche Untersuchungen des Uhudlers bescheinigen diesem Wein aber die gleichen analytischen Werte wie dem herkömmlichen.

Während der „verbotenen Zeit" gab es viele Geheimtips von Uhudler produzierenden Winzern. Einer von ihnen war der legendäre Heiligenbrunner „Rübezahl". Zeit seines Lebens konnte dieses südburgenländische Original diese gesetzliche Einschränkung nicht verstehen und produzierte trotzdem diesen eigenwilligen erdhaften Wein. Durch sein ungestümes Verhalten wurde „Rübezahl" zum ungewollten Retter dieser alten Rebsorten.

Seit 1992 ist die Kultivierung und Kelterung von Uhudler-Sorten wieder gesetzlich zugelassen. Es ist dies ein großer Erfolg des „Vereines der Freunde des Uhudlers", welcher jahrelang um die Anerkennung ihres geliebten Weines kämpfte.

Die Burgenländisch-Pannonische Weinritterschaft

In corpore. Insgesamt sind die Ideologie und die Aufgaben der „Österreichischen und Burgenländisch-Pannonischen Weinritterschaft" mit Sitz in Eisenstadt in einer Formel zusammengefaßt. Als Vorbild für die Gründung dieser Ritterschaft gelten die jahrhundertealten Weinorden in Frankreich. In der Proklamation der Weinritterschaft heißt es unter anderem: „Der Name lautet Burgenländisch-Pannonische Weinritterschaft; pannonisch deshalb, weil unsere Heimat im Römischen Reich ein Teil der Provinz Pannonien war und hier bereits die Rebe kultiviert wurde. Die Wissenschaft hat darüber hinaus den Weinbau in unserem Raum bis in die Zeit 700 vor Christus nachgewiesen. Weinritterschaft deshalb, weil es gilt, den edlen Wein als ritterliches Getränk zu achten, seinen Ruf zu verteidigen und zu mehren. Grundsätzlich wirkt die Ritterschaft im kulturell-gesellschaftlichen Bereich. Untrennbar zur Objektivität gegenüber Konfessionen, Politik, Wirtschaft und Standesinteressen hat sie sich der Pflege, Hebung und Verbreitung der Weinkultur verschrieben. Die Österreichische und Burgenländisch-Pannonische Weinritterschaft wurde im Jahre 1984 gegründet. Mehr als 1000 Mitglieder gehören der Weinbruderschaft an. Sie ist eine reizvolle Organisation des burgenländischen Weinlebens, deren Aktivitäten weit über die Landesgrenzen hinausreichen.

Unter dem Wappenspruch des Ordens „In honorem dei et in honorem vini" bekennen sich die Weinritter „Zur Ehre des Weines" zu den christlichen Werten und zur Förderung von sozialen und karikativen Werken.

Periodisch erscheinen auch die „Pannonischen Weinblätter". Es ist das Presseorgan der Österreichischen und Burgenländisch-Pannonischen Weinritterschaft und unterstützt die Mitglieder dieser Vereinigung bei der Hebung des Stellenwertes des Weines in der Gesellschaft zum einen und dient zum anderen als Informationsschrift.

„Bonum commune est melius quam bonum unius – das gemeinsame Wohl ist besser als das des einzelnen." So treten die Ordensbrüder für das Schöne, Gute und Wahre ein. Ideelle Werte, noble Geisteshaltung und edle ritterliche Freundschaft sind in der Formel enthalten. „Die Mitte der Ritterschaft ist im Symbol unseres Glaubens verankert", heißt es in der Kurzdefinition der Ritterschaft.

Die „Österreichische und Burgenländisch-Pannonische Weinritterschaft" sieht sich auch als Wächter des abendländischen Kulturkreises. Tradition wird innerhalb des Zirkels großgeschrieben. Fest vorgeschriebene Riten und Zeremonien prägen die Aktivitäten der Ritterschaft. Dazu zählen auch die Welschriesling- und Blaufränkisch-Turniere. Es sind dies eigene Weinbewertungen, die von der Weinritterschaft organisiert und durchgeführt werden. In ihren festlichen Roben und mit der für die Weinritter traditionellen Ritterkette ziehen die Chevaliers in die „Arena" ein. Die Insignien der „Österreichisch und Burgenländisch-Pannonischen Weinritterschaft", die in Ehren gehaltene Fahne und ein schmiedeeisernes Schwert, werden dabei feierlich in den Zeremoniensaal gebracht. Die visuelle Symbolik der Weinbruderschaft drückt sich auch in ihren Farben Rot, Gold und Grün aus. Dabei steht Rot für den Rotwein, Gold für die höchste Prädikatsstufe und Grün für den Weißwein.

Während des fürstlichen Banketts werden die eingereichten Weine verkostet und bewertet. Für die preisgekrönten Winzer bedeutet eine Auszeichnung bei diesen Turnieren eine besonders hohe Ehre. Der Lohn für die Sieger sind eine prachtvolle Urkunde sowie eine kunstvoll gefertigte Holzscheibe mit geschnitzten Inschriften. In den österreichischen Bundesländern sind eigene Teilritterschaften, Präfekturen vorhanden. Im Ausland gibt es ritterliche Consulate. Weinbruderschaften gibt es in nahezu allen weinbautreibenden Ländern. Sie alle sind in der Internationalen Liga der Weinorden, der „Fédération Internationale des Confréries Bachiques en Paris" zusammengeschlossen.

Der Amtskalender der Ritterschaft mit Stand 1993 sieht wie folgt aus:

Im Senat vertreten sind:

1. Senatsvorsitzender:
   Konsul Kom.-Rat Ladislaus Knoll,
   Winzer in Purbach
2. Senatsvorsitzender:
   Konsul Ing. Alfred Tombor, Ökonom aus Eisenstadt
3. Senatsamtshalter:
   Konvent der Barmherzigen Brüder
   zum Heiligen Antonius von Padua in Eisenstadt
4. Senatspriester:
   Senator Kanonikus Prälat Prof. Mag. Alfred Zistler,
   Dom- und Stadtpfarrer von Eisenstadt
5. Senatsnotar:
   Senator Dr. Edgar Schüssler,
   öffentlicher Notar in Eisenstadt
6. Senatskämmerer:
   Senator Kom.-Rat Ernst Gassner,
   Generaldirektor der Bank Burgenland
7. Senatsstratege:
   Senator Divr. Friedrich Dialer,
   Militärkommandant Burgenland
8. Senatsönologie:
   Senator ORat Dr. Walter Flak,
   Direktor der Bundesanstalt für Weinbau in Eisenstadt

20

1st = 3s
1KG = 30s

Burgenländische Küche

Die burgenländische Küche spiegelt die geographische Lage des Landes wider. Am Schnittpunkt des ehemaligen österreichisch-ungarischen Kaiserreiches gelegen, zwischen der Wiener, der ungarischen und der slawischen Küchentradition, ist sie von vielen Einflüssen des Vielvölkerstaates geprägt.
Wie jede typische Küche hat auch die burgenländische ihre Wurzeln in der Geschichte - historisch gewachsen und geprägt von der Lebensqualität der jeweiligen Epoche. Noch lange bevor man den Namen Burgenland auf einer Landkarte vorfindet, reihen sich jene typischen Gerichte aneinander, die wir in der heutigen burgenländischen Küche vorfinden. Im Detail verfeinert, um Nuancen verändert, bringt man viele Speisen auf den Tisch, an denen vor ein oder mehreren hundert Jahren unsere Vorfahren – wie wir in diesen Zeiten – Gefallen fanden.
Im Mittelalter war Brot das Hauptnahrungsmittel der Bauern und Handwerker. Dazu kam im Sommer grünes Gemüse, während Erbsen, Bohnen und Linsen im Winter gereicht wurden. Für diese Bevölkerungsschicht war das Essen in jener Zeit sehr einfach. So erhielten die vielen Taglöhner während der Lesezeit Brot mit Schmalz, zum Trinken gab es nicht wie naheliegend Wein, sondern Most. Bis ins 18. Jahrhundert war Fleisch sehr rar. Nur an religösen und weltlichen Feiertagen wurde richtiggehend aufgekocht. Selbstverständlich kamen auch bei familiären Anlässen viele Köstlichkeiten auf den Tisch.
Die direkten Einflüsse des habsburgischen Kaiserreiches sind allgegenwärtig. Der traditionelle Bogen rund um die altösterreichische Küche spannt sich von der ungarischen Kochkunst bis zu jener aus Böhmen, Mähren, der Slowakei und Kroatiens. Nicht unterschätzen darf man dabei den Umstand, daß durch den Export heimischer Weine dies und jenes an kulinarischen Eindrücken aus den jeweiligen Exportländern zurück ins Burgenland floß. Selbst die mordend und brandschatzend durch die Landen ziehenden Kuruzen und Türken hinterließen ihre Spuren nicht nur in kriegerischer Weise. Viele Gewürze und auch der Kaffee stammen aus diesem südlichen Land.
Diese Türkenscharen waren auch mit ein Grund, warum vor 450 Jahren ungarische Herrschaftshäuser Untertanen aus ihren Besitzungen in Kroatien im heutigen Burgenland ansiedelten. Zehntausende Kroaten zogen teils aus wirtschaftlichen Gründen, teils auf der Flucht vor der drohenden Türkengefahr, nach Norden und brachten neben ihrer Sprache und Kultur natürlich auch ihre Ernährungs- und Trinkgewohnheiten in die neue Heimat. Diverse Gerichte auf Mehl- und Erdäpfel-Basis wie Zganci (Bohnensterz), Presnjake (eine Art. Erdäpfellaiberl), oft mit einer Suppe auf Rahmbasis (kisela supa) sind heute typisch nordburgenländische Speisen. Interessant ist auch zu bemerken, daß die klassischen Krautfleckerl - ansonsten leicht pikant mit Salat serviert - bei den Kroaten meist gezuckert mit Marillenkompott serviert werden.
Im Burgenland lebten einst auch zahlreiche jüdische Familien. Bedeutende jüdische Bevölkerungsanteile hatten Eisenstadt und Ödenburg. In Deutschkreutz befand sich mit der Rabbinerschule das geistige Zentrum. Die jüdische Küche war und ist strengen Richtlinien unterworfen. Besonders in Westungarn entwickelten jüdische Köche ihre eigenen Rezepte. Von der Karottensuppe mit Rosinen über spezielle Fisch- und Fleischgerichte mit eigenen Saucen bis hin zu klassischen Süßspeisen, wie Fluden, eine Apfel-Nuß-Mohnschnitte, reichten die Kreationen der jüdischen Küche, die man heute im Burgenland nur mehr vereinzelt vorfindet.
Die Vielfalt des Landes ist ausschlaggebend für den abwechslungsreichen Reigen der Kochkunst. Grundsätzlich ist sie bäuerlichen Ursprungs. Die einfachen Zutaten der ländlichen Küche wurden in den reicheren Familien und den Fürsten- und Adelshäusern durch üppige Beilagen ergänzt. Ein Beispiel dafür ist der Esterházy-Rostbraten. Als Zutaten verwendet man neben Butter, Karotten, Mehl, Weißwein, klare Rindsuppe, Schmalz, Zwiebeln, Petersilienwurzeln, Zitrone, Sauerrahm, Salz, gemahlenen schwarzen Pfeffer, Zucker, grüne Petersilie, ein Lorbeerblatt und etwas Senf.
Durch den steigenden Wohlstand quer durch alle Bevölkerungsschichten fand diese Art des Kochens rasch ihren Platz. Fleischgerichte sind heute alltäglich. In großen Mengen wird Schweinefleisch angeboten. Schweinsbraten, Schnitzel, Kotelette, geräucherter Schinken, Speck, Innereien, Schmalz sowie viele Arten von Würsten sind ein kleiner Auszug.
Der Neusiedlersee ist bekannt für seinen Fischreichtum. Die Fischerei war und ist auch heute noch für so manchen Seebewohner der Haupterwerb. Die Bestände aus dem großen Steppensee sorgen für eine zusätzliche Bereicherung. Die Halászlé, eine Fischsuppe, ist eine Spezialität rund um den See. Karpfen und Zander (Fogosch) kommen in vielerlei Zubereitungsarten auf den Tisch; der Aal wird hauptsächlich geräuchert und ist ein wichtiger Exportartikel für die Region.
Wenn sich im Herbst der Kreis der Jahreszeiten schließt, decken die Jäger mit ihrem Wildbret die Tische. Wildenten, Hasen, Kaninchen, Rebhühner, Fasane, Wachteln, Hirsche, Rehe und Wildschweine sorgen so für eine willkommene Abwechslung im Kochtopf, wie z.B. die gedünstete Wildente auf Soproner Art. Eine Vielzahl von Zutaten wie Räucherspeck, Karotten, klare Suppe, Petersilienwurzeln, Zwiebeln, Bratensaft, Schweineschmalz, Tomatenmark, ein Schuß Rotwein und ein Lorbeerblatt zeigen auf, mit wieviel Aufwand und Mühe dieses Wildgericht zubereitet wird.
Am 11. November, dem Tag des Hl. Martin, gibt´s im ganzen Land das „Martinigansl“. Die Gans hat im

Der fischreiche Neusiedlersee prägt die burgenländische Küche.

ganzen pannonischen Raum eine große Bedeutung. Noch heute findet man große Gänseherden. Wie Schweine sind sie Allesfresser und dadurch einfach und billig zu mästen. Sie liefern nicht nur viel Fleisch und Schmalz, sondern dienen auch als Federnlieferant für Polster und Bettdecken. Die Gänseleber, mit Süßwein als Vorspeise serviert, bildet oft den Auftakt zu einem festlichen Menü. Neben den traditionell zubereiteten Gänsen findet man im Burgenland auch regionale Spezialitäten wie gefüllte Gänsekeulen.
Die ungarischen Einflüsse sind bei vielen Rezepten als Grundprodukte vorherrschend. So wird sehr viel mit Rotem Paprika, Paradeisern, Zwiebel und saurem Rahm gekocht. Die Paradeissuppe, Paradeiskraut, das Paprikahendl oder Paprika im Ganzen eingelegt sind nur einige Gerichte. Paprika wird von guten Köchen allerdings nur sehr sparsam eingesetzt. Edler Paprika ist immer mild, niemals scharf, sondern hat einen leicht pikanten Nachgeschmack. Das Gulyás, von Hirten der Pußta erfunden, wurde früher als bäuerliche Kost vom Adel abgelehnt. Es wird heute in verschiedenen Variationen mit Rind-, Schweine- oder Wildfleisch, aber auch Fisch zubereitet.
Über das ganze Bundesland verstreut gibt es ideale Böden und Klimazonen für Getreide, Obst- und Weinbau. Zwischen den Weingärten wachsen viele Kirschbäume. Der Verkauf von Kirschen war früher die erste Einnahme des Jahres für den Weinbauern. Der Kirschenstrudel ist auch die erste Süßspeise im Erntejahr. Birnen, Äpfel, Pfirsiche, Marillen und auch Erdbeeren nimmt man für Kuchen. Als Wintervorrat wird eine große Anzahl von Früchten getrocknet. Ein besonderes Ritual ist im Burgenland das Schnapsbrennen. Es werden alle Arten von Obst für die Maische verwendet.Vor allem die letzten Jahre haben einen wahren Schnapsboom mit sich gebracht. Der Weinbrand, Maische oder Gelägerbrand, ist in vielen Weinbaubetrieben zum wichtigen Alternativprodukt geworden.
Die tiefer gelegenen Regionen und Ebenen sind mit Kukuruz, Kartoffeln, Weizen und Gerste, aber auch mit Zuckerrüben kultiviert. Als Wintergemüse werden Kohl und eine Vielzahl von Wurzelgemüsen angebaut. Seinen festen Platz im Garten hat der Spargel, der in vielen Variationen er auf den Tisch kommt.
Im südlichen und mittleren Burgenland findet man sehr viele Krautgerichte wie Krautsuppe, Krautroulade und Krautstrudel. Ebenso sind Erdäpfel- und Bohnenstrudel sehr verbreitet. Strudel werden sowohl als Beilage als auch als Hauptgericht serviert. Von der Deftigkeit der Gerichte her gibt es ein Süd-Nord-Gefälle. Schweineprodukte gehören im südlichen Burgenland beinahe

Zander im Ganzen mit gebratenem Gemüse,
Rezeptauf Seite 169

THOMETITSCH
Heidi Schröck
Pinot blanc
1989
Freistadt Rust
WEIN AUS ÖSTERREICH
Engelbert Gesellmann
1989
Chardonnay
VELICH F.
WEINBAU APETLON
1991
CHARDONNAY
KABINETT

Führen den Gourmettempel „Taubenkobel" in Schützen am Gebirge: Eveline und Walter Eselböck. Entdecken Sie auf den folgenden Seiten die Kochkunst des Restaurants mit den Rezepten von Haubenkoch Walter Eselböck.

zum täglichen Speiseplan, vor allem das Schweineschmalz behauptet beim Braten und Backen seine dominierende Stellung gegenüber anderen Fetten und Ölen. Ein anderes, ganz besonderes Öl, das Kürbiskernöl prägt die regionale Küche des südlichen Burgenlandes. Ein Salat ohne Kürbiskernöl ist nicht denkbar.

Die „Gundel-Palatschinke", mit Nußfülle und Schokoladesauce, und die „Szomlauer-Nockerl" sind rund um den Neusiedlersee die häufigsten Nachspeisen. Im Ruster Stadtkeller gibt es auf jedem Tisch kleine Körberl mit den „Versöhnungs-Stangerln", eine Nußbäckerei in Stangerlform, die von späten Gästen gerne mit nach Hause genommen werden, um den schiefen Haussegen wieder ins rechte Lot zu bringen.

Die Hochzeitsbäckereien haben in vielen Orten große Tradition. Die besten Köchinnen eines Ortes zaubern aus Biskuitteig und Zucker zauberhafte Gebilde, die bei jeder Hochzeitstafel die Prunkstücke darstellen. Hochzeitskutschen, Schiffe und Blumenkörbe sind beliebte Motive. Die Grundform bildet meist eine Biskuitmasse, die mit Buttercreme oder Windmasse spitzenartig überzogen ist. Die Täubchen, die auf keiner Hochzeitstorte fehlen dürfen, sind aus Windmasse gespritzt. Die kroatischen Hochzeiten sind vor allem bekannt durch die Vielfalt der Hochzeitsbäckerei, die schon vor dem Fest an alle Hochzeitsgäste als "Hochzeitspackerl" verteilt werden. Bis zu 100 verschiedene Bäckereien sind dabei keine Seltenheit; beim Hochzeitsfest selbst gibt es dann für die Gäste 20 und mehr verschiedene Torten.

In Deutschkreutz gibt es in vielen Häusern eigene Salzstangerl. Meist ist es die Aufgabe der Großmütter, diese herzustellen. Ein Germteig wird geknetet, mit dem Nudelholz ausgerollt, zu kleinen Stangerln gerollt und anschließend gebacken. Noch warm, goldgelb mit einer Kümmelkruste, munden sie besonders in der Buschenschank bei einer Weinkost. Jede Familie hat dafür ihr eigenes Rezept, das immer nur an die Tochter weitergegeben wird.

Der burgenländischen Küche mit all ihrer Variantenvielfalt hat sich in Schützen am Gebirge ein junges Gastronomieehepaar verschrieben, für deren Grundphilosophie drei Begriffe wesentlich sind: Grundprodukte – Zusammenstellung – Zubereitung. Mit ihrem Restaurant „Taubenkobel" sind Eveline und Walter Eselböck zum Inbegriff der traditionell-heimischen Küche geworden. Aus gutem Grund, wenn man weiß, daß es Walter Eselböck darauf anlegt, nur das Beste aus dem heimischen Garten zu verwenden. „Ein Koch muß sich das Gefühl zur Natur bewahren. Für mich ist es wichtig, daß man beim Kochen die Region spürt", spielt der Haubenkoch auf seine unmittelbare Umgebung an. „Gutes Essen kann ein schönes Lebengefühl bewirken und uns auch zeigen, was ein besseres Leben bedeutet."

Dieser Aussage fühlt sich Walter Eselböck besonders verbunden: „Ich will nur die besten Seiten der Kochtradition mit den Möglichkeiten der neuen Küche weiterentwickeln und kombinieren. Kochen darf nicht fad sein. Jeder Gast ist für mich eine Herausforderung – Kochen ist meine Art, mich ihm mitzuteilen." Einen Schwerpunkt in der Küche setzt Walter Eselböck mit Fischen aus dem Neusiedlersee. Nachfolgend Rezepte von Walter Eselböck aus der Speisenkarte des Restaurants.

Roh mariniertes Rindfleisch mit Apfel-Essigkren

Zutaten für 4 Personen:
20 dag Rindsfilet (zugeputzt)
2 Äpfel Golden Delicious
Kren, Salz, Zucker und Pfeffer
1/16 l Apfelessig
1/8 l Apfelmus
1/4 Sellerie, etwas Suppe

Das Rindsfilet muß mindestens 3 Stunden vorher vorbereitet werden. Das Rindsfilet in eine Klarsichtfolie einschlagen und einfrieren. Etwas Rindsuppe mit Essig aufkochen, 1½ Äpfel mit einem Krenreißer reißen und hinzugeben. Das Apfelmus beimengen und je nach Geschmack Kren dazugeben und abkühlen lassen. Mit Salz, Pfeffer und Zucker abschmecken.
Den Sellerie in Streifen schneiden und melieren, danach in heißem Öl golden fritieren (Selleriestroh).
Das gefrorene Rindsfilet wird mit einer Schneidemaschine in dünne Streifen geschnitten.
Den Apfelkren auf die Tellern geben und die Rindsfilet- Streifen anrichten, mit Äpfelscheiben und Selleriestroh garnieren.

Erdäpfelsuppe mit Chips und Pilzen

Zutaten für 4 Personen:
3 mehlige Erdäpfel
3/4 l Schlagobers
1/4 l Milch
Salz, Pfeffer, Muskatnuß, etwas Butter
2 speckige Erdäpfel (in Scheiben geschnitten und herausgebacken)
10 dag Pilze, fein geschnitten

Die Erdäpfel weich kochen und abseihen; mit einer Erdäpfelpresse passieren. Mit Schlagobers und Milch aufgießen, bis eine schöne Suppenkonsistenz erreicht wird; mit Salz, Pfeffer, Muskatnuß abschmecken. Die Suppe aufkochen und mit kalter Butter montieren.
Die Pilze in Butter anschwitzen und mit den Erdäpfelchips auf der Suppe anrichten.

Gratinierter Saibling mit Petersilsalat und Avocado

Zutaten für 4 Personen:
4 Saiblingfilets (enthäutet)
1 trockene Semmel
3 Bund Petersilie (gezupft)
1 reife Avocado
Salz, Pfeffer, Limettensaft (etwas Limettenöl oder Salatöl)

Für die Saiblinge die Semmeln entrinden und mit 1 Bund Petersilie im Cutter fein hacken.
Die Filets mit Salz, Pfeffer und Limettensaft würzen, die Petersilienbrösel darüberstreuen und in einer Pfanne gratinieren.
Die Fischfilets sollen am Punkt (leicht rosa) sein.
Die restliche Petersilie mit Salz, Pfeffer, Limettensaft und Limettenöl zu einem Salat marinieren. Die Avocado schälen, halbieren und entkernen und mit einer Schneidemaschine in 5 mm starke Scheiben schneiden, auf einem Teller plazieren. Den Petersiliensalat daraufgeben und ein Saiblingsfilet dazu anrichten.

Zander mit Ingwerkarotten und Erdäpfelpüree

Zutaten für 4 Personen:
2 Zanderfilets mit Haut
50 dag Karotten
1 Ingwerknolle
5 dag Zucker
1/4 l Süßwein
1 Limette, Salz, Pfeffer, Butter, Olivenöl und Honig

Die Zanderfilets portionieren und mit Salz, Pfeffer und Limettensaft würzen. Danach auf der Hautseite etwas melieren und ebenfalls mit der Hautseite in Olivenöl braten, das Filet soll fest bleiben. Den Fisch nicht umdrehen, damit er resch wird und gleichzeitig am Punkt bleibt. Für die Ingwerkarotten Zucker karamelisieren und mit Süßwein aufgießen. Den Ingwer zerlegen, schälen und in dünne Streifen schneiden, danach in Butter anschwitzen und nun die mit einer Schneidemaschine der Länge nach in feine Streifen geschnittenen Karotten dazugeben. Etwas dünsten lassen und mit der Süßwein-Karamelsauce aufgießen. Mit Salz, Pfeffer und Honig abschmecken.
Den Fisch auf den Ingwerkarotten anrichten und mit dem Erdäpfelpürree servieren.

VELICH F.
WEINBAU APETLON
1991
TIGLAT
CHARDONNAY
WEINGUT NITTNAUS
1988
CHARDONNAY
RIED SCHMALGRUND
TROCKEN
12,4% VOL
ÖSTERREICHISCHER QUALITÄTSWEIN
Römerhof
Welschrieslin
1992

Fischgröstl mit Kraut, Bries und Pilzen

Zutaten für 4 Personen:
50 dag filetierte Fische (Aal, Karpfen, Zander)
20 dag Hollerpilze
20 dag Kalbsbries
1 Weißkrautkopf
Salz, Pfeffer, Butter, Olivenöl, Kümmel, Koriander, Limettensaft

Das Kalbsbries putzen und in etwas Rindsuppe kurz überkochen und abkühlen lassen.
Das Weißkraut in Spalten schneiden und in Butter anbraten, ins Rohr geben und bei 150 Grad C golden braten; mit Salz, Pfeffer und etwas Kümmel würzen.
Die Fische in gleichmäßige Stücke schneiden und mit Salz, Pfeffer und Limettensaft würzen, auf der Hautseite melieren und auf der melierten Seite in Olivenöl resch braten. Gleichzeitig werden die Pilze und das Bries in Butter gebraten und mit Salz und Pfeffer gewürzt.
Das Kraut auf dem Teller plazieren, die Fische daraufgeben und mit Pilzen und dem Bries garnieren.
Dazu kann man Bratkartoffel servieren.

Halaszle von Neusiedlersee-Fischen

1 kg verschiedene Neusiedlersee-Fische (Zander, Karpfen, Hecht)
1 gelber Paprika
1 roter Paprika
1/4 kg Scharlotten
1 EL Olivenöl
1/4 l trockener Weißwein
1 Suppengrün
Pfefferkörner, Koriander, Lorbeerblätter,
1 EL edelsüßer Paprika
1 Spritzer Tabasco

Die Fische filetieren, Gräten mit Suppengrün, Pfeffer, Lorbeer und Koriander mit kaltem Wasser zustellen und langsam zum Kochen bringen. Nach 10 Minuten köcheln, durch ein Tuch abseihen.
Die Schalotten hacken, in Olivenöl anbräunen, vom Feuer nehmen, den Paprika darüberstreuen und den Weißwein zugießen. Aufs Feuer zurückstellen und Temperatur auf die Hälfte reduzieren, dann mit einem Liter Fischfond aufgießen. Die Fische in kleine Stücke schneiden, Paprikaschoten mit einem sehr scharfen Sparschäler schälen, in kleine Würfel schneiden. Fisch und Paprikaschoten in die Suppe geben, einmal aufkochen lassen. Mit Salz, Pfeffer und einem Spritzer Tabasco abschmecken.

Fischpaprikas mit Teigfleckerl und Paprika

60 dag filetierte Fische (Aal, Karpfen, Zander)
2 rote Paprika
2 gelbe Paprika
1 Jungzwiebel
1/2 l Fischfond
etwas Butter
Salz, Pfeffer, Koriander, Limettensaft
4 Teigfleckerl (25 dag griffiges Mehl, 1 Ei, 1 EL Öl, Salz)

Die filetierten Fische in 3 cm große Stücke schneiden und auf 4 Portionen aufteilen. Mit Salz, Pfeffer, Koriander und mit Limettensaft würzen. Auf der Hautseite melieren und auf der melierten Seite resch braten. Die Fischstücke sollen am Punkt bleiben.
Das Weiße des Jungzwiebels mit je einem roten und gelben Paprika etwas anschwitzen, mit dem Fischfond aufgießen und kochen lassen. Mit einem Stabmixer pürieren und mit Butter abbinden. Mit Salz und Pfeffer abschmecken.
Das Grüne des Jungzwiebels und die restlichen Paprika in Rauten schneiden und in Butter kurz braten, anschließend mit Salz und Pfeffer würzen und anrichten.
Für die Teigfleckerl alle Zutaten zu einem glatten Teig verarbeiten, 1/2 Stunde rasten lassen, ausrollen und in große Flecken schneiden. Ein gekochtes Fleckerl auf den Teller setzen, die Sauce darüberziehen, die gebratenen Fische daraufplazieren und mit dem Paprikagemüse garnieren.

Gedämpfter Saibling mit sauren Nudeln und Spinat

Zutaten für 4 Personen:
4 frische Saiblinge (filetiert)
40 dag geputzten Blattspinat
1/4 Butter
1 Salatgurke
1/2 Zwiebel
20 dag Nudeln (50 dag griffiges Mehl, 2 Eier, 125 g Wasser, 5 g Salz), etwas Fischsud zum Dämpfen
1/8 l Weißweinessig, Salz, Pfeffer, Zitronensaft

Die Zwiebel fein schneiden und mit dem Weißweinessig und etwas Fischsud aufkochen, 2 - 3 Minuten kochen lassen, damit der Essig seine Schärfe verliert. Danach in die heiße Sauce kalte Butter einmixen, bis die Sauce sämig wird; mit Salz und Pfeffer abschmecken.
Den Saiblingen mit einer Pinzette die Gräten entziehen und mit Salz, Pfeffer und Zitronensaft würzen. Vorne der Länge nach ein wenig einschneiden und den Schwanz durchziehen, so daß er wie ein Knopf aussieht. Nun die Saiblinge am Punkt dämpfen.
Die Nudeln in Salzwasser kochen und abschrecken, danach in der Sauce erwärmen und abschmecken. Den Spinat gut waschen und in ein wenig Butter weich werden lassen, mit Salz und Pfeffer abschmecken; die Salatgurke schälen, entkernen und wie den Spinat zubereiten.

Zander im Ganzen mit gebratenem Gemüse

Zutaten für 4 Personen:
1 Zander, ca. 2 kg (ausgenommen und geschuppt)
1 l Tafelöl
4 Zwiebel
4 Karotten
2 Lauchstangen
2 - 3 Limetten
Salz, Pfeffer, Limettensaft

Den Zander fein einschneiden (vom Rücken zum Bauch) und gut melieren. Das Mehl soll man gut in die Einschnitte hineinlegen, damit der Zander an den Schnittstellen nicht zusammenklebt. Danach den Zander mit dem Rücken nach unten im heißen Fett resch braten.
Das Gemüse putzen und zurechtschneiden, die Zwiebel in Keile, die Karotten mit einer Schneidemaschine in dünne Streifen und den Lauch in ca. 1 cm dicke Ringe schneiden. Danach das Gemüse extra in Butter langsam braten, bis es weich ist. Den Zander mit Erdäpfel servieren.

Gefüllte Wachteln mit Karamelapfel und Ganslleber

Zutaten für 4 Personen:
4 frische Wachtel
4 Scheiben Toastbrot
1 kleiner Zwiebel
1 Apfel für die Fülle
60 dag Gänseleber
2 Äpfel Golden Delicious
20 dag Pilze
1 Zweig frischen Rosmarin
1/4 l Süßwein
Salz, Pfeffer, Zucker

Die Wachteln vom Rücken her auslösen und mit Salz, Pfeffer und Rosmarin würzen.
Für die Fülle Toastbrot würfelig schneiden und in Butter goldbraun anrösten. Gleichzeitig Zwiebel, Apfel und Rosmarin in Butter schwenken und mit dem Toastbrot vermischen. Danach Gänseleber in kleine Würfel schneiden (4 Scheiben zum braten davor wegnehmen) und daruntermengen. Die Wachtel mit der Füllmasse füllen und mit der offenen Seite auf eine Alufolie setzen. Die Folie rund um die Wachtel einschlagen, damit die Wachteln prall und fest sitzen. Auf die Wachteln Butterflocken geben und bei 190 Grad C 15 Minuten braten.
Für die Karameläpfel den Zucker karamelisieren und mit Süßwein ablöschen. Danach die in Spaltenform geschnittenen Äpfel darin dünsten.
Vor dem Anrichten die Pilze in Butter sautieren und mit Salz und Pfeffer abschmecken. Gleichzeitig die Gänseleberscheiben rosa braten.
Die Wachteln von der Folie heben und einen Natursaft zubereiten (Bratenrückstand mit Fond aufgießen und reduzieren lassen).
Die Pilze auf dem Teller plazieren, die Wachteln daraufsetzen, die karamelisierten Äpfel dazu anrichten und mit dem Saft die Wachteln übergießen.

Beiried in Rotem Süßwein und Linsengemüse

Zutaten für 4 Personen:
60 dag Beiried
40 dag gekochte Linsen
1 Karotte
1/2 Zwiebel
1/4 Sellerie
1/4 l Roten Süßwein
4 Scheiben Gänseleber
Salz, Pfeffer, Knoblauch, Butter

Die Beiried am Fettrand einschneiden (schröpfen) und mit Salz, Pfeffer gut würzen. In einer Pfanne scharf anbraten, danach im Rohr bei 170 Grad C rosa braten. Danach ist es wichtig, daß man das Fleisch mindestens 5 Minuten rasten läßt, bevor es serviert wird.
Den Bratenrückstand mit Rotem Süßwein und etwas Rindsuppe aufgießen, reduzieren, mit Salz und Pfeffer würzen und vor dem Anrichten mit etwas Butter montieren.

Für das Linsengemüse: Sellerie, Karotte und Zwiebel in feine Würfel schneiden und in Butter anschwitzen. Die gekochten Linsen hinzugeben und mit Salz, Pfeffer und etwas Knoblauch abschmecken. Die Linsen sollen jetzt glänzen.

Die Gänseleberscheiben im Mehl wenden und in Butter goldbraun-rosa braten, mit Salz und Pfeffer würzen, die Beiriedstücke auf die Gänseleber geben und servieren.

Ruster
Chardonnay
Peter Schandl
RUSTER
PINOT BLANC 1989
Rosi Schuster
WEINGUT FAMILIE
PRIELER

Gansl mit Rotkraut und Bratapfel

Zutaten für 4 Personen:
1 Gansl (geputzt und ausgenommen)
4 Gloster Äpfel
1 Rotkrautkopf
1/16 l Apfelessig, 1/8 l Rotwein
2 El Honig,etwas Maronipüree
Zucker, Salz, Pfeffer und Rosmarin

Die Gans mit Salz, Pfeffer, Honig und Rosmarin würzen, bei ca. 160 Grad C (per kg 1 Stunde Bratzeit) goldbraun braten, ständig auf- bzw. übergießen.
Für das Rotkraut etwas Zucker karamelisieren und mit etwas Apfelessig ablöschen. Das fein nudelig geschnittene Rotkraut hinzugeben und mit Rotwein aufgießen. Weich dünsten und mit Salz, Pfeffer und Zucker abschmecken.
Die Äpfel entkernen und mit dem Maronipüree füllen. Etwas Butter und Zucker auf die Äpfel geben und ca. 10 Minuten im Rohr braten.
Die Gans aus dem Ofen nehmen und aus dem Bratensaft die Sauce zubereiten. Das Rotkraut und die Gans auf Teller anrichten und mit den Serviettenknödel servieren.

Gänseleber mit Kohl und Topinambur-Erdäpfelpüree

20 bis 30 dag Gänseleber
1/4 kg Topinamur Erdäpfel
1/2 kg Kohlsprossen und etwas Butter

Die Kohlsprossen putzen, d.h. die einzelnen Blätter herunterlösen und in Salzwasser weich kochen; sie können ruhig etwas zerkochen, so daß der Kohl etwas cremiger wird. Anschließend den Kohl in Eiswasser abschrecken, damit er seine Farbe behält.
Die Erdäpfel schälen und in kleine Würfel schneiden. Danach in Salzwasser weich kochen; das Wasser abseihen und die Erdäpfel mit einer Presse passieren. Das Püree mit Butter abbinden und mit Salz und Pfeffer abschmecken. Den Kohl erhitzen und Butter abbinden; mit Salz und Pfeffer abschmecken. Den heißen Kohl auf dem Teller plazieren und etwas Topinamurpüree daraufgeben. Die Gänseleber mit einer Schneidemaschine dünn schneiden und kreisförmig am Teller anrichten. Das soll schnell gemacht werden, damit die Leber nicht zergeht; etwas Salz und Pfeffer darüberstreuen.

Rehrücken mit Pilzrisotto

60 dag Rehrücken (zugeputzt)
20 dag Pilze (gemischt)
25 dag Rundkornreis
1 l Rindsuppe
2 Zwiebeln
1/2 l Rotwein, Salz, Pfeffer, etwas Butter

Für das Risotto die Zwiebel fein schneiden und leicht anschwitzen. Risottoreis hinzugeben und mit der Rindsuppe aufgießen. Die Suppe nach und nach dazugeben, bis der Reis durch ist, leicht überkühlen lassen und mit Salz und Pfeffer würzen.
Den Rehrücken mit Salz und Pfeffer würzen, in einer Pfanne scharf anbraten. Danach im Rohr bei 150 Grad C rosa braten. Die Pilze feinnudelig schneiden und anschwitzen. Das gekochte Risotto hinzugeben, mit Salz und Pfeffer abschmecken und mit Butter montieren.
Den Rehrücken aus der Pfanne nehmen und aus dem Bratenrückstand eine Sauce zubereiten. Den Rückstand mit Rotwein aufgießen und reduzieren lassen, mit Salz und Pfeffer abschmecken und mit Butter montieren.

Lammrücken mit Limettenchicorée und Blattspinat

Zutaten für 4 Personen:
80 dag Lammrücken (mit Rückenknochen)
4 Chicorée
6 Limetten
80 dag geputzten Blattspinat
Salz, Pfeffer, Thymian, etwas Zucker

Das Lamm mit Salz, Pfeffer und Thymian würzen und in einer Pfanne rasch anbraten, etwas Butter daraufgeben und im Ofen rosa braten. Den Blattspinat in etwas Butter anschwitzen, mit Salz und Pfeffer abschmecken.
Für den Limettenchicorée etwas Butter zergehen lassen, Zucker hinzugeben, mit Limettensaft aufgießen, etwas köcheln lassen und den geputzten , halbierten Chicorée hinzugeben. Kochen lassen, bis der Chicorée durch ist und mit Salz und Pfeffer abschmecken.

Hirschlungenbraten mit Trebern-palatschinken und Hollerpilzen

Zutaten für 4 Personen:
60 dag Hirschlungenbraten
1/8 l Trebernbrand
20 dag Hollerpilze
Salz, Pfeffer, Wacholder, etwas Zucker
1/2 kg kernlose Weintrauben
8 vorgefertigte Palatschinken
etwas Butter

Den Hirschlungenbraten zuputzen, mit Salz, Pfeffer und Wacholder würzen, in einer Pfanne rasch anbraten und im Ofen rosa braten. Fleisch aus dem Ofen nehmen und 5 Minuten rasten lassen. Aus dem Bratenrückstand Sauce zubereiten (mit etwas Rindsuppe aufgießen und reduzieren lassen) und mit Butter montieren.
Etwas Butter in der Pfanne karamelisieren und mit Trebernbrand ablöschen, Weintrauben hinzugeben und etwas nachdünsten lassen. Die Palatschinken auf die Weintrauben legen, damit sie sich erwärmen. Die Hollerpilze in Butter anschwitzen und mit Salz und Pfeffer würzen. Die Palatschinken auf einem Teller plazieren, die Weintrauben daraufgeben, das portionierte Fleisch dazu anrichten, mit etwas Sauce überziehen und die Hollerpilze darüberstreuen.

Rehrücken mit Petersilpüree, Wacholderrahm und Zweigeltbirne

Zutaten für 4 Personen:
1 Rehrücken mit Knochen
2 Williams- Birnen
1/2 l Zweigeltwein
300 g gezupfte Petersilie
1/2 l Schlagobers
20 dag Wildpreiselbeeren
1/8 kg Butter, 10 dag Zucker
Grüner Pfeffer, geriebener Wacholder
Salz, Pfeffer, Gewürznelken, etwas Weinbrand

Die Zweigeltbirnen sollten 2 Tage vorher zubereitet werden, damit die Birnen eine schöne Farbe und einen guten Geschmack bekommen. Dazu läßt man den Zucker leicht karamelisieren, gießt mit dem Zweigelt auf und läßt den Zucker zergehen. Die Gewürznelken und die geputzten Birnen dazugeben. Das Ganze kurz aufkochen, vom Feuer nehmen und 48 Stunden durchziehen lassen.
Für das Petersilpüree die gezupfte Petersilie in einen Topf mit kochendem Wasser geben und 3 bis 4 Minuten kochen lassen.
Währenddessen bereitet man mit einem Mixer 100 g Schlagobers vor. Die Petersilie abseihen und gut ausdrücken. Die noch heiße Petersilie in den Mixer geben und mit dem Obers pürieren. Das Püree in einem Gefäß in den Kühlschrank geben.
Für den Preiselbeerpfeffer läßt man die Beeren mit etwas Rotwein und grünem Pfeffer aufkochen, danach mit etwas Zucker und Süßwein abschmecken.
Den Rehrücken mit Salz, Pfeffer, Wacholder würzen und in einer Pfanne auf beiden Seiten anbraten. Etwas Butter auf das Fleisch geben und im Ofen bei ca. 180 Grad C rosa braten. Das Fleisch aus dem Ofen nehmen und kurz rasten lassen. Gleichzeitig aus dem Bratenrückstand die Sauce zubereiten. Dafür das restliche Obers hinzugeben, aufkochen lassen und mit Salz, Pfeffer, Wacholder und etwas Weinbrand abschmecken.
Das Fleisch vom Knochen lösen und mit den erwärmten Beilagen auf einem Teller plazieren.

Topfenknödel mit grünen Paradeisern

Zutaten für 4 Personen:
350 g Topfen
75 g geriebene Brioche
2 Eier
25 g Butter (halbflüssig)
2 EL Staubzucker, Salz, Zitrone, Rum

Nußbrösel:
200 g Butter
100 g Nüsse, gerieben
100 g Mandeln, gerieben
50 g Semmelbrösel
Staubzucker, Zimt zum Abschmecken

Grüne Paradeiser:
30 dag grüne Paradeiser
30 dag saure Äpfel
30 dag Gelierzucker
Saft von 2 Orangen und 3 Zitronen

Die Eier mit dem Topfen und Staubzucker schaumig rühren, Butter und die anderen Zutaten beimengen. Die Brioche locker unterheben und ca. 1 Stunde im Kühlschrank rasten lassen. Dann Knödel formen und in leicht gesalzenem Wasser langsam (ca. 15 Minuten) ziehen lassen. Herausnehmen und in Nußbröseln wälzen.
Tomaten in Scheiben schneiden, Äpfel schälen, reiben und zu den Tomaten geben. Die restlichen Zutaten dazugeben und über Nacht marinieren. Am nächsten Tag aufkochen, etwas kochen lassen und anschließend abkühlen lassen.
Grüne Paradeiser auf dem Teller plazieren, die Topfenknödel darauf anrichten und mit etwas gesüßtem Sauerrahm garnieren.

Blaufränkisch Barrique
1989
Horitschoner
1990

Schokoladeauflauf

Zutaten für 10 Portionen:
20 dag dunkle Schokolade
20 dag Haselnüsse, gerieben
4 EL Brösel
1 EL Vanillezucker
20 dag Kristallzucker
20 dag Butter
12 Eidotter
12 Eiklar

Zuerst 10 Stück Auflaufformen oder Kaffeetassen mit Butter ausstreichen und mit Mehl bestauben. Dabei ist es sehr wichtig, daß alles glatt ist und keine Bröckerl Mehl zurückbleiben.
Butter und die Hälfte des Zuckers schaumig rühren, Eidotter nach und nach einrühren.
Die Schokolade in einem Schneekessel über Dampf zergehen lassen und 2 EL Brösel hinzugeben, die restlichen Brösel kommen zur Dottermasse. Schokolade und Butter-Dottermasse verrühren und das geschlagene Eiklar darunterheben.
Masse in die Formen füllen und im Wasserbad ca. 45 Minuten pochieren (das Wasser sollte nicht kochen).
Den Mohr mittels eines kleinen Messers herausstürzen, mit der Schokoladesauce übergießen und mit Schlagobers servieren.

Rahmschmarrn mit Marillenröster

Zutaten für 4 Personen:
1/2 kg frische Marillen
1/4 l Marillenwein
1 Schuß Marillenlikör
20 dag Zucker
1/4 l Sauerrahm
4 Eidotter und Eiklar (geschlagen)
Rum
4 EL glattes Mehl

Eine Pfanne mit Butter ausstreichen und mit Staubzucker bestauben. Den Sauerrahm mit 10 dag Zucker, den Eidotter, einen Schuß Rum und dem Mehl glattrühren, den geschlagenen Ei-Schnee darunterheben, in die Pfanne geben und im Rohr bei 175 Grad C 15 Minuten backen.
Für den Marillenröster den restlichen Zucker karamelisieren und mit Marillenwein ablöschen, etwas reduzieren. Die geschälten und entkernten Marillen hinzugeben, ziehen lassen und mit Marillenlikör abschmecken.

STEFAN SCHNEIDER
QUALITÄTSDOMAINE IN ILLMITZ
ILLMITZER
BEERENAUSLESE
Zweigelt 1988
Peter Schandl
RUSTER
RULÄNDER 1988
Eiswein
1990
WEINGUT
Martin Haider
7142 ILLMITZ

Die Burgenländischen Weingasthöfe

Eine Gruppe von Gastronomen begann in den 70er Jahren eine stärkere Ausprägung bzw. eine Differenzierung der burgenländischen Küche zu forcieren. Als pannonische Küche wurde dieser gastronomische Trend bekannt und manifestierte sich in einer deftigen, sehr ungarisch beeinflußten Küche. Es war in der Zeit, als sich das Burgenland touristisch mit einem pseudo-ungarischen Image umhüllte, was sich auch in der pannonischen Küche widerspiegelte. Von dieser Entwicklung sind heute noch diverse Fixpunkte wie Halázle Fischsuppe, Hortobagy-Palatschinken oder Szomlauer Nockerl auf vielen Speisekarten zu finden.
Eine neue Ära wurde mit der Weinrevolution Mitte der 80er Jahre eingeleitet, die mit einem gastronomischen Aufbruch einherging. Innerhalb weniger Jahre etablierte sich eine weingastronomische Szene - vor allem am Westufer des Neusiedlersees-, die österreichweit unerreicht ist. Die führenden Köche des Landes konzentrierten sich auf die echte, regionale, burgenländische Küche, die sie verfeinerten und weiterentwickelten. Als ideale Ergänzung dieser Regionalisierung der Speisen, Zutaten und Rohprodukte, entdeckten die Gastronomen dabei die neuen burgenländischen Weine. Auf höhem Niveau präsentiert heute etwa die Angebotsgruppe der "Weingasthöfe Burgenland" diese Harmonie von regionaler Speise- und Weinkultur. Die Weingasthöfe versprechen eine hochqualitative burgenländische Weinselektion, gehobene Tisch- und Trinkkultur sowie Engagement und Kompetenz des Gastronomen.

Empfohlene Mitgliedsbetriebe sind:
7081 Schützen am Gebirge
RESTAURANT TAUBENKOBEL
Fam. Eselböck, Hauptstraße 33, Tel: 02684/2297

7071 Rust
RUSTERHOF
Fam. Szauer, Rathausplatz 18, Tel: 02685/6415

WIRTSHAUS "ZUR BACKSTUBE"
Fam. Giefing, Kirchengasse 3, Tel: 02685/6405

SEEHOTEL RUST
Am Seekanal 2-4, Tel: 02685/381

7033 Pöttsching
DER REISINGER
Fam. Reisinger, Hauptstraße 83, Tel: 02631/2212

7082 Donnerskirchen
WEINFORUM LEISSERHOF
Fam. Engel, Hauptstraße 57, Tel: 02683/8636

7332 Kobersdorf
WALDHOF, Fam. Pauer, Waldhof 1, Tel: 02618/8447

7083 Purbach
NIKOLAUSZECHE
Uwe Kohl, Bodenzeile 3-5, Tel: 02683/5514

WEINGASTHOF AM SPITZ
Fam. Schwarz, Waldsiedlung 2, Tel: 02683/5519

RESTAURANT WEINHOF- PAULI S STUBEN
Fam. Braunstein, An der Bundesstraße, Tel: 02683/5513

7100 Neusiedl/See
RESTAURANT BARTH-STUBEN
F. Lisztgasse 37, Tel: 02167/2625

7000 Eisenstadt
HOTEL BURGENLAND, G´würzstöckl
Schubertplatz 1, Tel: 02682/5521

7212 Forchtenstein
RESTAURANT REISNER
Hauptstraße 141, Tel: 02626/63139

7141 Podersdorf
GASTHAUS ZUR DANKBARKEIT
Fam. Lentsch, Hauptstraße 39, Tel: 02177/2223

7441 Pilgersdorf
GASTHAUS MELCHART
Kirchschlagerstraße 22, Tel: 02616/7704

7434 Bernstein
HEANZNHOF
Hans Frühwirth, Hauptstraße 59, Tel: 03354/6503

7122 Gols
LANDGASTHOF BIRKENHOF
Fam. Beck, Festwiese 14, Tel. 02173/2346

7423 Pinkafeld
BIERQUELLE
Fam. Schindler, Hauptplatz 16, Tel: 03357/2652

7063 Oggau
RESTAURANT DORFSTUBE
Fam. Reinprecht, Hauptstraße 54a, Tel: 02685/7440

7022 Schattendorf
RESTAURANT GRAFL
Hauptstraße 37, Tel: 02686/2126

7522 Heiligenbrunn
HOTEL KRUTZLER
Heiligenbrunn Nr. 16, Tel: 03324/240

7581 Heiligenkreuz
GASTHOF EDITH GIBISER
Heiligenkreuz 81, Tel: 03325/216

Edelsüße Weine - flüssiges Gold

Die Krönung aller Weine sind die Edelsüßweine. Weltweit gibt es nur einige wenige Weinbauregionen, die solche hervorbringen. Die klassischen Gebiete sind Sauternes in Bordeaux, die Tokayerregion sowie die deutschen Weinbaugebiete an der Mosel und im Rheingau. Das Burgenland mit der Weinbauregion um den Neusiedlersee nimmt unter all diesen eine Sonderstellung ein. Die klimatischen Bedingungen sind hier einzigartig. Im Vergleich zu den anderen Weinbauländern ist es im Burgenland möglich, jedes Jahr Trauben für Prädikatsweine hoher Gradationen zu ernten. Die Harmonie edelsüßer Weine besteht aus einem ausgewogenen Verhältnis aller Komponenten wie Zucker-, Extrakt- und Säurewerte, welche im Burgenland durch das natürliche Wachstum der Trauben erreicht wird. In der Sauternes wird die Harmonie von Edelsüßweinen nur durch Cuvées erreicht. Dessertweine können durch die vorherrschenden besonderen klimatischen Voraussetzungen im Burgenland reinsortig produziert und ausgebaut werden.

Die Qualitätsstufen der österreichischen Prädikatsweine

Die wichtigsten Anforderungen an die Qualitätsstufen und ihrer Untergruppen sind im österreichen Weingesetz verankert. Edelsüße Weine sind in der Qualitätsstufe „Prädikatswein" eingeordnet. Dieser Wein darf nicht verbessert, das heißt nicht aufgezuckert werden. Er muß auch aus einem Weinbaugebiet stammen. Die Restsüße darf nur über eine Gärungsunterbrechung erzielt werden. Das Traubenmaterial von Prädikatsweinen muß sofort nach der Lese den amtlichen Mostwägern vorgeführt werden. Alle Prädikatsweine müssen amtlich geprüft sein und eine staatliche Prüfnummer tragen. Vorgeschrieben ist auch eine Jahrgangsbezeichnung. Sie dürfen auch nicht vor dem 1. Mai des auf die Lese folgenden Jahres in den Handel bzw. Verkauf gebracht werden. Ausgenommen von dieser Regelung sind Spätlesen. Der Stichtag für diese Prädikatsstufe ist der 1. März.
Die erste Untergruppe der Qualitätsstufe „Prädikatswein" ist die Spätlese. Nach dem österreichischen Weinrecht ist es ein Wein aus Trauben, deren Saft ein Mostgewicht von mindestens 19° KMW (94° Öchsle) aufweisen muß.
Die nächste Qualitätsstufe ist die „Auslese". Dieser Wein darf nur aus einer Positivlese gewonnen werden. Das heißt, die gelesenen Trauben müssen sorgfältig selektioniert werden. Die Auslese muß ein Mostgewicht von mindestens 21° KMW (105° Öchsle) haben.
Die Trauben für den Eiswein müssen bei der Lese und beim Pressen gefroren sein. Der Saft muß ein Mostgewicht von mindestens 25° KMW (127° Öchsle) aufweisen. Dasselbe Mostgewicht gilt auch für den Strohwein oder Schilfwein. Die Trauben müssen aus vollreifen, zuckerreichen Beeren bestehen, welche vor der Kelterung mindestens drei Monate auf Stroh oder Schilf ausgelegt wurden. Solche Weine dürfen keine andere Prädikatsbezeichnung tragen.
Das Traubengut für eine Beerenauslese muß aus überreifen und edelfaulen Beeren bestehen. Der Saft muß ein Mostgewicht von mindestens 25° KMW (127° Öchsle) haben. Aus dem gleichen Traubenmaterial darf der Ausbruch gewonnen werden. Der Saft für diesen Prädikatswein muß hingegen 27° KMW (138° Öchsle) Mostgewicht aufweisen. Die Anforderungen für die letzte Untergruppe der Prädikatsweine, der Trockenbeerenauslese, sind mit mindestens 32° KMW (167° Öchsle) Mostgewicht geregelt. Das Lesegut muß aus edelfaulen, rosinenartigen Beeren bestehen.

Edelsüße Weine durch Botrytis cinerea

Die Regionen im Burgenland, die Dessertweine hervorbringen, befinden sich großteils rund um den Neusiedlersee und in der weiten Ebene des Seewinkels, an den vielen kleinen Lacken. Für die Bildung von Botrytis cinerea – dem Edelpilz –, an den Trauben ist ein langer, warmer und trockener Herbst notwendig. Das Zusammenspiel zweier wichtiger Faktoren ist entscheidend, um Trauben für edelsüße Weine ernten zu können. Zum einen ist es der Neusiedlersee. Das seichte Wasser erwärmt sich tagsüber. Während der Nacht- und frühen Morgenstunden verdunstet das Wasser des Steppensees. Es bilden sich Nebelschwaden, die als Tau auf die umliegenden Weingärten niedergehen. Zum anderen ist es die Sonne am Vormittag. Sie leitet den nächsten Schritt in diesem Naturereignis ein. Durch die wärmenden Sonnenstrahlen auf die noch taufrischen Weingärten entsteht jenes Mikroklima, welches in Österreich einzigartig in Erscheinung tritt. Durch Wind und Sonne trocknen die Trauben. Dieses klimatische Wechselspiel, beginnend mit Mitte September, fördert die Entstehung eines Edelpilzes mit dem lateinischen Namen Botrytis cinerea. Er verursacht bei den vollreifen Trauben bei warmem, trockenem Wetter jene Edelfäule, die so viele Winzer Jahr für Jahr herbeisehnen. Durch den Botrytisbefall werden die Beerenhäute durchlöchert. Die Schale wird durchlässig, und das Fruchtwasser der Trauben verdunstet langsam – die Beeren schrumpfen. Der Edelschimmel wird gut sichtbar und gibt dem Wein später seine eigene Note. Während dieses „Stoffwechselvorganges" verändern sich sämtliche analytischen Werte der Trauben. Der Zuckergehalt steigt ebenso wie der Säure- und Extraktgehalt. Es beginnt auch eine Umsetzung der Weinaromen und sonstigen Weininhaltsstoffe, die später den wesentlichen Geschmack der edelsüßen Weine bestimmen.
Für die Produktion von edelsüßen Weinen eignen sich besonders frühreife Sorten. Die Klassiker unter den verwendeten Rebsorten waren der Furmint und Muskateller, welche jetzt in Rust wieder eine Renaissance erleben.

Alle Trauben für Prädikatsweine müssen dem amtlichen Mostwäger zur Kontrolle vorgeführt werden.

In den siebziger Jahren waren es vor allem die Sorten Bouvier und Müller Thurgau, die für den Ausbau von Dessertweinen verwendet wurden. Die gängigen Sorten sind heute Chardonnay, Neuburger, Weißburgunder, Welschriesling, Sämling 88, Ruländer, Grüner Veltliner, Traminer und Gewürztraminer, aber auch Rotweinsorten wie der Blauburger.
Im Seewinkel, am östlichen Ufer des Neusiedlersees, liegen die bedeutendsten Weinbauorte, welche Prädikatsweine erzeugen. Es sind dies Illmitz, Apetlon und Podersdorf. Erstklassige Produzenten sind Josef Gangl, Martin Haider, Vinzenz Haider, Franz Heiss, Alois Kracher, Stefan Schneider, Stefan Tschida, Franz Wüger in Illmitz sowie das Weingut Velich und der Weinbaubetrieb von Johann Wulkersdorfer in Apetlon. In

Bild oben: Vollreife Trauben in der Herbstsonne.

Bild unten: Traube mit dem Edelpilz Botrytis cinerea. In dieser Prädikatsstufe kann man lediglich ein Glas Wein pro Stock ernten.

Bild oben: Kleine Farbveränderungen zeigen den beginnenden Botrytis-Befall an.

Bild unten: Trauben für die Strohweinerzeugung nach fünfmonatiger Lagerung.

Bild oben: In dieser Wachstumsphase sind mehrere Prädikatsstufen nebeneinander auf einem Weinstock. Der Winzer muß händisch die gewünschte Qualitätsstufe selektieren.

Bild unten: Nach mehrmonatiger Faßreife glänzt der Süßwein golden im Glas.

Podersdorf sind es Julius Steiner, Franz Steiner und Tobias Fuhrmann. Auf der anderen Seite des Sees sind es Rust und Mörbisch. Spezialisten für Ausbruchweine sind Robert Wenzel, Peter Schandl, Friedrich Seiler und das Weingut Feiler-Artinger in Rust sowie Franz Schindler und Martin Fiedler in Mörbisch.

Stroh- und Schilfwein

Eine jahrhundertealte Tradition hat der Strohwein. Bereits 1891 wurde im österreichischen Weinbaukalender die Erzeugung dieser Rarität beschrieben. Verwendet werden dafür lockerbeerige Sorten wie Grüner Veltliner und Blaufränkisch im Spätlesebereich. Unmittelbar nach der Lese wird das Traubengut auf Strohmatten locker ausgelegt. In einem durchzugsintensive trockenen Raum werden diese Trauben vier bis fün Monate getrocknet. Auf den Strohmatten verlieren die Trauben einen Großteil ihrer Flüssigkeit. Der Reifegrad der Beeren muß sich auf mindestens 28° KMW erhöhen, damit die Mostgrade die gesetzlich vorgeschriebenen 25° KMW erreichen. Der Strohwein besticht vor allem durch seinen Rosinencharakter.
Im Weinbaukalender für das Jahr 1891 steht unter anderem geschrieben: „Bei sauren Trauben lohnt es sich nicht, sie zum Verdunsten ihres Wassers an einem luftigen Ort aufzulegen, weil durch das Einschrumpfen die Trauben nicht süßer, sondern im Gegenteil noch viel saurer werden, denn die Säure verwandelt sich beim Einschrumpfen nicht etwa in Zucker, sondern, weil Wasser verdunstet, wird das Product immer verhältnismäßig saurer. Deshalb nimmt man zur Süßweinbereitung stets nur sehr süße Trauben, weil nur bei diesen der Most nach dem Einschrumpfen immer süßer wird."
Auf die Produktion von Strohweinen hat sich Anton Stefan Ochs aus Weiden spezialisiert.
Die Ausbaumethode beim Schilfwein unterscheidet sich vom Strohwein nicht wesentlich. Anstelle von Strohmatten werden Schilfmatten des Neusiedlersees verwendet. Willi Opitz aus Illmitz produziert sowohl aus weißen als auch aus roten Sorten Weine mit dieser Kelterungsmethode. Diese Schilfweine vermarktet er unter dem Namen Schilfmandl.

Eiswein

Für die Erzeugung von Eiswein sind vollreife, gesunde Trauben notwendig. Der Lesetermin ist von der Witterung abhängig. Während der Lese muß die Außentemperatur mindestens minus acht Grad Celsius betragen. Das in den Trauben enthaltene Fruchtwasser gefriert, und beim Pressen wird nur der reine „Zuckersirup" der rosinenartigen Trauben, welcher auch unter tiefsten Temperaturen nicht gefriert, freigesetzt und gesammelt. Die Gärung des Mostes dauert einige Monate, oft bis zu einem halben Jahr. Der Sortencharakter der Trauben ist beim Eiswein immer deutlich spürbar. Johann Scheiblhofer aus Andau bei Frauenkirchen, Karl Lass aus Frauenkirchen, Anton Stefan Ochs aus Weiden am See sowie Anton Kollwentz aus Großhöflein sind hervorragende Eisweinproduzenten.

Ausbau der Weine

Über die Jahrhunderte änderte sich an der Vinifizierung von Dessertweinen wenig. Der Geschmack und die Anforderungen der Weinkonsumenten änderten sich dafür wesentlich. Die steigende Nachfrage nach Süßweinen ließen in den vergangenen Jahren die edelsüßen Kreszenzen in einem neuen Licht erscheinen. Innovative Winzer entwickelten das traditionelle Keltern von Edelsüßweinen weiter. Durch den Einsatz von Barriques geben sie ihren edelsüßen Weinen ein noch breiteres Geschmacksspektrum. Innerhalb von nur wenigen Jahren hatten diese Weinbauern den Umgang mit den kleinen Eichenfässern gut im Griff. Ein schönes Beispiel sind die Nouvelle-Vague-Weine von Alois Kracher aus Illmitz.

Erste und älteste urkundliche Erwähnung eines Süßweines im Jahre 1617: Der Ausbruch von Weiden am See

Die edelsüßen Kreszenzen sind die Aristokraten unter den verschiedenen Weintypen. Die Kelterung von Edelsüßweinen hat eine lange Tradition. In der rund dreitausendjährigen Geschichte der Weinkultur waren es immer die edelsüßen Weine, die besonders geschätzt wurden. Die Weine konnten gar nicht süß genug sein. Und umso mehr der Geschmack dieser edelsüßen Kreszenzen dem Honig gleichkam, umso mehr Lob wurde ihnen entgegengebracht. An den Fürsten- und Königshäusern durften diese Naturwunder natürlich nicht fehlen. Legendenumwoben ist vor allem der Lutherwein aus Donnerskirchen. Die Geschichte erzählt von einem edelsüßen Wein, welcher drei Jahre vor der ersten Türkenbelagerung im Jahre 1426 in Donnerskirchen gekeltert wurde und einen fast dreihundertjährigen Lebensweg beschritt. Auf Geheiß von Fürst Paul Esterházy wurde im Jahr 1687 die Geschichte dieses Lutherweins in den Faßboden geschnitzt. Demnach wurde dieser edelsüße Wein von der Familie Gruber 1426 gekeltert. Die Familie Leisser als Abkömmlinge der Familie Gruber füllte diesen Wein 1585 in ein neues Faß. Im Jahr 1653, als der Leisserhof verkauft wurde, kam dieser Prädikatswein auf die Esterházysche Burg Forchtenstein. 1687 wurde er in ein drittes Faß gezogen. Fürst Paul Esterházy gab diesem edelsüßen Produkt dem großen Reformator zu Ehren den Namen Lutherwein. Über den Wahrheitsgehalt dieses historischen Edelsüßweines gibt es noch heute viele Diskussionen. Verbreitet ist die These, daß das Faß immer wieder mit Süßweinen oder mit dem Nachfüllen von Kieselsteinen spundvoll gehalten wurde.

Direkte Hinweise auf die Lese von Ausbruchweinen gibt es in Weiden am See aus dem Jahr 1617. Aufgrund von Beifügungen in den Weinzehentregistern kann man annehmen, daß bereits um 1610 Ausbruchweine in Weiden produziert wurden. Im Gegensatz zu den heutigen Prädikatsweinen besonderer Leseart erntete man den „Weidener Ausbruch" im 17. Jahrhundert „in prima collectura", also etwas vor oder am Beginn der eigentlichen Hauptlese. Geerntet wurde für die Erzeugung von Ausbruchweinen damals vor allem die Edelsorte Furmint, auch „Zapfeter" genannt.
Im Weinzehentregister von Weiden ist ferner aufgezeichnet, zu welchem Lesetermin wieviel Hektoliter Ausbruchwein geerntet wurde. Im Jahr 1617 zum Beispiel wurden in Weiden 357 Hektoliter Ausbruchwein gekeltert. Gelesen wurden die Trauben vom 16. Oktober bis 13. November. Eine Superernte gab es im Jahr 1638. Der Lesetermin war damals um den 21. Oktober. Vinifiziert wurden 735,2 Hektoliter Ausbruchwein: für damalige Verhältnisse eine absolute Rekordernte.
In das Jahr 1634 fällt die schriftliche Erwähnung des Ruster Ausbruchs. In der Kammerrechnung sind die Arbeitsgänge der Lese und das Verhältnis zwischen Rot- und Weißwein aufgezeichnet. Vier Fuhren Maische wurden am 14. Oktober 1634 von den Aufklaubern abgerechnet. Am 26. und 27. Oktober wurden von den Lesern 10 Fuhren Maische und am 3. November die „Plawen Weingert" mit nur einer Fuhr abgerechnet. Bereits in dieser Zeit dauerte die Lese durch wiederholtes Ausleseverfahren bis in den Dezember hinein.
Gar nicht zimperlich ging man damals mit Winzern um, die sich nicht an die verordneten Bestimmungen hielten. Die Leseordnung von 1636 regelte unter anderem auch die Nachlese: „Wer mehrers dan ain Weinper mit sich haimb tragt, soll sein Tagwerk verwürckht und noch dazu gestrafft werden... Weil in denen Leskornern auch die pesten Pogen ausgeschnitten werden, ist das Leskornern ainhaimbischen und Frembden genzliche verboten. Wer dabei betreten, soll an das Creuz gestellt und die Weinper und Pögen an den Hals gehengt werden."
Im ungarischen Tokayer Weinhügelland erzeugte man in dieser Zeit ebenfalls aus dem Furmint „Weine besonderer Leseart". Den Begriff „Tokayer" gibt es seit dem 16. Jahrhundert. Erste Hinweise auf einen Tokayer Aszúwein findet man im Jahr 1631. Der Ausdruck Aszú steht für Trauben, welche von der Botrytis cinerea befallen sind. Máté Szepsi Laczkó, ein reformierter Prediger, erzeugte 1631 für seine Herrin Zsusanna Lórantffy einen Aszúwein. Die Trauben für diesen Meßwein wurden in der Riede „Oremus" – „Lasset uns beten" – bei Sátoraljaújhely gelesen. Nachgewiesen wird dieser Ausbruchwein 1635; im Sárospataker Rákóczi Keller wurden sieben Fässer Aszúwein als Lagerstand aufgezeichnet. Die erste dokumentarisch belegte Erwähnung von Tokayer Ausbruchwein fällt in das Jahr 1655. Im Paragraph 79 der Ständeversammlung wurde die Auslese von Aszúbeeren genau vorgeschrieben.

Die besten Süßweine der Welt

Bei der Prämierung der weltbesten Süßweine auf der Vinova in Wien im Juni 1992 konnte der Weinbaubetrieb der Familie Gertrude und Josef Gangl aus Illmitz mit seiner Weißburgunder Trockenbeerenauslese Jahrgang 1984 mit dem Chateau Yquem mithalten. Bei den Edelsüßweinen wurde damals ex aequo der Sieg in der Kategorie Süßweine zugesprochen.
Unter den zehn besten Süßweinen konnten sich weitere österreichische Weinbaubetriebe behaupten. Mit einer Welschriesling Trockenbeerenauslese Jahrgang 1981 erreichten die Brüder Gartner aus Illmitz den dritten Rang bei dieser Weltmeisterschaft. Darauf folgt auf Rang vier das Weingut von Stefan Schneider, ebenfalls aus Illmitz, mit einer 79er Welschriesling Trockenbeerenauslese. Alois Kracher, der vierte im Bunde, kam mit seiner Muskat Ottonel Beerenauslese Jahrgang 1988 auf den siebenten Rang.

Bild nächste Seite: Herbstliche Weingärten um Illmitz während der Prädikatsweintraubenlese.

Adressen und Telefonnummern der beschriebenen Betriebe:

Weinbaugebiet Neusiedlersee Hügelland

7000 Eisenstadt

Schloßkellerei Esterhazy, Schloß	02682/3348-0
Schüller Josef, Kirchengasse 10-12	02682/5967
Tinhof Erwin, Gartengasse 8	02682/62648
Weinbauschule des Landes Burgenland, Neusiedler Str. 6	02682/2344
Weingut der Barmherzigen Brüder, Esterházystraße 26	02682/601-499

7000 St. Georgen bei Eisenstadt

Hahnenkamp Walter, Hauptstraße 53	02682/66700
Leeb Johann, Kirchenplatz 23	02682/61013
Moser Hans, Hauptstraße 13	02682/66607

7000 Kleinhöflein

Ackerl Weingut, Klein Höfleiner Hof, Hauptstraße 41	02682/61451
Kaiser Rudolf, Hauptstraße 70	02682/67100

7051 Großhöflein

Kollwentz Anton, Hauptstraße 120	02682/65158-0
Krauscher Emmerich, Hauptstraße 32	02682/63768
Lang Franziska, Hauptstraße 74	02682/3351 oder 61522
Leberl Josef, Hauptstraße 91	02682/67800
Wagentristl Rudolf, Rosengasse 2	02682/61415

7071 Rust

Beilschmidt Rudolf, Weinberggasse 1	02685/326
Elfenhof, Johannes und Elfriede Holler, Baumgartengasse 11	02685/470
Feiler-Artinger, Hans Hauptstraße 3	02685/237
Fischl Werner, Kirchengasse 1	02685/255
Hasieber Reinhold, Dr. Ratzgasse 15	02685/335
Just, Weingut Marienhof, Weinberggasse 16	02682/251
Kirchknopf Johann, Lindengasse 1	02685/435
Kraft Harald, Conradplatz 11	02682/6267
Landauer Bruno, Haydngasse 5	02685/278
Leitgeb Karl, Weinberggasse 7	02685/380
Seiler Friedrich, Setzgasse 10	02685/6449
Schandl Peter, Haydngasse 3	02685/265
Schröck Heidi, Rathausplatz 8	02685/229
Török Ladislaus, Conradplatz 13	02685/424
Tremmel Christine, Weinberggasse 19	02685/368
Triebaumer Ernst, Raiffeisenstraße 9	02685/528
Triebaumer Paul, Neue Gasse 18	02685/6135
Wenzel Robert, Hauptstraße 29	02685/287
Weinkellerei Burgenland, Am Rusterberg	02685/544

7062 St. Margarethen

Denk Margarete, Stefaniegasse 23	02680/2607
Ernst Anton, Siegendorferstraße 61	02680/2464
Kugler Josef, Heidegasse 4	02680/2686
Unger Alexander, Hauptstraße 106	02680/2235
Wind Alois, Reitschulgasse 13	02680/2351

7011 Siegendorf

Klosterkeller Siegendorf, Rathausplatz 12	02687/8948

7063 Oggau

Fasching Paul, Hauptstraße 124	02685/7706
Familie Mad, Haus Marienberg, Antonigasse 1	02685/7207
Reinprecht Hans, Hauptstraße 20	02685/7650
Thometitsch Franz, Setzweg 31	02685/7661
Wiesinger Wilfried, Hauptstraße 118	02685/7406

7064 Oslip

Jagschitz Franz, Hauptstraße 25	02684/2104

7072 Mörbisch

Fiedler Gerhard Grenzlandhof, Weinzeile 2	02685/8276
Fiedler Martin, Eschenhof, Eschengasse 11	02685/8344
Rathmann Michael, Hauptstraße 86	02685/8322
Schindler Franz, Neustiftgasse 7	02685/8328
Neustiftgasse 8	02685/8326
Schönberger Gerhard, 8323 St. Marein, Markt 41	03119/28420

7011 Zagersdorf

Klikovits "Mate", Hauptstraße 43	02687/2116
Schuster Rosi, Hauptstraße 59	02687/8111
Welkovits Alfred, Wiesengasse 12	02687/86954

7023 Pöttelsdorf

Fischer Alfred, Rosenthal, Hauptstraße 1–3	02626/5238
Winzerkeller Pöttelsdorf, Kellerweg 15	02626/5200

7082 Donnerskirchen

Bayer, Weingut Erbhof, Hauptstraße 50	02683/8550
Karner Julius, Badstraße 18	02683/8736
Liegenfeld Weingut, Bergstraße 5	02683/8557
Neumayer Hans, Johannesstraße 32	02683/8534
Sommer Leopold, Johannesstraße 26	02683/8504
Winzergenossenschaft St.Martinus, Hauptstraße 57	02683/8512

7083 Purbach

Braunstein Paul, Hauptgasse 18	02683/5913
Leidl Josef, Sätzgasse 13	02683/5118
Sandhofer Michael, Kellergasse 6	02683/5502
Schwarz Reinhold, Waldsiedlung 2	02683/5519
Weisz Johann, Türkenkeller, Schulgasse 9	02683/5112

7081 Schützen am Gebirge

Kleinl Johann, Hauptstraße 139	02684/2249
Lehner Christine, Rusterstraße 4	02684/2201
Mollatz Othmar, Hauptstraße 5	02684/2254
Platzer Johann, Eisenstädterstraße 69	02684/2217
Prieler Engelbert, Hauptstraße 181	02684/2229
Trucksitz Gottfried, Schulstraße 2	02684/2241

Weinbaugebiet Neusiedlersee

7093 Jois

Auer Werner, Untere Hauptstraße 63	02160/388
Hillinger Leopold, Untere Hauptstraße 35	02160/317
Kiss Willi, J.-Haydn-Gasse 1	02160/256
Steurer Andreas, Untere Hauptstraße 6	02160/317
Wetschka Leo, Edelhof, Hauptplatz 6	02160/291
Winter Ernst, Bundesstraße 12	02160/379

7100 Neusiedl am See
Haider Heinrich, Franz-Liszt-Gasse 15 02167/248
Kast Michael, Obere Hauptstraße 39 02167/8616
Preschitz Johann, Kalvarienbergstraße 29 02167/2308
Verband der großen Weine, Untere Hauptstraße 47 02167/2077

7142 Weiden
Denk Tobias, Markt 7 02167/7262
Habersack Emmerich, Untere Hauptstraße 35 02167/7278
Ochs Anton Stefan, Rosenberggasse 20 02167/7508
Preschitz Hans, Markt 7 02167/7262
Weingut der Gemeinde Weiden, Raiffeisenplatz 5 02167/7311

7141 Podersdorf
Ettl Lorenz, Seestraße 46 02177/2366
Fuhrmann Tobias, Seestraße 17 02177/2939
Gisch Michael, Parzelle 94 02177/2236
Lang-Kummer Sandperle, Mittelstraße 11 02177/2247
Lentsch Franz, Neusiedler Straße 40 02177/2398
Lentsch Josef, Hauptstraße 39 02177/2223
Steiner Franz, Neusiedlerstraße 23 02177/2311
Steiner Josef, Seeuferstraße 5 02177/2342
Steiner Julius, Seezeile 2 02177/2743
Steiner Rudolf, Seestraße 66 02177/2155 oder 2255
Steiner Urban, Mühlstraße 3 02177/2252
Tauber Herbert, Am Strandplatz 2 02177/2204

7142 Illmitz
Familie Fleischhacker, Jagdhof,
Obere Hauptstraße 31 02175/2339
Gangl Josef, Schrändlgasse 50 02175/3207
Gartner Hans, Untere Hauptstraße 57 02175/24273
Haider Johann, Obere Hauptstraße 41 02175/24033
Haider Martin, Seegasse 16 02175/2358
Haider Vinzenz, Rosenhof, Florianigasse 1 02175/2232
Heiss Franz, Untere Hauptstraße 12 02175/3332
Heiss Johann, Obere Hauptstraße 20 02175/24053
Kracher Alois, Weinlaubenhof,
Apetlonerstraße 37 02175/24202
Kroiss Walter, Untere Hauptstraße 32 02175/2137
Lang Alois, Quergasse 5 02175/24003 oder 2923
Opitz Willi, Quergasse 11 02175/2084
Schneider Stefan, Söldnergasse 20 02175/2271
Tschida Stefan, Obere Hauptstraße 58 02175/2108
Tschida Stefan, Hauptplatz 7 02175/2700
Winkler Otmar, Untere Hauptstraße 59 02175/24275
Wüger Franz, Untere Hauptstraße 39 02175/24283

7143 Apetlon
Moser Sepp, Seewinkelhof, Bahnstraße 19 02175/2389
Payer Rudolf, Sportplatzgasse 17 02175/2593
Prädikatsweinproduzentengemeinschaft 02173/2443
Velich Franziska, Seeuferstraße 12 02175/3187
Wulkersdorfer Johann, Wasserzeile 40 02175/24135

7132 Frauenkirchen
Lass Karl, Josefistraße 8 02172/2163
Umathum Josef, St. Andräer Straße 7 02172/2173

7123 Mönchhof
Pöckl Josef, Baumschulgasse 12 02173/80258

7122 Gols
Achs Paul, Neubaugasse 13 02173/2367
Achs Werner, Feldgasse 7 02173/2488
Achs-Tremmel, Terra Gallos, Obere Hauptstraße 103
02173/3107
Allacher Georg, Neustiftgasse 48 02173/2247
Allacher Gerhard, Vinum Pannonia,
Neubaugasse 5 02173/3380-0
Beck Helmut, Birkenhof, Festwiese 14 02173/2346
Beck Matthias, Untere Hauptstraße 108 02173/2755
Gmall Herbert, Untere Hauptstraße 129 02173/2496
Göschl Reinhard, Am Kanal 4 02173/2496
Gsellmann & Gsellmann,
Obere Hauptstraße 38 und 28 02173/2214 oder 2805
Heinrich Gernot, Wassergasse 2 02173/2302
Leitner Matthias, Quellengasse 33 02173/2593
Limbeck Lorenz, Obere Hauptstraße 62 02173/2292
Lunzer Heinrich, Obere Hauptstraße 6 02173/2319
Nittnaus Hans, Untere Hauptstraße 49 02173/2248
Nittnaus Matthias, Obere Hauptstraße 34 02173/2359
Pittnauer Gerald, Zeile 15 02173/8831
Preisinger Georg, Neubaugasse 26 02173/2256
Preisinger Lorenz, Obere Hauptstraße 33 02173/2592
Renner Helmut, Obere Hauptstraße Neubau 02173/2259
Schmelzer Paul, Hauptplatz 23 02173/2375
Schreiner Hans, Sonnenmulde, Goldbergstraße 2 02173/2249
Schuhmann Hans, Weinhof am Altenberg, Altenbergweg-
Neubau 02173/2594
Stiegelmar Gebrüder, Golderberg 9 02173/2317
Stiegelmar Georg, Untere Hauptstraße 60 02173/2203, 2748
Wendelin Paul, Hauptplatz 15 02173/2627
Wendelin Paul, Paul Vetter Gasse 11 02173/2401
Wendelin Paul, Quellengasse 29 02173/2365

7131 Halbturn
Schloßkellerei Halbturn, Parkstraße 4 02172/8594, 8685
Schuster Alois, Erzherzog-Friedrich-Straße 9 02172/8628

7161 St. Andrä
Ziniel, Hauptstraße 47 02176/2116

7163 Andau
Scheiblhofer Johann, Halbturner Straße 1 02176/2610

Weinbaugebiet Mittelburgenland

7361 Lutzmannsburg
Plöchl Gerhard, Hauptstraße 35 02615/272
Prickler Herbert, Bachgasse 4 02615/7742
Weber Rudolf, Neustiftgasse 26 02615/405

7322 Lackenbach
Kerschbaum Maria, Dreifaltigkeitsgasse 30 02619/8505

7301 Deutschkreutz
Gager Josef, Karrnergasse 8 02613/385
Gesellmann Engelbert, Lange Gasse 65 02613/360
Igler Hans, Lange Gasse 49 02613/365
Kacsits Josef, Postgasse 4 02613/247
Kirnbauer Walter, Zinkendorferstraße 7 02613/8460

7312 Horitschon

Amminger Gerhard, Günserstraße 8	02610/2212
Bauer Matthias, Neugasse 4	02610/2372
Duschanek Johann, Am Anger 2	02610/2733
Iby Anton, Kirchengasse 4a	02610/2292
Iby-Lehrner, Hauptstraße 34	02610/2745
Kerschbaum Paul, Hauptstraße 37	02610/2392
Lehrner Paul, Hauptstraße 56	02610/2171
Weninger Franz, Florianigasse 11	02610/2165
Winzergenossenschaft Horitschon, Günser Straße 25	02610/2321

7311 Neckenmarkt

Hufnagel Josef, Herrengasse 44	02610/2301
Wellanschitz Stefan, Lange Zeile 28	02610/2302
Wieder Juliana, Lange Zeile 76	02610/2438
Wieder Stefan, Lange Zeile 17	02610/2474
Winzergenossenschaft Neckenmarkt, Harkauerweg 2	02610/2388

Weinbaugebiet Südburgenland

7474 Deutsch Schützen

Horvath Franz, Nr. 174	03365/2229
Kopfensteiner Manfred, Hauptstraße 38	03365/2236
Körper-Faulhammer, Berg 159	03365/2203
Krutzler Hermann, Hauptstraße 84	03365/2242
Pinter Friedrich, Nr. 80	03365/2246
Wachter Arkadenhof, Nr. 26	03365/2245
Wallner Josef, Nr. 117	03365/2295
Weber Alfred, Nr. 161	03365/2343
Wiesler Josef, Nr. 91	03365/2219

7471 Rechnitz

Herist Johann, Badergasse 3	03361/7500
Mandl Josef, Lindengasse 5	03361/7138

7474 Eisenberg

Meixner Günter, Berg 177	03365/21334
Rennhofer, Nr. 74	03365/2267
Weber Herbert, Nr. 178	03365/2258

7423 Pinkafeld

Tibor Szemes, Weinhoferplatz 7	03357/2367

Namensregister

Ortsregister

Fotonachweis

Seite 97, 100, 102 , Fotos von Ferdinand Neumüller
Seite 79, Leopold Sommer
Seite 51, Studio Gartler, Krems

alle anderen Farb- und S/W-Bilder Rudolf Lantschbauer

Die Luftbilder auf Seite 34, 42, 54, 74, 150 wurden vom BMVL GZ 13 088 / 128 -1 .6 /93 freigegeben.

Literaturverzeichnis

Allgemeine Landestopographie des Burgenlandes - Rust Eisenstadt 1954

Burgenländische Heimatblätter, 27. Jahrgang, Heft 1/2
Ernst, August, Geschichte des Burgenlandes, Verlag für Geschichte und Politik, Wien 1987
Burgenländische Heimatblätter, 24. Jahrgang 1962, Heft 1,
Prickler, Harald, Der burgenländische Wein, seine Geschichte, seine Freunde und Feinde, Volk und Heimat, 19. Jahrgang, 1966
Kaus, Karl, Weinbau im Burgenland vor 2700 Jahren !, Pannonische Weinblätter, Edition VII / 1987
Huber, Hugo, Geschichte der Marktgemeinde Weiden am See
Kanyak Maria, Spaa-Horvath Editha, „... so kochte unsere Großmutter“, Eigenverlag, Eisenstadt 1990

HEINRICH
CHARDONNAY 1991
ÖSTERREICHISCHER QUALITÄTSWEIN
MIT STAATL. PRÜFNUMMER E 0331792
WEINBAUGEBIET NEUSIEDLERSEE
GERNOT HEINRICH, A-7122 GOLS
e 0,75 l TROCKEN 12,5 % VOL
Weinbaugebiet Neusiedler See
Umathum
Ried Hallebühl
1990
Dieser Wein kommt aus der Frauenkirchner Riede Hallebühl und ist eine Komposition aus Zweigelt, Blaufränkisch und Cabernet Sauvignon
Gutsabfüllung Weingut Familie Umathum · Frauenkirchen · 0 21 72 / 21 73
Trockener Qualitätswein mit staatlicher Prüfnummer E 0237492
750 ml ÖSTERREICH 12,5 % Vol.
Wein aus Österreich
Burgenland Mörbisch
1990
Franz Schindler
Cuvée d'Or
e 0,75 l
12,5 % vol
1990
JOSEF
PÖCKL
MÖNCHHOF
ST. LAURENT
ÖSTERREICH-NEUSIEDLERSEE
75 cl Qualitätswein trocken 12,5% Vol.Alk. mit staatlicher Prüfnummer E0530/92
WEINBAUGEBIET NEUSIEDLERSEE
WEIN AUS ÖSTERREICH
ILLMITZER ERZEUGERABFÜLLUNG
Trockenbeerenauslese
BOUVIER 1989
ÖSTERREICHISCHER QUALITÄTSWEIN
12% VOL. 0,375 l SÜSS
WEINBAU HEISS
A-7142 ILLMITZ, UNT. HAUPTSTRASSE 12
TELEFON 0 21 75 / 24 323
NEUSIEDLERSEE
BLAU
RIEDE H
12 % vol
QUALITÄT
SEPP MO
APETLON
1991
BLAUFRÄNKISCH
RIED WEINBERG
QUALITÄTSWEIN
MIT STAATL. PRÜFNR. E 0339492
TROCKEN 12,5 % VOL.
WEINBAU
H. u. M. KRUTZLER
7474 DEUTSCH-SCHÜTZEN 84, TEL. 03365 / 22 42
SÜDBURGENLAND
ÖSTERREICH
Paul Kerschbaum
Horitschon
Blaufränkisch
Barrique
THOMETITSCH
1 9 9 1
BLAUFRÄNKISCH
7063 OGGAU
WEINGUT
JOSEF LEBERL
7051 GROSSHÖFLEIN
Blaufränkisch 1990
Weinbaugebiet Neusiedlersee-Hügelland
Qualitätswein mit staatl. Prüfnr. E 0566191
alc 12,0% vol trocken
ÖSTERREICH 0,75 l
Ruster 1991
Ausbruch
Furmint, süß
Wenzel
Römerhof
Blaufränkisch
1990
Neusiedlersee – Hügelland
Qualitätswein · trocken · Österreich
mit staatl. Prüf.-Nr. E 1123991
12,5 % Vol 0,75 l
Weingut Fam. Anton Kollwentz, Markt Großhöflein
CABERNET SAUVIGNON 1990
QUALITÄTSWEIN – in Eichenbarriques – Ausgebautes Cuvée
KLOSTERKELLER DER BARMHERZIGEN BRÜDER
A-7000 EISENSTADT
ESTERHÁZYSTRASSE 26
TELEFON: 0 26 82 / 601-0
DONNERSKIRCHNER QUALITÄTSWEIN
STAATL. PRÜF-NR. E 0155192
ALK. 10,2 VOL %
1991
Grüner Veltliner
leicht
WEINGUT
LEOPOLD SOMMER
JOHANNESSTRASSE 26, TEL. 0 26 83 / 85 04
A-7082 DONNERSKIRCHEN, ÖSTERREICH
Rosi Schuster